公共治理与公共政策
前沿文库

GONGGONG ZHILI YU
GONGGONG ZHENGCE
QIANYAN WENKU

丛书主编 陈振明

市域社会治理现代化探索与实践：

以厦门市为个案

李德国◎著

厦门大学出版社
XIAMEN UNIVERSITY PRESS
国家一级出版社
全国百佳图书出版单位

图书在版编目（CIP）数据

市域社会治理现代化探索与实践：以厦门市为个案 / 李德国著. -- 厦门：厦门大学出版社，2023.5
（公共治理与公共政策前沿文库 / 陈振明主编）
ISBN 978-7-5615-8987-8

Ⅰ.①市… Ⅱ.①李… Ⅲ.①城市管理－社会管理－现代化管理－研究－厦门 Ⅳ.①D675.73

中国版本图书馆CIP数据核字(2023)第081781号

出 版 人	郑文礼
责任编辑	高　健
美术编辑	李夏凌
技术编辑	朱　楷

出版发行　*厦门大学出版社*
社　　址　厦门市软件园二期望海路 39 号
邮政编码　361008
总　　机　0592-2181111　0592-2181406（传真）
营销中心　0592-2184458　0592-2181365
网　　址　http://www.xmupress.com
邮　　箱　xmup@xmupress.com
印　　刷　厦门集大印刷有限公司

开本　720 mm×1 000 mm　1/16
印张　14.5
插页　1
字数　286 千字
版次　2023 年 5 月第 1 版
印次　2023 年 5 月第 1 次印刷
定价　78.00 元

本书如有印装质量问题请直接寄承印厂调换

厦门大学出版社
微信二维码

厦门大学出版社
微博二维码

目录

第一章　大国之治：市域社会治理现代化的内涵和目标 …………… 1
 第一节　市域社会治理的背景 ………………………………………… 1
 第二节　市域社会治理的内涵和意义 ………………………………… 10
 第三节　市域社会治理的发展趋势 …………………………………… 11

第二章　谋篇布局：市域社会治理现代化的战略规划 ………………… 16
 第一节　市域社会治理的成效 ………………………………………… 16
 第二节　市域社会治理的挑战 ………………………………………… 18
 第三节　市域社会治理现代化的目标、步骤和路径 ………………… 19
 第四节　从福州"3820工程"看新时代城市现代化战略 …………… 22

第三章　居必有邻：以近邻模式构建共建共治共享格局 ……………… 28
 第一节　近邻模式的实践背景 ………………………………………… 28
 第二节　近邻模式推动共建共治共享 ………………………………… 30
 第三节　近邻模式的社会治理效能——个案呈现 …………………… 33

第四章　"绣花针"功夫：以微治理模式满足群众多元化需求 ……… 38
 第一节　微治理的实践探索 …………………………………………… 38
 第二节　微治理的价值逻辑和实践逻辑 ……………………………… 45
 第三节　微治理的社会效能 …………………………………………… 49

第五章　设计数字治理:"厦门百姓"的实践案例 ………………… 51
　　第一节　治理技术的社会设计 …………………………………… 51
　　第二节　"厦门百姓"(APP)案例描述 …………………………… 54
　　第三节　"厦门百姓"(APP)的社会设计逻辑 …………………… 58

第六章　主动创稳:健全完善多元化纠纷解决机制 ………………… 64
　　第一节　构建大调解工作格局 …………………………………… 64
　　第二节　法院主动融入社会治理 ………………………………… 67
　　第三节　检察机关积极参与社会治理 …………………………… 70
　　第四节　从"被动维稳"向"主动创稳"转变 …………………… 73

第七章　良法善治:提升市域社会治理软实力 ……………………… 76
　　第一节　培育和践行社会主义核心价值观 ……………………… 76
　　第二节　在法治轨道上推动社会治理 …………………………… 79
　　第三节　打造工会版"枫桥经验" ………………………………… 80
　　第四节　推进社会信用体系建设 ………………………………… 83
　　第五节　开展"爱心厦门"建设 …………………………………… 85

第八章　强基固本:加强基层治理体系和能力现代化建设 ………… 88
　　第一节　完善以基层党组织为核心的多元共治方式 …………… 88
　　第二节　完善基层治理体系,提升基层社会服务能力 ………… 91
　　第三节　基层社会治理创新典型案例 …………………………… 93

第九章　群众路线:激发专群结合与群防群治的社会治理活力 …… 101
　　第一节　把握新时代专群结合与群防群治的内涵 ……………… 101
　　第二节　专群结合与群防群治工作的主要成效和经验 ………… 104
　　第三节　当前专群结合与群防群治面临的挑战 ………………… 108
　　第四节　进一步加强专群结合与群防群治工作的对策 ………… 110

第十章　科技赋能:构建市域社会治理智能化新格局 ……………… 112
　　第一节　市域社会治理智能化的内涵、意义和方向 …………… 112
　　第二节　市域社会治理智能化的国外经验 ……………………… 118
　　第三节　市域社会治理智能化的创新实践 ……………………… 123

第十一章　先行先试：推进市域社会治理现代化试点建设 …………… 129
第一节　推进市域社会治理现代化的新形势新要求 …………… 129
第二节　市域社会治理现代化的阶段性成效 …………………… 133
第三节　市域社会治理现代化的借鉴模式 ……………………… 138
第四节　建设市域社会治理现代化先行区 ……………………… 148

第十二章　政治引领：高质量推进新时代市域社会治理现代化 …… 157
第一节　市域社会治理的政治逻辑 ……………………………… 157
第二节　充分发挥市域社会治理的政治引领作用 ……………… 162
第三节　高质量推进市域社会治理现代化 ……………………… 164

附　录 ……………………………………………………………………… 169
附录1　"平安思明"建设满意度调查报告 ……………………… 169
附录2　思明区"社会治安群众满意度调查"分析报告 ………… 180
附录3　发达国家和地区的市域治理立法案例 ………………… 193
附录4　科技要素在社会治理中不可或缺 ……………………… 204
附录5　利用大数据技术驱动基层治理现代化 ………………… 206
附录6　争当践行新发展理念"领头雁" ………………………… 208
附录7　数字智能推动治理现代化 ……………………………… 210
附录8　构建应对突发公共卫生事件的社会治理共同体 ……… 212
附录9　推动社区建设，筑牢城市生命体根基 ………………… 215
附录10　发展战略和制度优势：
　　　　厦门经济特区40年的独特治理经验 ……………… 217

参考文献 …………………………………………………………………… 220

后　记 ……………………………………………………………………… 224

第一章 大国之治：
市域社会治理现代化的内涵和目标

把握和处理改革发展稳定之间的关系，是决定改革开放和现代化建设成效乃至成败的重大战略问题。当今世界正在经历百年未有之大变局，全球发展安全问题不断累积，我国面临的安全形势更加严峻。市域社会治理是大国之治的组成部分，也是从大国之治迈向强国之治的重要抓手。党的十九届五中全会提出，要加强和创新市域社会治理，推进市域社会治理现代化。这是以习近平同志为核心的党中央立足新时代、新发展阶段，着眼于实现第二个百年奋斗目标作出的重大战略部署。党的二十大报告再次强调，加快推进市域社会治理现代化，提高市域社会治理能力。随着我国城市化的不断推进，城市将发挥更加重要的"稳定之锚"作用，成为国家治理体系和治理能力现代化的战略性支点。

第一节 市域社会治理的背景

城市、都市指人口规模较大、工商业较发达的区域，是人类文明的重要组成部分。在现代化过程中，维持一个健康、安全和高效的城市始终是一项巨大的国家治理挑战。美国开国元勋杰弗逊曾经把充斥着各种投机行为的纽约称为"一条人性堕落的大阴沟"[①]。随着人口结构的变化以及工商业、技术的迅猛发展，城市所辖的空间区域——"市域"面临更复杂的治理挑战和风险影响，在国家总体安全体系中的战略性意义更为突出。

一、市域社会治理的历史背景

在某种意义上，现代生活就是城市生活。工业革命以来，贸易和制造业的飞

---

① ［美］约翰·S.戈登：《伟大的博弈：华尔街金融帝国的崛起（1653—2019年）》，祁斌编译，中信出版社2019年版，第4页。

速发展,促成了集生产、分配、交换和消费等诸多功能于一身的现代化"市域"。1800年,世界上最大的城市北京仅有110万居民,到了1900年,世界上最大的城市伦敦拥有650万人口。根据联合国的数据,1900—1950年,世界人口整体增长了50%,城市人口足足增长了254%。从2010年起,世界上居住在城市的人口开始多于农村。至2020年,全球已有56.2%的人口居住在城市,在发达国家中,这个比例超过81%。至2050年,这一比例预计将上升至68%。

马克思认为:"物质劳动和精神劳动的最大的一次分工,就是城市和乡村的分离。城乡之间的对立是随着野蛮向文明的过渡、部落制度向国家的过渡、地域局限性向民族的过渡而开始的,它贯穿着文明的全部历史直至现在。"[1]在这个演进过程中,马克思注意到了城市生活走向繁荣而乡村生活却走向衰落并由此衍生的社会问题,即出现了城乡之间的对立和对抗,认为资产阶级使农村屈服于城市的统治。不过,马克思也承认,城市人口的增加,使很大一部分居民脱离了农村生活的愚昧状态,促使他们挣脱了封建的联系。[2] 毫无疑问,城市具有多样性、包容性和创造力,为人们寻找更好的生活和工作提供了机遇。城市化将更加现代化的思想、生活方式和政治观念带回农村,冲击了传统的小农思想,改变了传统的农村社会。

城市创造了物质繁荣的社会,构建了现代化的医疗、交通、住房、教育、食品、文化、休闲等服务系统,使日常生活更多地在此发生,但也制造了独特的治理、文化和意识问题。它可能鼓励更轻浮的生活和短暂的时尚,可能使人们陷入不切实际的期望或狂热的梦想,甚至可能使人们陷入新的孤独状态之中,正如社会学家齐美尔指出的,"没有任何地方像大都市那样更让人感到孤独和迷失"。[3] 更为重要的是,随着人口的迅速增长,城市面临日益严峻的治理挑战:失业、贫困和大量犯罪,日益严重的交通拥堵问题,缺水、污染和疾病传播等。在历史上,城市一直是繁荣与风险交织的地带,面临各种各样的重大风险挑战,主要包括:

第一,疫情风险。从18世纪开始,城市化加速发展,过快的人口增长和滞后的公共卫生设施给传染病的传播制造了适宜的条件,天花、黄热病、霍乱等疫情轮番在工业化国家的城市暴发。1832年,霍乱疫情席卷巴黎。短短几个月里,巴黎65万人口中有2万人死于霍乱。其中,市中心的死亡人数最多,因为许多

---

[1] 《马克思恩格斯选集》第1卷,人民出版社2012年版,第184页。
[2] 《马克思恩格斯选集》第1卷,人民出版社2012年版,第196~197页。
[3] G. Simmel.The Metropolis and Mental Life, J. Lin , C. Mele.*The Urban Sociology Reader*, New York:Routledge, 2012, pp. 37-45.

贫穷的工人在工业革命的号召下来到巴黎,生活在又脏又乱的市中心。① 当时人们普遍认为"空气"是罪魁祸首,直到1853年霍乱再一次在伦敦肆虐,一位年轻的麻醉师约翰·斯诺方才找到了病毒肆虐背后的原因:英国的工业化改革推动了伦敦快速发展,伦敦的城市人口密度快速上升,但相应的公共卫生和地下水系统的改善却没有跟进——排水沟露天敞着,家庭水槽设在地窖,紧邻排水沟,这给霍乱的传播提供了极好的温床。②

第二,投机风险。投机可以理解为"投资机会",即根据个人对市场的判断,把握机会,利用市场出现的价差进行买卖并从中获得利润的交易行为。荷兰的"郁金香泡沫"则是历史上记载的第一次投机活动。16世纪中期,郁金香被引进西欧,其量少价高的特性给投机创造了空间,一些投机商大量囤积郁金香,推动其价格上涨以赚取利润,但机会总与风险并存。1637年,郁金香市场突然崩溃,价格下跌了近90%。又如纽约的华尔街,随着荷兰人的移民,投机技术便在曼哈顿的土地上生根发芽、发展壮大,使得纽约一度成为世界的金融中心、投机者的家园,投机活动无时无刻不在开展。而1929年纽约股市毫无征兆的大崩盘,打破了无数人的幻想,甚至引发"一小时内11名知名投机者相继自杀身亡"的骇人事件。

第三,衰败风险。随着社会的发展,"专业分工"思想深入人心,渗透到各行各业,城市建设也不例外。不难发现,正统的城市规划理论表现出对秩序无止境的追求,城市的功能分区便是极强的体现。以美国加里市(Gary)为例,这座城市曾被誉为美国的"世纪之城",在短短20年间成长为美国最大的工业重镇之一,不仅拥有4座大型炼钢厂,其中包括12座高炉,超过100座平炉,更拥有1条自己的工业运河,甚至一度被认为是"美国历史上最有野心的人造工业城市之一"。③ 然而,距离建市不足30年,猖獗的政治腐败、频繁的劳工骚乱、工业导致的环境污染,加里市便臭名远扬。尤其是随着美国重工业行业的整体滑坡,钢铁行业的海外竞争力不断上涨,加里市便开始衰败,人口撤离、建筑废弃,曾经辉煌一时的重工业中心,现今遍布铁锈,沦为空城。正如雅各布斯在《美国大城市的死与生》一书中所述,这些地方的用途被划分成一个一个"层区",每一"层"都缺少首要混合用途,每一"层"都处于停滞的状态……其结果便是中心的迁移,留下

---

① P. Barrett, S. Chen, N. Li. COVID's Long Shadow: Social Repercussions of Pandemics, https://www.imf.org/en/Blogs/Articles/2021/02/03/blog-covid-long-shadow-social-repercussions-of-pandemics. 访问日期:2023年4月6日。

② [美]史蒂芬·约翰逊:《死亡地图:伦敦瘟疫如何重塑今天的城市和世界》,熊亭玉译,电子工业出版社2017年版,第81~82页。

③ 然潘:《工业城市的野心与衰落:美国铁锈带加里市废墟之行》,https://www.thepaper.cn/newsDetail_forward_2880690,访问日期:2023年4月6日。

的是一片不可救药的地区。①

第四,犯罪风险。社会心理学中有一种"城市化犯罪说",指的是在城市化过程中,城市的犯罪率高于农村地区,并表现为逐步增长的趋势,即城市越大犯罪率越高。美国司法统计局的调查统计显示,2018—2021年,城市地区的暴力犯罪率比农村地区高出29%～42%;财产犯罪率是郊区的两倍,几乎是农村地区的三倍。② 换言之,在城市化浪潮的推动下,连片分布、结构紧凑、功能复合、高度复杂的城市高密度区域形成:各种用地类型高度混合,人口密度大且流动性强,经济社会活动活跃,建筑物、道路、商业网点高度集中,新建商品房、老旧开放式楼宇、城中及城边农民房犬牙交错。③ 在这样的背景下,城市安全的脆弱性大大加剧,社会安全的风险不断放大,导致"城市如同磁场吸引了大量的犯罪"④。

第五,恐袭风险。19世纪初,资本主义在欧洲各国得到快速发展,社会各阶层贫富差距不断扩大,引发了底层人民的强烈不满。在左翼思想广泛传播的影响下,随着巴黎公社的覆灭和无政府主义的活跃,各种恐怖活动在欧洲兴起。20世纪60年代以来,随着各国对能源需求的不断扩大,恐怖主义活动日益频繁,并在西欧、中东、拉丁美洲、南亚等地区广泛蔓延,严重威胁全球的安全与秩序。近年来,尽管全球经济快速发展,恐怖袭击活动仍随处可见:2001年美国"9·11"恐怖袭击事件,造成了平民2977人死亡;2004年俄罗斯别斯兰人质事件,恐袭活动持续3天,造成了330余名人质死亡;2008年印度孟买连环恐袭事件,超100人死亡,约1000人受伤;2014年中国昆明火车站事件,造成了平民31人死亡,141人受伤……恐袭事件不胜枚举。

据全球恐怖主义数据库(Global Terrorism Database,GTD),1970—2020年,全球有记载的恐怖袭击活动超过20万起。有进一步研究表明,1998年以来,全球恐怖袭击主要分布在美洲沿海地带、非洲撒哈拉沙漠以南的中部及沿海地带、中东地区、地中海沿岸地带以及欧洲、中亚、南亚和东南亚地区。这些核心地区发生的恐怖袭击危害性最大,且随着袭击危险等级的降低,袭击事件逐级由核心地区向周边国家和地区辐射发散。可以说,恐怖袭击活动主要发生在人口众多、交通方便的沿海地区以及政治动乱的内陆地区。⑤

---

① [加]简·雅各布斯:《美国大城市的死与生》,金衡山译,译林出版社2006年版,第224～225页。
② U.S. Department of Justice. Criminal Victimization,2021,https://bjs.ojp.gov/library/publications/criminal-victimization-2021,访问日期:2023年4月6日。
③ 单勇:《城市高密度区域的犯罪吸引机制》,《法学研究》2018年第3期。
④ 单勇:《犯罪热点成因:基于空间相关性的解释》,《中国法学》2016年第2期。
⑤ 牟凤云、陈林:《基于模糊综合评价的全球恐怖袭击事件风险评估及空间特征分析》,《西北师范大学学报(自然科学版)》2021年第3期。

二、市域社会治理的现实背景

自古城市就代表着人类社会文化生活前沿水平,集聚了优质劳动力、先进技术等发展要素,能够在一定范围内集散资源、提供相对优质的产品与服务,是各时代人类经济文明的高地。改革开放以来,我国城镇化建设实现了快速推进。截至 2020 年年底,我国常住人口城镇化率已从 1949 年末的 10.64% 提高到 60% 以上,城市人口密度逐年增加,人口与产业不断向城区集聚。据国务院于 2014 年 11 月发布的《关于调整城市规模划分标准的通知》,以城区常住人口数量为标准,我国已有 7 个人口达 1000 万以上的"超大城市"、14 个人口达 500 万～1000 万的"特大城市",14 个Ⅰ型大城市、70 个Ⅱ型大城市。可以说,我国的社会生活形态已经发生重大变迁,愈加庞大的城市人口规模与不断提高的对美好生活质量的向往,给市域社会治理能力提出了更高要求。

2020 年以来,国内部分地区经历了并行演进的多重危机,持续蔓延的新冠肺炎疫情、郑州特大暴雨等强烈的气候事件,以及频发的社会安全事故,如贵州安顺公交车坠湖事故、广西北流幼儿园持刀伤人事件。诚如英国哲学家培根所言:"人民的安全应是至高无上的法律。"党的十九届五中全会审议通过的《中共中央关于制定国民经济和社会发展第十四个五年规划和 2035 年远景目标的建议》,在加快"推进市域社会治理现代化"的基础上,进一步提出要注重处理好发展和安全的关系,"提高城市治理水平","加强特大城市治理中的风险防控",就统筹发展和安全、建设更高水平的平安中国提出明确要求、作出工作部署。可以说,加强安全城市建设,提升城市应急管理能力,已成为城市发展的重要议题。

城市传统的安全问题主要可以分为四大类:(1)社会安全问题。即违法犯罪等人为扰乱社会治安行为。2013 年"6·7"厦门 BRT 公交纵火案造成 47 人遇难,直接触发了厦门、西安与北京等地公共交通安全的系统升级。厦门全市 BRT 公交车安装上了自动爆破器,乌鲁木齐启动公交系统应急预案,乘客携带物品均要通过电子扫描检查。(2)事故灾难,如交通事故等。国家统计局发布的数据显示,2019 年我国交通事故发生数总计达 24.7 万件,且呈逐年递增趋势,其中以机动车交通事故为主。(3)自然灾害。2020 年,我国气候自然灾害以洪涝、地质灾害、风雹、台风灾害为主,全年各种自然灾害共造成 1.38 亿人次受灾,591 人因灾死亡失踪,589.1 万人次紧急转移安置,直接经济损失高达 3701.5 亿元。2021 年"7·20"郑州特大暴雨,数百万人受灾,造成了重大人员伤亡和财产损失,对极端天气分析、风险评估与应急响应机制提出了更高要求。(4)公共卫生问题,如传染病、食品中毒、用水污染等。公共卫生问题常具有影响范围大、传播速度快、危害程度深的特点,需要有效预防、及时控制和消除。

诚如著名社会学家乌尔里希·贝克所言,我们"生活在文明的火山上"。①时代总在创造新机遇,也带来新挑战。城镇化建设进程的快速推进不仅加大了城市传统安全问题隐患,经济与科技的高速发展、大量流动人口的涌入,以及2020年全球新冠肺炎疫情大流行,而且催生了一系列新型市域社会治理风险,对市域治理的韧性提出了更高要求。具体来说,主要包括:

第一,经济高速发展下的不稳定因素增多。(1)经济泡沫化风险。高速的经济增长带来巨大的融资需求与过度的通货膨胀,对金融市场与房地产市场等造成了不可忽视的冲击与挑战。人们基于投机与投资需求购买过量房产,产生大量投机性泡沫,埋下城市经济安全隐患。在国家各类综合调控举措作用下,近年房地产金融化泡沫化势头得到一定的有效遏制,2020年房地产贷款增速是8年来首次低于其他各项贷款增速。(2)流动人口风险。据第七次全国人口普查主要数据结果,2020年我国流向城镇的流动人口为3.31亿人,占整个流动人口的88.12%,但城市基础设施建设、户籍与子女教育的相关配套制度建设等仍待完善,信访频率不断提高,社会管理难度随流动人口规模增大而逐步提高。而在2020年全球新冠肺炎疫情暴发后,流动人口动态监测管理进一步成为市域社会治理领域的重中之重。流动人口尤其是农民工群体,其工作与生活环境较为恶劣且缺乏社会保障支持,是易受传染病等威胁的群体,具有较大的公共卫生安全风险隐患。

第二,数字化时代下的新业态风险。随着互联网、云计算与大数据的发展,数字经济与传统产业逐步融合,工业互联网、平台经济等融合型新产业、新业态逐渐进入人们视野,同时也催生了新风险与新挑战。(1)信息安全风险。数字技术在提供服务的同时不断采集与生产数据,催生了个人信息泄露、大数据杀熟等新问题,诱发了更多信息犯罪行为。如2020年4月,江苏公安机关侦破的"3·26"特大贷款类电信网络诈骗案,该案件中非法网络推广团伙获取了40万条贷款申请人的个人信息,并以每条30~50元的价格出售给电信网络诈骗分子,受害人达4700名,涉案金额1.1亿元。(2)网络舆情风险。近年来,随着互联网技术的广泛传播与运用,网络空间的政治安全已成为国家政治安全治理的一个重要领域②。网络平台以更快的速度汇聚了社会关注,低成本的造谣与传播,极大提高了网络舆情泛化的风险。以2017年11月"红黄蓝幼儿园虐童事件"引发的网络爆炸舆情为典型案例,该案件发生后在网络进一步发酵,但其引发的舆论讨论逐渐偏离事实。最终警方通报对其中"群体猥亵幼童""喂白色药片""爷爷医生、叔叔医生"等谣言进行了辟谣,对编造谣言者进行了行政拘留处

---

① [德]乌尔里希·贝克:《风险社会》,何博闻译,译林出版社2004年版,第13页。
② 杨嵘均:《网络空间政治安全的国家责任与国家治理》,《政治学研究》2020年第2期。

罚。(3)制度建设滞后风险。新业态作为新时代产物,其运行与监管相关制度的建设速度远滞后于实践发展,为社会带来了更多不确定风险因素。数字科技创造了更为便捷的线上服务平台,提供了更多元化的就业选择,如网约车司机、外卖员、快递小哥等,但其岗位流动性强、入职门槛较低,人员素质难以得到保证,且其合法权益的保护机制尚未健全,导致恶意伤害事件、维权抗议事件频发,对社会稳定造成新风险。

三、市域社会治理的国际背景

随着城市化进程的快速推进,治安犯罪、自然灾害、事故灾难、恐怖袭击、传染疾病等城市安全问题带来严峻挑战。

在现代风险社会,城市安全需要以全面、综合、多层次的视角来看待。完善的城市安全体系、良好的城市治理能力和科学的城市环境规划,是提高城市宜居性和城市居民生活品质的基础。1989年,联合国大会定于每年10月的第二个星期三为国际减轻自然灾害日(2009年改为每年10月13日)。1996年,联合国人居署启动"更安全城市"方案,迄今已支持全世界24个国家77个城市的安全城市倡议。2002年,美国总统签署《2002年国土安全法》,宣布成立国土安全部,负责国内安全及防止恐怖活动,是美国自1947年成立国防部以来最大规模的一次政府机构调整。2005年,联合国第二届世界减灾大会通过《兵库行动框架》和《兵库宣言》,提出建设"韧性城市"以提高城市应对自然灾害的能力,荷兰鹿特丹、英国伦敦、美国纽约等发达国家城市相继开展"韧性城市"研究及实践。2015年,联合国可持续发展峰会确定"可持续城市和社区"为17个可持续发展目标之一,旨在"使城市具有包容性、安全性、弹性和可持续性"。总体而言,城市安全理念在国际组织和世界各国的研究与实践中不断发展,趋于成熟。当前,世界各国为应对城市安全问题,提出各具特色的新改革议程,具体来说包括以下内容:

第一,落实全民应急参与,提升社区韧性。在高城市化水平的美国,种族歧视、地区不平等、失业、暴力、恐怖主义、犯罪、自然灾害等风险因素威胁着这一大都市国家,城市安全始终是备受关注的议题。在人口聚集、社会风险隐蔽、市域资源调配滞后的城市,建设"更强大的社区"使得城市个体在应对威胁时能够游刃有余。社区韧性指社区为预期的灾害做好准备、适应不断变化的条件、承受破坏并从破坏中迅速恢复的能力。社区韧性是近年来韧性研究的学界热点,增强各个城市社区的备灾能力,更是当前美国城市安全建设的关键思路。

美国国土安全部发布的国家灾备报告中指出,"国家灾备目标是建立一个安全和有韧性的国家,这需要全社区拥有预防、防范、减轻、应对构成最大风险的威胁和危害,并能从中恢复的能力"①。这些风险包含了自然灾害、流行病、人为事故、恐怖袭击、网络攻击。美国国土安全部将备灾目标分为预防、保护、缓解、应对和恢复五个任务领域,以及32项核心能力活动,为社区制定了指南框架,旨在让每个人都根据与个体及其社区最相关的风险,灵活地决定如何使用自己的资源②。由此,每个社区都能够根据指南框架设立不同的目标和制定更有效的应对措施。

第二,疏通信息共享途径,实现防灾减灾。由于受到自然地理环境条件影响,日本城市普遍面临自然灾害频发的威胁,日本尤其重视增强城市应对灾害的抵抗力。在英国经济学人智库最新发布的2021年全球安全城市指数(The Economist Intelligence Unit's 2021 Safe Cities Index)排行榜中,日本东京位列第五位。

日本提倡以信息畅通为核心的公共安全风险管理,充分利用各方力量,形成层层联络的风险管理体系。信息平台打造的重要性,在日本防灾生活圈城市规划体系中得到了体现。1980年,日本"我的城镇"(My Town)恳谈会首次提出建设防灾生活圈的构想。在日本城市空间中,防灾生活圈的划分最初是以日本市民日常生活和沟通交流的主要周边区域——学校为单位,由路网、河道等防火隔离带围合而成,沿线布置耐火建筑、绿地等,形成防灾空间③。随着《都市防灾计划》《地区防灾计划》的提出,防灾生活圈的构想不断完善,形成了"近邻生活圈—文化生活圈—区域生活圈"三层级空间规划体系,各圈层按照各自的空间活动特征嵌入防灾规划体系,推进安全城市建设。"近邻生活圈"为居民日常生活的区域,邻里间相互帮助,发生灾害时利用邻里间信息优势开展自主防灾活动。"文化生活圈"设置防灾支援据点,以这个据点为中心,实现居民和政府的沟通交流,支援附近生活圈的生活,共享支援活动所需的信息,与各区形成一体,救援物资在此处汇集,配送到各邻近生活圈,进行志愿活动的协调、信息的传达等。"区域生活圈"以行政区划为主体,以区政府为中心组织广泛的救援活动,优先展开市政府和邻近市镇的广域地区的合作,接受来自外部的救援物资和支援,同时进行各类公共信息的收集和公开。

日本"防灾城市"的建设由都市整备部、企划政策部、土木部、防灾部、医疗福利部、教育部、地域振兴部共同推进,并以防灾会议的形式共享部门间信息。日

---

① Erin Dauphinais-Soos.2020 *National Preparedness Report*,https://www.hsdl.org/c/2020-national-preparedness-report,访问日期:2021年12月23日。

② FEMA. *National Preparedness Goal*,https://www.fema.gov/emergency-managers/national-preparedness/goal,访问日期:2021年11月10日。

③ 李彦熙、柴彦威、塔娜:《从防灾生活圈到安全生活圈——日本经验与中国思考》,《国际城市规划》2022年第5期。

本东京还设立了信息统管部门,进行信息收集、分析以及判断城市安全风险的存在可能性,打破部门之间的界限与信息垄断边界①。

第三,加强社会凝聚力,促进城市安全。2020年,欧盟委员会发布《公共空间安全伙伴关系行动计划》,内容包括城市安全评估、行动预算、智能技术、安全培训、社会凝聚力、规划安全等6个方面,旨在通过智能、可持续和安全城市建设改善城市基础设施、治理体系和社会凝聚力,提高欧洲城市安全品质②。其中,最具创新性的是建立关于加强社会凝聚力的"预防金字塔"方案。

社会凝聚力是社会确保其所有成员的福祉,最大限度地减少差异和避免边缘化,把人们紧密聚合在一起的某种社会吸引力③。早在2000年,欧盟委员会便发布《社会凝聚力战略》,致力于建设一个积极、公平和具有社会凝聚力的欧洲。20年后,欧盟委员会将社会凝聚力纳入欧洲城市安全政策范围,认为加强社会凝聚力可以帮助创造更安全、更具弹性的城市环境,减少不安全感。"预防金字塔"包括0～4级共5个层次,构成一个金字塔式的安全措施。3、4级构成"预防金字塔"的顶部,是一种以问题为导向的安全措施,通过惩戒、预防犯罪行为和恢复性措施来确保城市治安。1、2级的安全措施以福祉为导向,通过一系列社会发展和社会保障促进人们的福祉,鼓励亲社会行为,包括犯罪与安全、住房、教育、就业、医疗、交通等方面的政策。0级代表了更广泛的社会、政治和生态背景,政治和经济政策、自然和文化资源、道德伦理的普遍观点、制度化程度等,深刻影响着更高层级的安全措施,是"预防金字塔"的基座。

比利时梅赫伦成为首个"预防金字塔"试点城市。在以问题为导向的安全措施方面,提倡以积极调解的方式处理行政事件,如被投诉后及时停止夜间噪声。2018年,有11%的行政事件因为得到积极调解而免于行政罚款。同时,实施成立社区警卫、在有安全风险的街区建造新公园、建立社区居民和警察之间的邻里信息网络等预防措施。在以福祉为导向的安全措施方面,梅赫伦政府制订反欺凌的"KiVa"计划,提供免费邻里调解的服务,支持社区网络等多种强调公平、参与和包容性的措施,加强社会凝聚力,促进邻里共存。

---

① 费欢:《特大城市公共安全风险管理比较与借鉴》,《中国公共安全(学术版)》2018年第1期。

② European Commission. *Security in Public Spaces Partnership Final Action Plan*, https://futurium.ec.europa.eu/en/urban-agenda/security-public-spaces/action-plan/security-public-spaces-partnership-final-action-plan,访问日期:2021年11月10日。

③ Council of Europe. *Towards an Active, Fair and Socially Cohesive Europe*, https://rm.coe.int/report-towards-an-active-fair-and-socially-cohesive-europe-janv-2008-t/1680939181,访问日期:2021年11月10日。

第二节 市域社会治理的内涵和意义

一、市域社会治理现代化的内涵

市域社会治理现代化的基本内涵,可以从三个方面界定:第一,"市域",指城市行政管辖的全部地域;第二,"社会治理",指通过党委领导、政府负责、民主协商、社会协同、公众参与、法治保障、科技支撑的社会治理体制,化解社会矛盾,维护社会稳定,培育社会良好心态,建设人人有责、人人尽责、人人享有的社会治理共同体;第三,"现代化",指通过社会化、法治化、智能化、专业化的方式,达到治理理念现代化、治理体系现代化、治理能力现代化的状态。

市域社会治理现代化具有三个内涵创新:一是突出市级党委、政府在地方社会治理体系中的主导性角色,以适应城市化的社会趋势,有效应对城市化后期叠加的社会风险;二是强调党建引领之下的社会协同,引导所有组织和所有个体融入社会治理,形成社会治理共同体;三是注重大数据、区块链、人工智能等新一代信息技术,以及精细化治理、全周期管理等现代化管理方式的作用。

市域社会治理现代化的本质要素,体现为以下三个方面的表征:(1)结构表征。指为了推动市域社会治理现代化,所需要形成的社会治理制度、社会治理体系和社会治理共同体,是社会主义社会治理优势的载体。(2)过程表征。指通过构建政治、法治、德治、自治、智治的社会治理方式,推动"五治并举"向"五治融合"发展,将社会治理制度优势转化为治理效能。(3)结果表征。指社会在矛盾化解、安全有序、和谐平等方面所呈现出来的生活质量、社会效率、文明程度,体现为个体所能感受的"获得感、幸福感和安全感"。

二、市域社会治理现代化的战略意义

"郡县治,天下安。"随着我国城市化的不断推进,城市将成为国家的"稳定之锚"。在当今世界,城市被视为国家治理的一个至关重要节点,在国家建构中扮演关键角色。在未来的15年乃至更长时间内,市域社会治理现代化对于城市发展的战略意义将日渐突出。

第一,为国家发展巩固安全底线。市域具有承上启下的连接作用,是国家发展稳定的重要平衡点。市域社会治理是新时代城市社会治理从事后处置、被动应付向事前预防、主动掌控转变的必然。其实质是创新政府的社会治理职能,发挥市域治理的全周期、整体性优势,使政府对可能出现的风险和挑战更加具备预见性,将矛盾风险化解在市域,防止向上传导,守住国家安全底线。

第二,为建设现代化城市打造稳定基础。著名政治学家亨廷顿曾指出:"现代性孕育着稳定,而现代化过程却滋生着动乱。"①城市化、现代化往往伴随着巨大的危机,孕育、累积着各种各样的风险、不确定性和隐患。只有一个强有力的市域社会治理体系,才能防范、化解现代化城市过程中由人口流动、利益分化等所引起的矛盾,确保社会大局稳定。

第三,为建设高质量城市创造社会资本。全球城市发展的经验表明,社会经济地位和犯罪率之间通常呈现负相关关系,社会资本有助于缓解贫困对于犯罪的影响,有助于形成社会治理网络和互惠规范。只有建设人人有责、人人尽责、人人享有的社会治理共同体,才能为城市高质量发展创造丰厚的社会资本,不断增强社会弹性和社会韧性,提升城市发展"软实力",为经济社会发展激活更多的内生动力。

第四,为建设国际化城市提供融合环境。一个国际化的城市,既要有利于普通本地居民的福祉,也要能够吸引庞大的外来建设者,但这两者的内在张力需要引起注意。只有一个追求社会包容性、具有凝聚力的社会治理框架,才能为国际化的城市提供融合环境,抑制阶层、职业、语言、价值观念乃至宗教信仰之间的异质性和冲突。

第三节　市域社会治理的发展趋势

一、把党的政治优势转化为社会治理优势

社会治理是国家治理的重要方面。党的二十大报告明确提出,健全共建共治共享的社会治理制度,提升社会治理效能。在未来的市域社会治理中,我们首先要坚持党对社会治理的集中统一领导,充分发挥党组织在社会治理过程中总揽全局、协调各方的领导核心作用,把党的政治优势转化为社会治理优势。城市在国家安全中的地位日益突出,同时在国家安全方面的承压逐渐加重。在中美贸易摩擦愈演愈烈等复杂的形势下,我们需要强化城市的安全功能,有效防范、处理国家安全风险。

---

① [美]塞缪尔·P.亨廷顿:《变化社会中的政治秩序》,王冠华等译,生活·读书·新知三联书店1989年版,第38页。

第一,坚持党委领导的社会治理体制,夯实党建基础。"打铁必须自身硬,办好中国的事情,关键在党,关键在党要管党、全面从严治党。"①市域社会治理是一项复杂的系统工程,城镇、社区、乡村等各级辖区所面临的教育、卫生、文化、环境等方面的社会问题各不相同,纷繁琐碎。因此,需要将基层治理同基层党建相结合,充分发挥党建的引领和凝聚作用,以市域基层党建为统领,统筹推进机关、国企、高校等各领域党建工作,进而推进市域社会治理现代化。

第二,发展全过程人民民主,充分释放治理效能。习近平总书记指出:"创新社会治理,要以最广大人民根本利益为根本坐标,从人民群众最关心最直接最现实的利益问题入手。"②随着城镇化进程的发展,市域是人民生活最直接感知到的层面,同时也是回应和解决社会问题最有效力的层级。因此,要发展全过程人民民主,密切党同人民群众的血肉联系,拓宽人民群众参与市域社会治理的制度化渠道,形成市域社会治理的强大合力。

第三,强化城市的安全功能,防范化解国家安全风险。党的十九届四中全会以来,维护国家安全成为社会治理的重要目标之一。城市发展的同时,应注意风险的滋生,从总体国家安全观出发,构建有效的市域社会治理体系,将风险隐患化解在萌芽、解决在基层,以扫黑除恶专项斗争为牵引,建设平安城市。

二、在法治轨道上推进市域社会治理

法治是治国理政的基本方式,是现代社会治理的基础性条件和最优模式。党的十九大把"法治国家、法治政府、法治社会基本建成"确立为到2035年基本实现社会主义现代化的重要目标。在新冠肺炎疫情防控的关键时期,习近平总书记强调:"疫情防控越是到最吃劲的时候,越要坚持依法防控,在法治轨道上统筹推进各项防控工作,保障疫情防控工作顺利开展。"③城市治理中的良法善治,对于提升城市软实力具有重要价值。现代经济社会的发展,使城市社会空前复杂,人们期待一个开放宽容、公平正义、安定有序的城市,而这必须依赖法治的力量,依赖以人为本的良法和由人出发的善治④。市域社会治理现代化的法治趋势包括:

---

① 《中共中央关于党的百年奋斗重大成就和历史经验的决议》,《人民日报》2021年11月17日第1版。

② 《习近平:上海要继续当好改革开放排头兵、创新发展先行者》,http://jhsjk.people.cn/article/26644528,访问日期:2021年12月10日。

③ 《习近平:全面提高依法防控依法治理能力 为疫情防控提供有力法治保障》,http://jhsjk.people.cn/article/31572943,访问日期:2021年11月15日。

④ 赵宏:《城市治理中的"良法善治"如何展开》,《探索与争鸣》2021年第7期。

第一,构建完善与市域社会治理现代化相适应的法律制度体系。目前,许多城市正在更高层次上推进法治中国典范城市建设,让法治成为发展新优势和核心竞争力。较大的城市要充分利用立法权,加大对社会关系调整、民生发展、公民权利保障等社会领域的立法,将市域社会治理的典型经验进行固化和推广,构建完善的市域社会治理法律制度体系。

第二,让人民群众有更多的法治获得感。习近平总书记指出:"人民群众对立法的期盼,已经不是有没有,而是好不好、管用不管用、能不能解决实际问题;不是什么法都能治国,不是什么法都能治好国;越是强调法治,越是要提高立法质量。"[1]当前,城市不同区域、不同产业发展不平衡不充分的问题仍然存在。市民群众不仅对物质生活提出了更高要求,而且对教育、文化、环境、旅游以及医疗健康等方面的美好生活需要日益增长。我们要坚持需求和问题导向,将法律手段、行政手段、市场手段结合起来,推动社会公众、社区组织、社会组织和政府共同参与,合力解决社会领域的重大问题,为实现人民对美好生活的向往提供更优质的法治保障和法律服务。

三、发挥德治在市域社会治理中的教化作用

法安天下,德润人心。习近平总书记指出,中国特色社会主义法治道路的一个鲜明特点,"就是坚持依法治国和以德治国相结合,强调法治和德治两手抓、两手都要硬"。[2] 在社会治理实践中,法治和德治协同发力主要体现在:

第一,注重法律的道义基础。法律规范要体现社会主义核心价值观、社会主义新风尚和社会公德。《中华人民共和国宪法》第一章第二十四条规定:"国家倡导社会主义核心价值观,提倡爱祖国、爱人民、爱劳动、爱科学、爱社会主义的公德,在人民中进行爱国主义、集体主义和国际主义、共产主义的教育,进行辩证唯物主义和历史唯物主义的教育,反对资本主义的、封建主义的和其他的腐朽思想。"

第二,通过立法强化道德的作用。随着社会的发展,乱扔垃圾、随地吐痰、遛狗不牵引、闯红灯、广场舞扰民、赤胸裸背等各种不文明行为、不道德行为有所增多,既破坏了公共道德,又影响了社会安全。这就要求通过加强立法,将道德规范、道德倡议体现出来,对个人道德失范行为提供有力规制,提高人们的道德素质水平。

---

[1] 中共中央文献研究室编:《习近平关于全面依法治国论述摘编》,中央文献出版社2015年版,第43页。

[2] 习近平:《论坚持全面依法治国》,中央文献出版社2020年版,第166页。

第三，利用软法推动社会治理创新。软法指以道德上的自律机制为后盾保障行为规则的实施，作为一种微观层面的治理技术，软法有助于更好地维护不同行业的分散化利益以及地方居民生活方式的多样性。

四、充分调动社会自主治理的积极性

在2019年中央政法工作会议上，习近平总书记指出：要完善基层群众自治机制，调动城乡群众、企事业单位、社会组织自主自治的积极性，打造人人有责、人人尽责的社会治理共同体。市域社会治理现代化的自治趋势包括：

第一，通过基层党建引领基层自治工作。基层自治不是"无为而治"，也不是"甩包袱"。党组织在基层治理中起着核心领导地位，需要通过党建＋自治组织、党建＋经济组织、党建＋文化组织、党建＋生态组织等方式，让群众从分散、原子化的"社会人"变为"组织人"，积极参与基层经济活动和公共事务管理。

第二，通过协作治理激发社会自治活力。党组织、政府部门要与企业、志愿团体、学校、媒体等社区利益相关方广泛接触，建立富有活力的跨部门合作伙伴关系，将他们的诉求整合进基层治理体系。

第三，发挥社区的"前哨"作用。我国新冠肺炎疫情防控的一个有效经验就是充分发挥社区的"前哨"作用，将一些和居民工作生活息息相关的服务下沉到小区内，让居民少跑路、少外出。在未来，社区作为社会治理的重要支点，要加强应急准备能力，形成战略思维，制定、实施和评估本区域的社会治理项目。

五、科技赋能市域社会治理创新

信息技术、互联网、大数据、云计算、人工智能等智慧技术，为城市社会治理各领域的深度融合提供了强有力的技术支持。通过人工智能、物联网和机器人等技术，万物将以数字化的方式连接起来，社会将呈现出高度开放、共享、多元互动、协同治理与去中心化的特质，人们的生产生活方式彻底改变。

第一，以科技的手段预防和化解社会风险。随着我国脱贫攻坚战取得全面胜利，贫困的风险将有所弱化，但其他风险仍可能持续增加，生态风险、环境风险、健康风险或以一种更具有破坏性的方式呈现。新冠肺炎疫情的出现，让每一个人都感受到了威力，不确定性、不可靠性和不安全性的事件将反复改变每一个人对未来的预期。这就需要充分运用大数据、人工智能等技术，建立重大风险监测和预警平台，提高对各类风险的发现、研判、响应和处置能力。

第二，强化科技赋能，推动社会系统与经济系统的协调联合。智能交通、智能物流、智能制造、智慧城市、智能医疗等垂直领域将加强横向联系，形成更大规模的智能社会服务平台,社会将具备更强的感知能力、快速响应和决策能力,能够针对不同需求迅速提供服务和资源。社会创新与经济创新成为创新的两大主要驱动力量。

第三,建设数字社会治理体系。中央网络安全和信息化委员会印发《"十四五"国家信息化规划》提出了"构筑共建共治共享的数字社会治理体系"的建设蓝图,即建设立体化智能化社会治安防控体系、打造一体化智慧化公共安全体系、打造平战结合的应急信息化体系、创新基层社会治理、推进新型智慧城市高质量发展。随着上述重点任务的推进,数字社会治理将成为新时代社会治理的亮点,实现以数字化转型整体驱动治理方式变革的目标。

第二章　谋篇布局：
市域社会治理现代化的战略规划

新时代的市域社会治理更强调系统性、整体性和协同性，顶层设计、制度建设的分量更重。习近平同志在厦门工作期间，亲自领导制定《1985年—2000年厦门经济社会发展战略》①，对城市经济、社会和技术的协同发展进行了深刻的思考，提出了"政治稳定、文化发达、人民富裕的社会生活环境"战略目标，这笔宝贵的"战略财产"值得我们进一步挖掘和传承。在新时代，要以市域社会治理现代化为突破口，加强战略设计和系统谋划，推动社会治理实现更高层次的整体性超越。本章以厦门、福州为例，对市域社会治理现代化的现状、目标框架和战略任务进行分析。

第一节　市域社会治理的成效

厦门素有"海滨邹鲁"之美誉，自古以来读书习文之风兴盛，惇礼尚义之士辈出，赤诚报国之精神代代传承。在近现代特殊的历史际遇中，厦门形成了开放多元、包容温馨、浪漫闲适的社会特质，与优美如画的自然风光相得益彰。在100多年前，厦门就是中西文化的交汇地，西洋宗教、西洋文化、西洋音乐、西洋美术、西洋电影登台，对厦门的民俗风情产生了深远影响。20世纪80年代后，厦门又处于改革开放最前沿，社会的包容性、文化的聚集性、人员的交叉性十分突出。厦门生态环境优美，具有较高的人口素质，2018年厦门人口的文盲率（15岁及以上文盲占总人口的比重）为4.3%，平均每10万人中接受大学以上教育的人数达到17724人，人口平均预期寿命已达80.75岁。在社会治理方面，厦门曾捧得全国综治最高奖"长安杯"，荣获全国文明城市"六连冠"、全国双拥模范城"九连冠"、国际花园城市、联合国人居奖等多项荣誉。改革开放以来，厦门大力推进现

---

① 《厦门经济社会发展战略》编委会编：《1985年—2000年厦门经济社会发展战略》，鹭江出版社1989年版。

代化国际性港口风景城市建设,近年来又大力发展文化旅游会展产业,城市国际化水平不断提升。厦门是海峡西岸最重要的对外贸易口岸,进出口值约占福建省进出口总值的50%。厦门拥有21个国际友好城市,3家外国领事馆,国际人文交流密切。1980年厦门辟为经济特区之后,外地迁入人口逐年增加,流动人口规模亦迅速扩大。根据厦门市第七次全国人口普查结果,截至2020年年底全市常住人口已经突破500万人。当前,厦门市域社会治理的主要成效包括以下几个方面:

第一,党建统领社会治理全局的作用日渐突出。厦门市将巩固党的执政基础,加强党对全社会的全面领导作为社会治理创新始终坚守的红线,发挥党建统领全局的优势。市委、市政府将市域社会治理纳入全面深化改革和建设"两高两化"城市总体规划,提出主动创稳、铸魂创安、强基创先的"三创工程",作为社会治理现代化主抓手。健全党建引领、政府负责治理机制,对"三创工程"任务逐级分解落实,形成上下联动、整体推进的良好局面。

第二,社会治理先行先试的体制机制创新效果显著。改革开放以来,厦门始终坚持立法与改革同频,应用特区立法权的独特优势推动社会治理。近年来,厦门市在全国率先出台生态文明建设、多规合一、保障性住房管理、两岸金融合作、社会文明、垃圾分类等方面的法律规章,为社会有序运行奠定了制度保障。2019年厦门市突发公共事件应急委员会成立,统筹全市应急管理工作,逐步构建了行业专家队伍与行业应急处置保障机制。积极引导公证机构参与司法体制改革,全国首创"诉讼与公证协同创新"的司法辅助事务外包机制,并逐步向"公证+"延伸。

第三,防范风险、主动创稳的社会治理能力有效提升。紧盯房地产、涉众金融等热点领域,开展常态化矛盾纠纷排查化解工作,推进"常态创稳"。建立"主动防控"体系,构建站卡查控、海域管控、街面巡防、社区安防、单位内保、安保警卫六大立体防护圈。实施"主动警务"战略,运用现代技术,延伸工作触角,提高预测预警各类风险能力。司法机关充分发挥司法调节社会关系的作用,积极参与诉源治理,切实把矛盾解决在萌芽状态、化解在基层。

第四,重心下移、协同治理的社会治理格局初步形成。瞄准小单元、着眼小平安、盯住小需求,推动社会治理重心下移、资源下沉,不断提升群众获得感、幸福感、安全感。社会组织结构合理、功能完善,截至2022年6月,厦门市登记备案社会组织7629个,注册慈善组织66家,依法登记志愿服务组织66家,持证社会工作者8841人,社工服务机构119家。

第五,科技赋能加速推动社会治理现代化。推进厦门市统一的社会治理基础数据库建设,实时对接公安、卫健、住房等系统和小区门禁、标准地址、实有人口、实有房屋等数据,搭建跨地区跨部门数据共享"高速路",确保数据动态更新及时准确。把公安、社保、教育等50余个部门的400多项社会治理服务事项,全部装进"i厦门"手机平台,努力让市民和企业办事像"网购"一样方便。开发"家住厦门"小区治理平台,推动业委会网上选举、小区事项网上投票、风险隐患网上填报、民生服务网上办理。

第二节 市域社会治理的挑战

当前,我国经济社会发展进入新阶段,各种社会矛盾相互叠加,风险挑战之多前所未有。市域社会治理涉及多元社会治理主体以及复杂的社会诉求表达和利益协调关系,在推进过程中面临各种主客观因素的约束。厦门市域社会治理取得了一定的成绩,但也面临一系列挑战:

第一,内生动力有所不足。近年来,经济特区与其他区域的差异性日益减少,"先行先试"的持续创新效应受到一定影响。目前,市域社会治理领域的不少工作仍属制度空白、规范空白和监管空白,社会立法相对滞后于经济立法,迫切需要大胆探索和创新,对社会转型过程中所暴露出来的社会问题进行立法回应和制度建设,在社会治理领域发挥更大的作为空间。例如,社区管理、物业管理、社会组织管理、虚拟社会管理等领域仍存在立法方面急需解决的问题。这就迫切需要进一步激发内生动力,加强市域层面的地方立法,建设科学完备的市域制度规范体系。

第二,协同效应尚未充分释放。新时代的社会治理更加突出整体性和系统性,强调从整体上应对社会问题,体现人的完整需要。但是,由于市域社会治理职能相对分散,造成了治理的破碎化。例如,基层治理面临着条块职责分割、协调困难的困境,"看得见的管不了,管得了的看不见"。尤其是当前城区社会治理在物理空间、社会空间呈现出碎片化图景,社区居委会、社区党支部、社区组织、物业公司、企业组织等多重治理主体共同参与社区公共事务,但不同主体间缺乏制度化的协调议事制度,存在着职能交叉、资源浪费和权力掣肘现象[①]。此外,企事业组织、社会组织和公众参与社会治理的能力和空间相对有限。

第三,基于大数据的精准化治理模式尚未充分形成。目前,厦门在信息化平台建设和大数据应用方面积累了宝贵经验,但离智慧化、个人用户终端化还有差距,数据收集、汇聚、打通、共享、管理、分析和应用还不够科学,对社会治理大数据的分析和应用仍然处于初期阶段,缺乏以社会治理大数据为基础的深层次挖

---

① 龚志文、孙慧哲:《城区社会治理的碎片化分割及其矫治——以北京市房山区治理创新实践为例》,《天津行政学院学报》2020年第1期。

掘和系统性分析。正如有学者指出的,"大数据技术治理带来治理效率提升等积极价值的同时,也带来了技术控制人,偏离服务于人本身等方面的异化,致使技术治理的情感缺位"①。此外,政务信息化系统建设长期以来受到"各自为政、条块分割、烟囱林立、信息孤岛、对外封闭"问题的困扰。

第四,整体性的理论指导框架不够明晰。社会治理毕竟是一个内涵丰富的概念体系,本身仍处在发展与充实的过程中,信息化、大数据时代的治理体系和治理能力现代化也是一项复杂的系统工程,因此各地对这一理论的认识尚有欠缺。市域涉及公共安全、社会矛盾、网络安全、文化生活、权益保障、公共服务、信仰秩序等多个领域,市域治理包含法律法规、制度规则、自治章程、乡规民约、道德规范等多元方式和手段,目前尚缺乏一个整体性的理论来说明市域社会治理的核心和内涵,这给如何在市域层次上对社会治理的资源、功能进行整合提出了挑战。市域社会治理所涉及的问题存在各自复杂的原因,需要采取整合性的方法,需要大量的方案检验、研究并建立广泛的共识,这一切都在起步探索之中。

第三节 市域社会治理现代化的目标、步骤和路径

一、市域社会治理现代化的目标

市域社会治理现代化是国家治理现代化的重要组成部分,在实现社会主义现代化建设新征程中具有重要意义。在推动市域社会治理现代化过程中,党的全面领导贯穿市域社会治理各环节、各要素、各主体,推动实现平安、包容、和谐、自信、创新的社会发展目标。

第一,平安、韧性的社会。构建全方位、全周期的公共安全体系,建成国内领先、国际一流的平安城市,群众在个人安全、基础设施安全、网络安全、公共环境安全等安全领域持续获得高水平的获得感、幸福感和安全感。全方位增强城市安全韧性,形成具有高度适应能力的现代化社会治理体系,具备足够的弹性来应对各种不可预期、不确定事件的冲击。

第二,包容、整合的社会。打造共建共治共享的社会治理格局,建成具有高度包容性、多元化和开放性的城市,人人都能享受到充分的发展权益,社会的亲和力、凝聚力、向心力得到全方位增强。社会治理重心向基层下移,政府与社区、

---

① 谢瑜、谢熠:《大数据时代技术治理的情感缺位与回归》,《自然辩证法研究》2022年第1期。

基层组织、企事业单位等多元社会治理主体形成新型合作伙伴关系,党政组织的权威性和人民群众的自治性得到充分发展,人民内部矛盾得到公正及时化解,形成政府治理和社会调节、居民自治的良性互动局面。

第三,和谐、美好的社会。完善正确处理新形势下人民内部矛盾的有效机制,提升从源头上、根本上预防化解人民内部矛盾的能力水平,在化解新时代社会主要矛盾的过程中开创美好生活。健全社会公平正义法治保障制度,人民群众感受到充分的司法正义。加强公共服务惠及民生的能力,群众的生活水平和质量不断提高,社会的机会公平和结果公平有效体现。

第四,自信、文明的社会。培育自尊自信、理性平和、积极向上的社会心态,社会主义核心价值观深入人心,成为全体人民的价值追求。积极融合传统文化和新时代公民道德建设,形成向善崇德的社会风尚。提高人民思想觉悟、道德水准、文明素养,提高全社会文明程度,文明成为社会发展的鲜明精神底色。

第五,创新、智慧的社会。物联网、互联网、云计算、大数据、人工智能等新一代信息技术推动社会治理不断转型升级,形成立体化、全方位、广覆盖的社会治理服务平台。城市的人、物和环境之间的信息交互得到充分发展,开放共享的大数据激发更活跃的社会创新。社会治理系统实现更加充分的信息整合和精细治理,能够灵敏感知、智能决策并快速响应不断增加的人民群众诉求。

二、市域社会治理现代化的步骤

(一)夯基垒台阶段

到2025年,在社会治理重点领域和关键环节取得突破性进展。党委领导、政府负责、民主协商、社会协同、公众参与、法治保障、科技支撑的社会治理体系发展健全,政治、法治、德治、自治和智治的社会治理方式基本完善,共建共享共治的社会治理格局基本形成。主动创稳、源头维稳、制度建稳能力显著提升,立体化信息化社会风险防控体系进一步完善,社会风险得到及时充分有效化解,人民群众获得感、幸福感和安全感持续增强。应急管理体系不断健全,处理急难险重任务能力明显提升,生命安全保护能力再上新台阶。

(二)积厚成势阶段

市域社会治理现代化的基础性制度健全、巩固和成熟,党的理论优势、政治优势、制度优势、密切联系群众优势充分转化为社会治理的强大效能。市域社会治理的理念、制度、手段和技术得到全方位的提升,城市安全融入经济社会发展各方面和全过程,实现高水平的精细化治理。政府、市场、社会和居民构成协作治理网络,社会调适能力和凝聚力显著增强。

(三)基本实现阶段

到2035年,基本实现市域社会治理现代化,建成与基本实现社会主义现代化相适应的平安城市,城市安全水平达到国内领先、国际一流水平。基本形成以科技为支撑的智慧社会,社会治理迈向高度的数字化、网络化和智能化,充分满足人民群众对美好生活的需求。

三、市域社会治理现代化的实现路径

第一,以政治强引领。要加强城市基层党的建设,充分发挥党组织的政治优势、思想优势、组织优势和制度优势,确保城市基层治理始终沿着正确的方向前进。要健全市、区、街道、社区党组织四级联动体系,强化街道社区党组织领导核心作用和统筹协调功能,不断增强各级党组织的政治领导力、思想引领力、群众组织力、社会号召力。要以街道社区党组织为核心有机联结单位、行业及各领域党组织,实现组织共建、资源共享、机制衔接、功能优化,不断健全党在城市基层社会的组织网络,严密党的组织体系。要推进系统建设和整体建设,强化组织与组织之间的机制性联系,扩大城市基层党建的整体效应。

第二,以法治强保障。党的二十大报告对"坚持全面依法治国,推进法治中国建设"作出全面部署。要把党对法治建设的领导贯彻落实到建设法治中国典范城市的各方面、各环节。例如,厦门在成功入围首批"全国法治政府建设示范市"试点地区的基础上,突出关键环节,拉高创建标杆,努力在法治政府建设中发挥示范引领作用。用好用足特区立法权和设区市立法权,加强经济、民生、社会治理等重要领域立法,做好应对重大疫情、公共事件、金融、知识产权、老年人权益保障、志愿服务、城市综合管理等方面的立法。根据《法治社会建设实施纲要(2020—2025年)》,制定法治社会建设评价指标体系,扎实推进法治社会建设,进一步提升司法行政参与社会治理能力和水平。建设更高水平的公共法律服务体系,构建更加完善的矛盾纠纷多元化解机制,形成更有实效的普法依法治理格局。

第三,以德治强教化。大力培育和践行社会主义核心价值观,为市域社会治理现代化提供强大精神力量和良好社会环境。深化社会主义核心价值观教育实践,把社会主义核心价值观融入法治建设、国民教育、社会管理和公共服务之中,融入家庭、家教、家风建设之中。加强市民思想道德建设,深入开展道德模范选树宣传,深入推进主题道德实践活动,持续开展"和谐邻里节"活动。深入推进宣传阵地建设,充分利用传统媒体和新媒体,聚集社会各行各业正能量,传播美德新风。大力开展弘扬时代新风行动。持续加大公益广告宣传力度,组织开展"弘扬时代新风"公益广告征集推广活动,每年推出一批具有鲜明地域和文化特色的精品力作,完善公益广告作品库,全面提升公益广告宣传的覆盖面、影响力。

第四,以自治强活力。充分发挥村(居)委会基础作用,以社区党组织为核心,加强村(居)委会的建设。坚持城乡社区依法治理,把扫黑除恶工作纳入村规民约、居民公约,规范村居组织和村民行为。发挥社会力量协同作用,建设结构合理、功能完善、竞争有序、充满活力的社会组织发展格局,健全"社区＋社工＋志愿者＋居民＋N"的"共治共享"社区治理机制和社区"微治理"模式。全面贯彻中央"基层减负年"的要求,理清政社职能边界,为居民自治提供政策保障。进一步细化基层治理单位,突出党建引领、服务导向、小区建设,推动社会治理重心、服务资源、财政投入向基层下移,向基层赋权赋能。健全社区服务网络,扩大服务半径,形成政府、社会、社区、志愿者和市场等各种服务共生互补的供给体系。

第五,以智治强支撑。完善社会治理智能化建设顶层设计,按照"平台联通、数据打通"的理念,形成科学合理的整体架构,增强市域社会治理智能化的系统性、整体性、联动性。按照"多平台融合"的理念,试点建设区级社会治理协同平台,区级平台向上对接全市政法综治信息平台、公共安全平台、阳光信访等业务系统,探索"一个平台"支撑的信息化服务社会治理新模式。例如,推进市级雪亮资源库这一全局性、基础性工程落地,提升全市雪亮资源汇聚共享、应用拓展的服务支撑能力。推动"雪亮工程"视频资源从公安为主用向部门共同用转变,从事后调取监控向事前事中分析预防转变,从维护社会治安拓展到服务食品安全、校园安全、环境保护、城市管理等更广的社会治理领域。

第四节 从福州"3820工程"看新时代城市现代化战略

城市逐渐成为创造财富、扩大交往、传承文化的主要场所,城市现代化是国家现代化的关键和必由之路。福州是近代中国探索城市现代化道路的缩影,福州三坊七巷涌现了一批维新图强的仁人志士,展现了半部中国近现代史。改革开放以来,福州人民始终勇立潮头,向现代化建设全面迈进。习近平同志在福州工作期间主持编制《福州市20年经济社会发展战略设想》[1],科学谋划了福州市3年、8年、20年经济社会发展的战略目标、战略步骤、战略布局与战略重点(即

---

[1] 习近平主编:《福州市20年经济社会发展战略设想》,福建美术出版社1993年版。

"3820工程"),以解放的思想、大胆的设想、超前的意识,将福州市现代化进程放在一个长远的发展框架中去探索和实现,为新时代谋求城市现代化战略留下了宝贵的思想遗产。

一、"3820工程"体现了敢做时代弄潮儿的超前意识和担当精神

项南同志为《福州市20年经济社会发展战略设想》的题词是"设想要大胆,实践要三思",一语道出了城市战略思维的核心。战略是目标设想与实际能力之间的平衡,但是这种平衡并不是一成不变的,而是动态的不断变化的,这就需要一种高瞻远瞩、放眼全局、创新灵活的判断力来达成这种平衡。正因如此,具有战略意义的决策,比循规蹈矩的常规决定更有意义。

20世纪90年代之初的福州,面临着经济基础薄弱、城市化水平不高、主导产业和支柱产业不突出、城市基础设施配套能力较差、参与国际市场的竞争力较低等一系列制约因素。正是在这种充满挑战的背景下,"3820工程"提出了"抓住机遇,实现经济高速度、高效益、跳跃式、超常规发展"的前瞻性发展思路。这项针对福州的战略设想,体现了敢做时代弄潮儿的超前意识和担当精神。

第一,城市战略要有时间领先思维。"3820工程"是一项具有不同时间参照点、不同发展速度、不同目标设定的"敏捷性"行动,将特定发展进程内的效益推至最大化,以时间的领先来推动城市的更新、换代和升级。"3820工程"提出力争用3年的时间使经济上一个大台阶,用8年的时间达到国内先进城市的发展水平,用20年的时间达到或接近亚洲中等发达国家或地区当时的平均发展水平,在不同的时间尺度内灵活调整目标并匹配相应的实现目标的方法。在这种超常规的"赶超"逻辑之下,城市现代化的强度和密度变得非常之大,展现出多重层次和多种速度的演变特征,城市也迅速成长为区域现代化的中心节点,成为展示改革开放成果的窗口。

第二,城市战略要有空间经济思维。作为一个区域性战略行动,"3820工程"是一个多维度、多层次的空间资源整合过程。"3820工程"强调了共同富裕的区域发展原则,提出要正确处理沿海与山区、市与县的经济关系,探索构建以闽江流域和闽东北区域为腹地的全方位、多层次对外开放大格局,建成闽江口金三角经济圈。其中,福州市区、福州经济技术开发区以及整个经济圈的东、南、西和北四个方向区域承载不同的产业功能和区域创新功能,形成多个通过共同基础设施联系起来的次中心。这种空间经济思维,有助于摆脱城市单核、单中心的发展模式,将城市不同层面、不同种类的集聚放在一个更大的经济系统之中,形成一个复杂共生的经济系统。

第三,城市战略要有制度创新思维。"3820工程"将体制、信息、人才等内生

因素放在突出的位置之上,强调治理现代化对城市现代化的牵引作用。"3820工程"的战略重点与措施,主要围绕强化改革开放、转变政府职能、建立人才激励机制等"软实力"培育展开。例如,强调"加大改革力度,大力发展社会主义市场经济",提出"拓宽开放领域,提高福州全方位参与国际经济交流和国际竞争能力",探索"小政府、大社会,小机构、大服务"的政府职能转变方式,主张"敞开大门,大量引进外国智力和国内各方面的专业人才"。可见,城市战略中政府的角色不可或缺,制度创新的过程不可或缺。只有在政策、制度领域持之以恒地投入,才能提供一个高效能的经济环境,推动稳健的资本和劳动力投入。

第四,城市战略要有品质生活思维。从马克思主义经典理论出发,城市是一种实践的存在,是人民通过生产来改造自己的生活关系的场域。在这个意义上,社会主义城市的现代化,必然是个体积极地展现自身生活价值和生活方式的过程。"3820工程"将人均年生活费收入、消费结构、城镇居民人均住房面积、人口平均受教育年限、人均公共绿地面积纳入具体的战略目标,突出城市的历史文化名城特色,提出要"变革一切不适应改革开放和现代化建设的传统观念,树立共产主义的道德观念和良好的社会风气"。可见,城市现代化不仅是经济基础的现代化,也是社会关系和生活方式的现代化。只有建立积极的政治和思想上层建筑,才能为城市运行提供稳定的精神结构。

第五,城市战略要有大国全球思维。大国全球思维将城市发展放在国家整体和全球范围的视角去审视,有助于确立一个相对开阔的社会发展目标。"3820工程"确立了"社会现代化国际城市"的发展目标,强调大力发展横向经济联合,特别是通过主动出击、扎实工作,不断加强与内地资源基地和上海、江浙等商品经济发达地区的联合,建立上下贯通、左右相连的协作网络,指出要坚持促进福州经济、技术向内地辐射、移植、扩散并向国际市场输出,形成背靠内地、面向国际的优势。随着"一带一路"倡议进一步连接世界,我们需要用大国全球思维来创新城市发展战略,增强城市发展的多元包容性,加速城市治理现代化进程以及多元文化的磨合与交融共生。

二、"3820工程"是中国共产党重视战略与策略的生动实践

"3820工程"的思想遗产不在于其庞大的内容,而在于其解放的思想、大胆的设想以及其审慎的行动实施。在"3820工程"直接或间接的指引下,"马上就办,真抓实干"的讲时间、求效率思维已经深入城市运行的各个环节,无论是党政机关,还是便民场所,无论是民营企业,还是自家门厅,到处都能看到这个醒目标语。福州都市圈建设作为火车头,带动了闽东北协同发展区建设,四市一区打破了"一亩三分田"的传统思维,形成了高质量的协作发展途径。城市治理能力和

社会服务水平持续提升,千园之城、生态之城、活力之城的目标,满足了市民对美好生活的新期待。

习近平同志在福建工作期间,先后牵头编制了《1985年—2000年厦门经济社会发展战略》《福州市20年经济社会发展战略设想》,在浙江工作期间提出浙江发展的"八八战略",全部体现了开放性、前瞻性的战略思维。在厦门,率先提到了城市生态建设问题,提出把厦门作为实施对台政策的试验区,探索逐步开展离岸资金业务,实现资金流动的相对自由。在浙江,强调要"跳出浙江发展浙江",领导浙江转变经济增长方式、建设先进制造业基地、提高对内对外开放水平、统筹城乡发展和区域发展。党的十八大以来,习近平总书记多次强调在改革和发展的各项工作中要有战略思维,指出"战略问题是一个政党、一个国家的根本性问题"。在准确的战略判断、科学的战略谋划基础之上,党中央形成了"五位一体"总体布局和"四个全面"战略布局等一系列治国理政新理念新思想新战略,为实现中华民族伟大复兴提供了坚强的战略支撑。

重视战略与策略是中国共产党治国理政的重要经验。1986年,习近平同志在厦门市中长期发展规划制定工作的启动会议上指出:"我们从事现代化经济建设,要有长远考虑,统筹全局,不能只顾眼前,临时应付,那样会事倍功半,甚至会迷失方向,把握不住全局的主动性。"针对福州市1992年启动的"3820工程",习近平同志强调:"一个地方的建设,如果没有长远的规划,往往会导致建设中产生严重的失误,甚至留下永久的遗憾。"①浙江也用实践经验证明:"八八战略"是管方向、管全局、管长远的大战略。

"3820工程"蕴含着深刻的战略思想,是高瞻远瞩建设社会主义现代化城市的宏伟实践,是提炼现代化建设中国话语和中国智慧的重要宝藏。马克思主义一贯强调掌握社会发展的客观规律,研究各个发展阶段的社会状况变化,制定正确的战略和策略。我们要充分汲取这些战略智慧,树立通过改革不断发展、完善社会主义现代化城市的战略思想。

三、以解放的思想面对挑战,以大胆的设想探索城市现代化的大战略

党的十八大以来,习近平总书记始终高度重视城市发展,他指出:"我国城市化道路怎么走?这是个重大问题,关键是要把人民生命安全和身体健康作为城市发展的基础目标。"②当前,全球性风险持续增多的环境下,我国城市发展环境

---

① 习近平主编:《福州市20年经济社会发展战略设想》,福建美术出版社1993年版,第1页。
② 习近平:《国家中长期经济社会发展战略若干重大问题》,《求是》2020年第21期。

的复杂性、严峻性、不确定性上升,一系列新的挑战需要我们继续深化城市发展的"大战略"思维。

这些挑战包括:随着城市化的持续发展以及城市人口的扩大,城市如何保持强劲的经济发展态势从而为每一个市民提供充分的工作机会和成长机会;如何适应市民对更高品质生活的需求,提供更清洁的饮用水,更充分的公共绿地,更安全的社区环境,更邻近的文化设施;如何建立更高质量和更具包容性的公共服务,通过户籍、土地和社保制度的改革,包括外来常住人口在内的全体市民获得更加充分医疗保健服务、基础教育服务;如何确保道路、桥梁、隧道、铁路、水电等传统基础设施更加具有可靠性和韧性,并通过无缝隙的全域数字基础设施,市民享受更加智能的数字服务;如何应对气候变化以及碳中和、碳达峰背景下的能源结构转型,适应未来电气化、无人驾驶、共享出行、绿色出行的智能交通发展趋势,创造更多的混合用途并推动以交通为导向的发展。

从大国全球的思维出发,城市现代化还具有更大的历史使命:如何推动都市圈、城市群产业形态向高级化发展,构建一体化的区域公共政策,形成通勤圈内各类城镇空间协调发展格局,同时依托都市圈、城市群带动乡村振兴;如何打造一批具有竞争力和更高生活品质水平的中等规模城市,避免都市圈"一家独大"导致周边城市出现"塌方"的局面;如何在部分一、二线城市硬件设施已经接近或达到发达国家城市水平的情况下,培育多元文化交流碰撞场域,提升文化资本,打造全球城市功能,成为全球科技创新高地和人才集聚高地;如何在可持续发展、数字化转型、高等教育等领域加强国际合作,为全球城市创新提供"中国智慧"和"中国方案"。

在这种多维且充满不确定性的挑战下,从一个更长的时间段内,从一个更解放的思想体系中去思考城市发展,谋求新的、整合性的大战略,成为当代城市面临的共同挑战。在这方面,已有一批城市拉开了新的战略竞争帷幕。纽约提出"只有一个纽约2050"战略,从城市人口、经济、教育、交通、健康生活、邻里、基础设施、气候变化等方面,描绘了2050年纽约的城市愿景;东京颁布《都市营造的宏伟设计——东京2040》规划,强调以技术革新推动城市发展,以解决"人的问题"为导向打造让每个市民都变得更好的生活状态。

2019年11月,习近平总书记在上海考察时提出了"人民城市人民建,人民城市为人民"的重要理念。① 2020年11月,习近平总书记在浦东开发开放30周年庆祝大会上强调:"城市是人集中生活的地方,城市建设必须把让人民宜居安居放在首位,把最好的资源留给人民。要坚持广大人民群众在城市建设和发展

---

① 《习近平:人民城市人民建,人民城市为人民》,http://jhsjk.people.cn/article/31434692,访问日期:2021年11月6日。

中的主体地位,探索具有中国特色、体现时代特征、彰显我国社会主义制度优势的超大城市发展之路。"①在未来一段时间,更好地推进以人为核心的城镇化,不断提高人民生活质量,打造一批公园城市、生态城市、智慧城市,是我国城市发展的战略机遇,也是战略挑战。

从"3820工程"的战略思维出发,城市现代化的大战略要注重对风险挑战、社会需求特征进行科学分析,通过环境分析、资源分析、风险分析等手段及时总结经济社会发展的经验、优势和薄弱环节;要定期对城市发展的历程进行系统性回顾,判断国内外发展形势和面临的威胁,以长远的眼光和开放的思维设定城市总体发展目标和优先发展事项,确立执行效果评估的时间节点,选择合适的战略方法并协调运用所有的资源来达到发展目标;要树立机遇意识,科学判断有利条件和不利因素,充分发挥城市的独特优势,善于在危机中育先机、于变局中开新局。

总之,对"3820工程"战略思维的系统回顾和提炼,有助于我们更好地认识中国共产党用中长期规划指导经济社会发展的制度优势;有助于我们保持战略定力,发扬斗争精神,在危机中育先机、于变局中开新局;有助于塑造一种既有长远目标,又能够不断调整适应的城市现代化战略;有助于用中国理论阐释中国实践,用中国话语书写中国经验。对于福建省而言,要传承和落实这份宝贵的战略思想财富和实践成果,以更宽广的视野、更开放的思维、更长远的眼光来思考和把握包括城市化在内的一系列重大战略问题,不断推动战略思维创新,运用战略创造优势,在实现社会主义现代化的伟大征程中走前头作表率,为推动"中国之治"迈向更高水平源源不断地提供可借鉴、可复制、可推广的战略经验。

---

① 习近平:《在浦东开发开放30周年庆祝大会上的讲话》,《人民日报》2020年11月13日第2版。

第三章 居必有邻：
以近邻模式构建共建共治共享格局

推动社区建设，推进城市更新，加快城市高质量发展，是更高水平建设高素质高颜值现代化国际化城市的重要内容。习近平同志指出："城市是生命体、有机体，要敬畏城市、善待城市。"[①]正是在厦门这座被习近平亲切称为"第二故乡"的城市，他"第一次走上市一级的领导岗位，第一次直接参与沿海发达地区的改革开放，第一次亲历城市的建设和管理"。从2020年开始，厦门市思明区沿着习近平在厦工作生活的足迹，探索建设近邻社区，为基层治理现代化贡献思明方案。

第一节 近邻模式的实践背景

改革开放以来，城市化的快速发展、人口的大规模流动、现代交通与信息技术的加速演进，使城市的社区单元在空间、人口、治理等尺度上产生了实质性的变化。以厦门为例，1979年人口仅为48万人左右，户数为10万余户。至2019年，全市常住人口达到429万，增长了将近8倍。在社区层面，平均人口规模从原来的2000人左右，增长至万人左右。

在现代城市，社区已经不再是一个单独的、纯粹的生活空间，而是趋向用途多样、功能混合、紧凑高效，成为一个微缩而完善的微型城市新陈代谢系统。城市要有活力，就必须保证用途上的多样性，不能追求表面光鲜整洁实际上却缺乏活力的规划方法。社区是有机的社会共同体，是城市生命体的底层根基。如同生命体一样，社区的健康运作需要社会各要素之间有效连接，相生相成。这种连接，既包括基层设施层面的物理连接，也包括社会各组织以及个人之间的社会连接。社区只有在不断连接的过程中，有机嵌入生态、商业、创新、文化、公共服务等功能，才能持续迸发出生命力。

---

① 习近平：《在湖北省考察新冠肺炎疫情防控工作时的讲话》，《求是》2020年第7期。

习近平同志在福建工作期间,亲自抓"菜篮子工程",始终坚持把人民的利益摆在第一位,把老百姓的事当作最大的事,把为民造福作为最重要的政绩。他在福建工作期间,积极倡导开展"四下基层",要求干部"进万家门、知万家情、解万家忧、办万家事",把群众的事情在基层解决好,久而久之自会增添"烟火气",增加"亲近感"。1985—1988年,习近平同志在厦门工作期间居住在思明区深田社区图强小区,留下了手书"远亲不如近邻"贺年卡寄赠邻居的佳话。习近平同志总是惦记着群众需求,切实解决好群众的操心事、烦心事,"还深入田间地头、村前屋后,他看到当时群众生活还很贫困,村容村貌脏乱差,就提出要重视房前屋后的卫生,还要重视兴办教育,挖掘交通潜力,把生产统筹规划好。他叮嘱大家在发展过程中,要注重水土保持,把老祖宗留下来的东西保护好"。①

中国有着悠久的邻里共生文化传统,"远亲不如近邻""邻居好,赛金宝""千金买宅,万金买邻""邻睦风亦暖,家和人自康"等格言谚语广为流传,是中国传统邻里关系的真实写照。《周礼·地官·遂人》指出:"五家为邻,五邻为里,四里为酂,五酂为鄙,五鄙为县,五县为遂。"孔子亦说:里仁为美,择不处仁。社会学家费孝通在《乡土中国》一书中指出"中国社会是乡土性的"。②"治家严,家乃和;居乡恕,乡乃睦",注重邻里情深和互助友爱,是中国自古以来家庭建设的延伸。闽南地区是儒学大师朱熹的"过化"之地,民众崇义敦厚。据《同安县志》载,同安经朱熹"教化"后,"礼义风行,习俗淳厚。去数百年,邑人犹知敬信朱子之学"。闽南地区家族文化兴盛,有着浓厚的社会自治文化。明清以后,种类繁多、数目巨大的乡规民约在道德教化、公私财产、安全治安、风俗习惯、宗教信仰、争议诉讼等方面为百姓提供了可遵循的行为规范,塑造了有序的生产生活秩序。

当前,随着社区居住流动性的增加,居民相遇、相识、相知并重组社会邻里结构和社会关系网络的可能性也随之减少。院落、屋檐、天台、胡同、街巷等传统的交往空间逐步失去了吸引力。社区居民"不着火不见面、不漏水不相识",职业化的物业服务、家政服务代替了邻里的功能,邻里关系变得更加生疏。不仅如此,楼宇与楼宇之间、小区与小区之间也出现了"物理隔离"的趋势,拉大了不同群体间的生活距离,降低了公共资源的可接近性,导致了城市空间分化和治理碎片化。在这种背景下,让社区通透起来,通过高质量的邻里生活提高社区的凝聚力和认同感,形成邻里共生的基层治理局面,无疑是推动社会治理现代化的重要维度。

思明区是厦门市的经济、政治、文化、金融中心,历史底蕴深厚,经济活动活

---

① 中央党校采访实录编辑室:《习近平在厦门》,中共中央党校出版社2020年版,第155页。
② 费孝通:《乡土中国》,人民出版社2008年版,第1页。

跃，人文资源丰富，自然景观壮美。但是，在近年来蓬勃发展的新城建设中，思明区作为典型的老城区亦面临严峻的冲击与挑战。从国内外的城市化历程来看，老城区很容易遭遇"活力再造"的问题。2019年，思明区委十一届八次全会对思明区发展提出了振聋发聩的"思明之问"——较大基数如何快增长？中心老城出路在哪里？发展空间不足怎么办？

在城市化过程中，老旧小区改造、拆违、加装电梯、地下管网更新、停车场建设以及托幼、养老、家政、教育、医疗等方面问题都是中心老城居民美好生活体验的痛点堵点，这些都集中在社区层面暴露出来。传统的解决思路是将社区作为一个"接受者"而给予辅助和增强，但容易导致社区居民参与不足，内生性不强。同时，治理过程中多元主体参与失衡，社区社会组织力量弱小且发展不均衡，不同治理主体之间缺乏一种有效的互动连接机制。因此，推动基层治理现代化，就必须构建多元治理主体之间的互动合作机制。

党的十八大以来，习近平总书记多次深入基层一线探民意、访民情，对基层治理现代化这项基础性工作始终高度重视。我们要充分认识社区在国家治理中的重要性和特殊地位，推动党组织向最基层延伸，推动基层治理现代化。思明区弘扬习近平总书记创造的宝贵精神财富，从2019年开始探索并积极推广党建引领基层治理近邻模式，"社区共生"的雏形已经清晰，为基层治理现代化贡献了思明方案。

第二节　近邻模式推动共建共治共享

一、组织近邻：聚集社区治理主体，推动社区共建共享共治

组织生态学理论指出，组织邻近性——不同组织间形成一个共同组织安排的关系程度——越高，越有助于减少制度、文化、心理等方面的组织距离，构筑相互交错、有机共生的组织生态系统。我们以建设基层党组织生态系统为核心，推动基层党组织这个"有机体"在社区层面上与外部环境互动演化，引导社区互助组织、公益组织、企业组织、社会组织等多元组织破除壁垒，在社区运转起来。

第一，基层党组织"自上而下"破壁，把党建引领贯穿基层治理全过程。党的十九届五中全会强调："健全党组织领导的自治、法治、德治相结合的城乡基层治理体系。"思明区认真落实党中央决策部署，加强党对基层治理的全面领导，不断完善上下贯通、执行有力的党组织体系，建设好社区党组织这个党建"肌体"，抓牢社区党的工作这个党建"末梢"，让党的各项决策部署在社区畅通无阻、执行高效。机关、事业单位的党支部与社区党支部相互结对子,帮扶互助,组成党建联盟共同开展社区治理。

第二,邻里自治组织"自下而上"破壁,全方位加强基层自主性创新能力。只有自上而下与自下而上的治理协力,才能真正改变基层治理"上热下冷"、"形式主义"、被动作为甚至不作为等问题。思明区根据不同社区的资源禀赋、硬软件环境和人口特质,鼓励基层探索和试验,激发基层发现问题和解决问题的主动性。以社区为治理载体,利用社区得天独厚的邻里组织关系,聚合社会网络资源,将社区的多元治理主体有效动员和组织起来,推动居民参与到社区问题解决和社区事务管理之中,搭建需求表达和协商议事的平台,将基层的问题解决在基层。

第三,社会企业组织"自外而内"破壁,提升社区的社会影响力投资价值。社会影响力投资主张将社会目标和经济激励相结合,鼓励企业界、社会组织、公众与政府多元主体有效结合,共同发挥作用。在古代中国尤其是闽南地区,一直有社区以及家族通过经营性活动支持社会目标的实践,如民间的义庄等。企业商品和服务进社区,既服务了居民群众,又为企业创造了社区营销的利润和社会效益增长价值。为此,思明区探索成立社区邻里互助促进会等社区公益民间组织,有效激励民众共同参与、聚集民众共同财力、使用民众共同资源、满足民众多元需求。

二、资源近邻:聚集社区服务设施,推动社区为民便民安民

资源指供给、支持或帮助的来源。社区资源可以分为物质资源和非物质资源,前者包括天然资源、物力、财力与活动空间,后者包括人力资源、知识与技能、合作精神、社区意识等。所谓的资源近邻,就是以党建为引领,梳理社区资源,把近邻组织的物质资源和非物质资源整合、链接到居民身边。社区承载着老百姓衣食住行等多种社会活动,这种活动并不是严格条块分割的,而是一个完整的系统。资源近邻就是要把资源链接并运转起来,把社区的养老、助残、文化、社交、休闲等活动综合起来。

第一,链接公共资源,完善社区社会基础设施。社区社会基础设施是一种与传统硬件基础设施有所不同的设施体系,着重为社区老年人等有需求的人群提供必要的资源,帮助不同群体获得健康、积极、有价值的生活方式。一般来说,社区社会基础设施包括健康、教育、休闲娱乐场所等。例如,思明区积极嵌入各类公共资源,推进了一批小游园、街心公园、社区公园等小型公共项目建设,为老百姓打造邻里互动空间。

第二,链接商业资源,完善社区特色基础设施。让城市、社区不再"千城一

面""千楼一面",而是各领风骚、个性十足,是社区生态系统建设的重要课题。为此,社区在链接资源过程中强调因地制宜,突出社区特色,构建社区主题,讲好社区故事。例如,官任社区突出高颜值和国际范,汇集餐饮、咖啡、酒吧等多种业态,以其特有的国际潮流气质成为休闲厦门的时尚地标。同时,充分发挥社区的组织动员作用,依托社区重点企业、商户,营造新的营业场景,建立新型商居关系,优化城市业态,吸引更多人创业和工作,形成新的经济增长点。

第三,链接互助资源,完善社区公益基础设施。互助指朋友、熟人、左右邻居或者志愿群体彼此互相帮助,他们也不一定居住在社区之内,但是当社区有需要时可以提供帮助。为此,社区积极整合辖区企业、商家资源,引导践行社会责任,有效拓宽社区弱势群体的帮扶渠道和资金筹措渠道,全面激发并调动社区居民群众参与社区管理和建设的积极性、创造性。举办"邻里节"活动,鼓励居民将家中闲置生活用品进行交易,让资源得到更加合理的利用。

三、观念近邻:聚集社区内生动力,推动社区赋能赋智赋值

近邻社区不仅是地理、组织、资源上近邻,还是认知、思想、意识上的近邻,要具有社区共同观念,这也是当前社区建设中较为薄弱的一环。只有增进社区居民对社区的正确认识,产生熟悉而浓郁的社区认同感,才能提高居民参与社区活动的意愿,使社区达成永续发展。

第一,居民赋能。注重公共精神的培育和发展,引导社区成员共同设定愿景、共同行动参与、共同维护利益、共同承担责任。由小区党支部牵头,业委会、物业公司、居民参与其中,居民自我服务、自我管理,实现小事不出小区,问题就地化解,让居民真正成为社区的治理主体。通过科技手段,构建居民沟通的渠道,增加互动频次。打造"近邻先锋站""邻里议事角"等居民议事载体,架起群众连心桥,社区可将管理难题与建设规划等内容张贴在公告栏,广泛征求居民意见建议,并由社区工作人员收集居民意见建议,定期反馈办理进度。建立"邻里矛盾纠纷调解室",由党员志愿者带头调解小区车辆乱停、高空抛物、墙面渗水等居民诉求强烈的痛点问题,实现"邻里事、邻里议、邻里定"。

第二,科技赋智。打造大数据服务平台,利用大数据做好分析研判,对社区居民的需求进行深入分析,推动党建、公安、综治、城管、医院等部门之间数据信息共享,精准对接邻里服务意愿与邻里服务需求,实现便民代办、矛盾调解一站式服务。通过大数据分析社区居民的喜好和需要,有的放矢提供个性化服务,如对老年人的健康管理,对留守儿童的教育支持等,将社区打造成一个有生命、有情感的完整生命体。引进一批智慧应用系统,提供融合平台、社区微门户、社区"一张图"、高龄老人看护、幼儿园周界守护、高空抛物监控、重点人员监控、智能

外呼等服务,为社区治理减负,实现社区精细化管理。

第三,社区增值。社区管理者要找出各种机遇,充分利用它们来为社区创造公共价值,为社会作出更大的贡献。例如,图书馆已不再是一个简单的图书存放地,而日益成为众多公民为各种目的而使用的室内多功能空间。针对空巢老人现象,引入养老服务机构,为空巢老人提供生活照料和基本医疗服务。全面盘活社区场地资源,引入公共服务机构进驻,提高社区生活便利度,增加社区收入以维系、提高社区运转能力。

第三节 近邻模式的社会治理效能——个案呈现

党的十九届五中全会通过的《中共中央关于制定国民经济和社会发展第十四个五年规划和2035年远景目标的建议》提出了"十四五"期间要努力实现"社会治理特别是基层治理水平明显提高"的目标,重申了"建设人人有责、人人尽责、人人享有的社会治理共同体"要求。推动"近邻共生"社区建设,是筑牢城市生命体底层根基,建立社会治理共同体的重要途径。厦门市思明区重温习近平总书记"远亲不如近邻"的谆谆教诲,从2019年开始探索并积极推广党建引领基层治理近邻模式,近邻社区的雏形已经清晰,为新时代的基层治理现代化贡献了新的方案。近邻党建、近邻服务、近邻社区等新形态,为基层治理注入了新的力量,让基层治理更有温度,更有能量,更有生命力。

一、镇海社区:在全国率先成立"社区邻里互助促进会"

2015年6月,镇海社区在全国率先成立了枢纽型社区社会组织——镇海社区邻里互助促进会,并成立了党支部,支部书记由镇海社区党委书记兼任,在70人的居民代表大会上选举出3名居民代表担任会长、副会长和秘书长,并成立了19人组成的专职理事会,随着社会治理创新和近邻党建工作的深化,在"激发社区活力、调动多元参与、营造社区精神"方面发挥了重要的作用,形成"人人参与、人人尽责、人人共享"的社区治理模式。创新经验先后获得人民日报、人民网、中国社区报等十多家媒体采访报道,并作为厦门经济特区改革开放40周年纪录片典型取材社区。

镇海社区邻里互助促进会在市区街各级的支持与指导下,积极参与社区营造工作,成效显著。在辖区6个网格的20个小区楼院建立小区党支部的基础上,邻里互助促进会建立了20个分支机构——小区近邻互助社,吸纳小区热心邻里义工骨干共630名,有效调动了辖区企业、商家和热心居民的参与,建设了

4处小区近邻便民服务点,开设了1个近百平方米的社区邻里互助公益超市,整合辖区单位场地资源建设了1个近1000平方米的近邻党群服务站,开展"百家宴""跳蚤市场""企业公益商品集市"等"邻里节"活动32场次。促进会协助社区成立了各小区的爱狗协会、爱车自管小组、居民自治管理小组等自治组织49个,团结凝聚了广大非公企业和居民群众,深受大家认可,有效践行了近邻党建和"爱心厦门"精神。

镇海社区邻里互助促进会助推社区治理升级转型,有效赋能社区民众,凝聚多元主体力量,提高社区生活便利度,全面发力促进社区增值。邻里互助促进会吸纳了社区有一技之长的热心水电工、理发师、医生、律师等个人会员76名,整合了社区居民经营的企业机构厦门市中民社区养老服务中心、厦门市盛泰和物业服务有限公司等近70家,为社区待业人员提供灵活就业岗位5人,为近1500户居民提供"菜单式"共享物业服务,为1200多人次青少年提供"近邻课堂"服务,为有需求的居民特别是老年人与残疾人群体近200人次提供了上门理发、上门水电维修、"代劳代购代办代跑腿"等近邻互助服务和便民生活服务,整合了基金会及社区爱心资金资源价值60多万元,用于关心小区居民会员住院或红白喜事慰问50多人次,促进了社区邻里爱心互助和"爱心厦门"精神深化发展。

二、小学社区:社区与企业之间的老交情迸发新活力

大同雅苑小区建成于1989年,地处鹭江街道小学社区小学路90号之5—6,建筑面积5625平方米,原为厦门食品公司职工宿舍。现有居民楼2栋,居民72户219人。由于年代久远,小区存在着基础设施薄弱、公共空间不足等问题。2017年,小区成立党支部,并探索出"近邻小苑,共筑大同"党建工作法,对内凝聚邻里,对外联动资源,让小区面貌焕然一新,实现邻里和谐、小区大同。

第一,老同事带动新业主。大同雅苑原是国有企业厦门食品公司的职工宿舍,居民大多是原来的同事,随着城市化发展、人口流动增加,很多新鲜血液注入了小区。小区党支部注重引导新老居民和谐共处,让"老同事带动新业主"成为特别的风景线。小学路90号之5陈某一家2015年入住小区,人生地不熟,缺乏归属感。以党员来某为代表的老居民热情邀请他们一起共商小区的各项事务,增强其"主人翁"意识。在老同事的引导下,陈某积极参加小区活动,还被居民代表推选为调委会主任,成为服务居民的"新榜样"。

第二,小雅苑连接大单位。厦门食品公司于国企体制改革后并入夏商集团,党支部积极依托"老交情",引入夏商集团资源推动小区治理,由夏商集团出资10余万元维修排水泵、加固90号之5承重墙墙体,解决小区长期积水问题;拆除铁皮出租屋,改造成1000平方米休闲广场,让利给小区居民。此外,积极与社

区"大党委"合作,联结厦门市金融监督管理局、厦门市大同小学等21家"双报到"单位,深入小区开展志愿服务活动,形成互联共建的良好局面。

第三,小邻里汇成大家庭。以居民为微单元,通过"爬梯连亲",由人到户,由户到楼,由楼到苑,串联成一条紧密的和谐邻里关系链;以党支部为圆心,带动成立自治小组、爱心调委会,吸纳11名居民加入,挖掘7名小区达人,充实自治力量;以党群自治小组为平台,收集小区改造管理等意见建议100余条,已采纳20余条合理化建议并逐一落实。

第四,小空间迸发大能量。小区党支部主动向居民征求意见,并分类梳理意见,把小广场打造成"多功能多模块"共享空间。组织人员清理杂草、平整地面,开拓出居民娱乐休闲区;设置乒乓球桌等设施,规划出运动区;安装晾衣架,解决小区"乱晾晒"问题,为居民日常生活提供便利;专门设置茶歇区,方便社区老人"泡茶话仙",增进交流互动。

三、官任社区:让"老外""不见外"的国际社区

官任社区是厦门市境外人士居住最为集中的社区之一,也是厦门最有代表性的国际性社区,居住着来自46个国家和地区的1500多位境外人士。社区党委充分运用近邻模式,积极探索"5C"党建工作法,打造共建共治共享的国际化典范社区,让外籍人士成为自家人、好邻居。一是connect(党建引领)。联合厦门税务等5家大党委成员,以"供需对接+项目认领"的模式,认领政策宣讲等服务项目17个。组建"洋妈妈"巾帼志愿服务队等9支国际志愿者队,开展服务500多场2万余人参加。二是carrier(载体优化)。建立"境外人士之家",打造"新居民计划",开设"外急热线",为外籍人士提供专业服务。三是culture(文化惠民)。举办"悦读·中国风"系列主题文化活动,开设太极武术课等15项传统文化课程;举办美食嘉年华等系列活动,促进中外文化交融。四是communication(交流集智)。建立"官任商圈联盟党总支",创新"联盟自治"管理模式,举办"圆桌座谈""茶话会",邀请境外人士共商社区事务。五是cooperation(合作共赢)。新冠肺炎疫情防控期间,组建包含6名外籍人士的15人疫情翻译志愿者队,招募13名外籍人士担任志愿者,参与社区的疫情防控测温工作,成立官任社区国际调解室,成功调解多起境外人士纠纷。

四、莲薇社区紫微恒菁小区:在微治理中为居民赋能

紫微恒菁小区由4个小区合一组成,涵盖住户635户、48个店面,常住人口1848人。2015年成立小区党支部,在册党员44名,在职党员45名。党支部积

极引领小区探索"微党建、微治理、微服务、微活动"四微一体近邻工作法,实现邻里亲情"零距离",被评为省级近邻党建试点单位,其基层治理案例将被纳入高校教学案例。"微"党建"菁"髓深入人心。建强党支部班子,强化场所建设,热心党员当"梯长",楼道党员"亮身份",建立"红色业委会"、"四合一"小区"旧貌换新颜"。"微"治理"菁"准破解难题。成立"自治"小组,坚持依法办事,倡导协商共治,探索出"自治＋法治＋共治＝善治"的小区治理法则,实现小区案件、群体纠纷零发生。"微"服务"菁"心乐享生活。建立"党员连心卡"联通"自家人",成立"菁英团"守护"自家人",发挥小区各类行业的人才专业优势,尽心服务小区居民,变"我的家"为"我们的家"。"微"活动"菁"品涵养文化。小区内表彰评选先进,开展"邻里"活动,弘扬优秀传统文化,培育良好风气,拉近邻里之情。小区党员原创小区之歌《我爱我家　紫微恒菁》,在小区内深受欢迎,广为传唱。

五、巡司顶社区:穿针引线,打造新时代的"熟人社区"

巡司顶社区地处厦港老城区,有300多年历史。辖区面积0.1平方千米,常住人口7042人,外来人口1150人,住户2536户。辖区内有红色遗址厦门破狱斗争旧址,有蒋厝、碧山岩寺、庆福寺等人文景观,有厦门市华侨中学、思明区厦港消防救援站等单位。针对辖区内小区环境老旧、硬件设施年久失修、管理服务不到位等问题,社区党委在实践中探索形成"穿针引线"工作法,获评福建省优秀社区工作法。(1)铸强党建针。党委引领党针尖,组建"巡练营""巡讲队",为党员群众带来党建理论学习、红色故事宣讲等优质课程;网格发力作针眼,建立6个网格党支部;单位共建强"针杆",创新社企共建模式,与捷安集团、华润燃气等单位党组织共建。(2)拉紧近邻线。组建微益助困、巡捷护家、爱心育苗等6支志愿服务队,探索"共享物业"模式,就地就近强化互联、优化互动、深化互助,打造温馨和谐的"熟人社区"。(3)找准落针点。每日开展"一巡三问",问需于民、问计于民、问效于民,通过网格员、在职党员、小区支部党员的巡查巡访,摸排群众的需求困难,收集居民真知灼见。(4)绣出新画卷。打造精细治理"网络",实现环境更优美、邻里更和睦、活动更丰富,增强居民群众的幸福感、获得感。

六、前埔北社区:给社区的公共价值做"加法"

前埔北社区地处厦门岛东部,辖区面积0.8平方千米,下辖8个生活小区,辖区内有前埔北区小学、第九幼儿园等50多家企事业单位,居民近2万人。为了持续服务社区0～3岁儿童,前埔北社区引入思明区公办早教服务点——思明早教中心,打造一站式家庭关爱中心,依托一、二楼开设儿童早期发展服务室,聚焦 0～3 岁婴幼儿及其家长(含孕妇)服务目标人群,拓展婴幼儿早期教育及托幼服务内容,提供婴幼儿半日托、全日托、亲子互动辅导活动等服务内容。关爱中心的三楼为社区青少年科学工作室,配备专职社区工作人员对其进行管理,定期开展幼儿公益科普活动。四楼开设家长学校,采用沙龙、讲座、线上微课等多种方式开展一系列父母课堂,普及科学育儿理念,助力父母轻松育儿。同时,前埔北社区不定期联合社区内的幼儿园、医院、早教机构合作开展科学育儿知识讲座、室内户外亲子活动等,指导辖区内 0～3 岁婴幼儿家庭提升科学育儿意识并且掌握科学的教养方法。在社区党委的牵头指导下,社区联合妇联培养妇女骨干,孵化培训了一个暖心组织——"辣妈帮帮团"。帮帮团主要负责参与策划社区青少年学生冬、夏令营,组织各类亲子活动。帮帮团主打"亲子公益",每季度都会组织爱心义卖,并把义卖所得捐给"益朵花"社区基金,用于社区扶老助老志愿服务。

社区党委根据实际情况,广泛征求意见,凝聚多方智慧,逐步构筑了以党委为核心,社会多元参与的"一核多元、共治共享"治理体系,解决了前埔健身公园改造、小区停车管理、二次供水等民生问题。依托社区书院,前埔北社区还创新"参与式治理"模式,为居民群众搭建自主参与平台。书院的读书沙龙,从书籍阅读分享、政策讲解,如今扩大到小区物业管理提升、空间环境改造等社区公共事务。

下一步,要以人民为中心,以党建为引领,逐步打造、完善"近邻共生"社区的生态系统。要打造高密度的社区组织族群,推动不同类型、不同层次的公共机构、企事业单位、社会团体将力量沉淀到社区,通过大量的协调互动参与社区公共服务的生产。要加快完善社区生活设施,创造适宜步行的邻里步行网络,增强邻里生活的便利性、邻里空间的多样性、邻里安全的持续性和邻里交往的密切性。探索新旧建筑共生、老幼共生、传统文化与现代文明共生、人与自然和谐共生等社区共生形态,拓展社区混合功能,创造富有生机的生活方式。要充分利用社区协商议事平台发掘社区的真实需求,自下而上形成议题,激发居民深度参与的意愿,催生社区共同意识和共生关系,通过不同治理主体之间有效的互动连接机制及时回应诉求,满足居民对美好生活的向往。

第四章 "绣花针"功夫：
以微治理模式满足群众多元化需求

提高市域社会治理现代化水平，必须下"绣花针"功夫。习近平总书记指出："既要善于运用现代科技手段实现智能化，又要通过绣花般的细心、耐心、巧心提高精细化水平，绣出城市的品质品牌。"①近年来，厦门市立足于国家治理现代化的总体战略布局，对照国家市域社会治理现代化试点要求，立足"高素质高颜值现代化国际化"的新定位，全力驱动市域社会治理格局转变、方式转化、重心转移、动能转换，在探索过程中，孵化出校园微治理、社区枢纽型微治理、网格微治理等一系列市域社会微治理模式，为打造共建共治共享、平安文明和谐的精品城市开好新局、开出好局。作为市域社会治理的创新"产品"，微治理如何被设计出来，以及在具体实践中如何操作，本章节主要从校园治理、社区治理两大领域展开论述。

第一节 微治理的实践探索

一、校园微治理

校园治理联系着每一个家庭，校园安全与学生健康成长是社会高度关注的问题，是市域社会治理的一大重点。近年来，在校园治理领域，厦门市聚焦社会关注、群众关切的中小学生托管、午间就餐及校园安全等热点问题，开展"两服务、两工程"项目建设，织密学校与家庭、学校与社会的治理联动网，以校园微治理驱动市域大平安。

厦门市海沧、集美等岛外区域流入人口规模庞大，外来学生逐年增长，总体

---

① 《习近平：坚定改革开放再出发信心和决心 加快提升城市能级和核心竞争力》，《人民日报》2018年11月8日第1版。

学生数量庞大。长期以来,学生午间照料难、放学接送难、校园周边交通拥堵无序、校园周边环境脏乱差等问题困扰着校园治理。对此,厦门市通过试点带动全局的方式相继推行课后延时服务、"午餐工程"、"雪亮校园工程"等一系列项目,并就校园周边居民体育健身场地缺乏问题实施学校体育设施开放服务,将市域共建共治共享的"同心圆"画大、描细,助力平安和谐健康文明的"厦门之治"取得显著成效。

(一)校园微治理主要做法

第一,推出"午餐工程"。从群众最关心、最直接、最现实的微观需求入手,是校园微治理的内核体现。为解决学生在路边摊吃午餐问题,厦门市重点推出校园"午餐工程",确保学生食品安全及午间交通安全,回应家长关切。以海沧区为例,学校"午餐工程"经营管理实行统一招标和驻点服务,落实校长配餐制度,对学生就餐过程实施全过程监管,并不定期邀请家长共同监管;海沧区政府对"午餐工程"全方位支持保障,给予家庭困难学生餐费补助;强化家校联动共建共治,以学生为"传感器",将家庭教育融入食堂管理服务,带动千万家庭参与校园平安建设。

第二,提供课后延时服务。加强城市人文关怀、提升城市治理温度,是市域微治理的重要内涵。近年来,为解决放学"四点钟"现象及其衍生的种种问题,厦门市于2018年开始推进小学和幼儿园开展课后延时服务工作,解决家长接送的后顾之忧。一是实行弹性接送制度,合理延长服务时间,家长通过"i厦门"一站式惠民服务平台即可完成报名缴费程序,并实时获取学生上下学信息。二是依据学生年龄段设计服务内容,结合学校办学特色,联合校外公益机构、社区书院开展兴趣小组活动,引进机器人、3D打印机等创客课程,丰富服务内容与形式。三是建立合理的成本分担机制,坚持服务公益性,建立收费指导标准,适当收取教师劳务费,由政府承担服务收支差距,政府与家长合理分担成本。四是依托"i厦门"建立课后延时服务平台,率先将数字人民币应用到中小学生课后服务场景中,报名缴费已全面支持数字人民币支付。

第三,开放体育设施。厦门市坚持以小开放促进大融合,不断打通并拓展校园治理的神经末梢,让治理的成效更多更公平地惠及全体市民。面对土地紧缺、健身场地缺乏问题,厦门市将"健康厦门"建设与校园微治理紧密结合起来,出台《关于进一步推进学校体育场地设施向社会开放工作的通知》,大力推进校园体育设施共享。通过学校、政府的体育、教育、发改委、工信等部门合作联动,建立统一的校园体育设施开放管理平台,对学校开放情况实时监控;对进校园的市民进行实名认证,通过一站式惠民服务平台的大数据分析对比,确定申请人员信用分值,排除信用过低、不宜入校的人员,并通过配备保安、政府购买公众责任险、居民购买个人健身意外伤害险等手段保障安全管理。此外，厦门市加强开放条件评估，引导热心居民在享受校园体育设施服务的同时加入志愿者服务驿站，协助维护校园秩序。

　　第四，建设"雪亮校园"。为贯彻践行"主动创稳"的市域社会治理新理念，厦门市充分发挥智治支撑作用，全力推动"雪亮校园工程"，精密构筑涉校安全"防护网"。一是点亮校园治理"平安眼"，实现"校门报警监控110联动系统"全覆盖，校园周边及重点部位密布高清探头，全区域覆盖市公安局、分局、派出所三级"视频监控巡查系统"，建立"大数据＋人脸识别"预警系统。二是提升校园交通安全水平，实现全市校车100%检验合格、纳入实时监控平台，试点应用电子手环，实时联通家长，设立接送车辆蓄车区，推行限停举措。三是扩大校园共治圈，连续20年选派近4000人次优秀政法干警担任学校综治副校长，由义务交警队员、学校保安员、教师导护员、社区志愿服务员、家长志愿护校员共同管理"护学岗"，合力推动校园平安建设。

（二）校园微治理实践特点

　　厦门市校园微治理的实践体现出如下特点：盯住小需求，紧抓小细节，家校社紧密联动，以小开放促大融合，用小平安聚大平安。

　　从治理主体看，厦门市校园微治理形成了以学校、家长、学生、校外公益机构、社区、公安等政府部门、餐饮服务企业等为主体的治理共同体。在治理结构上，厦门市校园微治理结构以中小学校综治队伍为中心，该队伍设置专业综治副校长，指定学校专人配合开展工作，联动教育、交通、公安、司法、发改委、财政等政府单位，实施专项治理，以项目为载体，建立与家长、校园周边社区、居民群众的互动合作模式。从运行过程看，厦门市政法委统筹并指导校园微治理工作，以综治副校长为核心的各中小学校综治队伍发挥主导作用，依据社会需求实施专项治理，将政府部门及校外机构、社区的资源引入校园治理当中，形成多个专项治理圈。同时，通过校内资源开放与校园志愿服务的方式与社区居民建立双向互动关系，从而与社区治理形成联动，推动区域治理圈协同发展。从治理手段看，厦门市校园微治理除了教师与学生开展自治，还运用了家校、校社、政校联动共治的方法，在治理过程中重视法治课堂建设和法律法规宣传教育，完善校园治安管理制度，积极处理校园违法违纪案件，维护师生合法权益和校园教学、生活秩序。此外，厦门市校园微治理注重采用科技引领的智能化手段，将互联网、大数据、人脸识别、智能预警报警系统等人工智能工具运用到校园安保工作中，通过电子手环联通家校，通过一站式惠民服务平台和市民APP联通校社，从精细之处打造校园智慧治理。

二、社区微治理

基层社区是居民生活的基本单元,是凝聚群众自治力量的核心共同体,是市域社会发展的细胞。在社区治理领域,厦门市全力打造"精准服务、各方参与、多元治理"模式,精细设计治理结构、流程,为居民群众提供参与社区治理、享受个性化服务的有效平台。

(一)镇海社区微治理

中华街道镇海社区地处厦门市思明区鸿山东面的老城区,共有居民9363人,其中常住人口7474人,社区居民有不同的文化背景、职业背景、收入水平和生活习惯;社区中80%都是开放式老旧楼院,辖区内有厦门第一医院、厦门双十中学、市人防办等10个驻区机关事业单位。2009年6月,社区党总支升格成为社区大党委,目前下辖5个离退休支部、12个在职和非公党支部,党组织关系在社区的党员256名,社区划分成6个网格进行管理,共成立20个小区楼院"兼合式"党支部,485名关系不在社区的在职党员到居住地的小区党支部报到。

近年来,随着厦门社会治理创新的推进和"美丽厦门共同缔造"活动成效深化,镇海社区不断整合社区的人力、物力和财力,激发"多元参与"活力,探索成立邻里互助促进会,全方位构建邻里互助模式,擘画精细化社区治理范本,大大提升了群众自治、社会共治的能力和水平。镇海社区治理的创新经验先后获得人民日报、人民网、中国社区报等10多家媒体采访报道,其经验曾刊发在《火炬》《福建信访之窗》等刊物上,并成为厦门经济特区改革开放40周年纪录片和"美丽厦门共同缔造"宣传片的典型取材社区。镇海社区微治理的主要做法包括:

第一,社区为轴心,统筹大平台。在思明区和中华街道的指导下,2015年初,镇海社区在厦门市率先成立了"社区邻里互助促进会"(在区民政局注册的独立法人社团),在70人的居民代表大会上选举出3名居民代表担任会长、副会长和秘书长,并成立9人专职理事会,在"激活社区活力、调动多元参与、营造社区精神"等社区治理中发挥了重要的作用。通过发挥镇海社区党委核心功能,以大党委运行机制为杠杆,以社区邻里互助促进会为枢纽平台,80多家企业成员单位、辖区政府单位共建合力,凝聚起社区大党委力量,以党建引领社区治理,凝聚党员、居民骨干、志愿者的力量,充分发挥共驻共建、资源共享的职能,挖掘潜力、优势互补,深化城市基层党建工作成效。

第二,聚焦微需求,孵化微组织。镇海社区微治理以满足居民需求为出发点和落脚点,围绕居民日常生活,重点解决居民"急、难、盼、切"的细微问题。在邻里互助促进的组织整合下,社区成立39个小区楼院居民自治互助小组,争取在楼院内解决居民小需求,互助小组成员都是各具特长的居民,包括专家、教授、技工、医生等,在参与便民服务的同时,小组成员还能享受促进会组织的"观光旅游""居家养老""贴心管家""生日派对"等福利;针对老年人群体,镇海社区专门成立社区老人邻里互助小组,关心老人生活并鼓励与组织老年人参与社区的各种活动,以缓解老年人的孤独感,增强老年人对社区的归属感。此外,以邻里促进会为中心,镇海社区还孵化出"爱狗协会""爱车自管小组""宝妈帮帮团""近邻调委会""互助工坊"等49个功能型草根自治互助组织,帮助社区解决不同方面的问题,帮助打造和谐互助、稳定有序的社区发展格局。

第三,近邻共创建,整合微资源。依托大党建的机制,镇海社区与大党委成员单位厦门市人防办共建防空科普长廊,该长廊总长近500米,单位投资近400万元,从原来的脏乱差、灯光昏暗的破旧通道变成了集参观宣传和群众休闲纳凉功能于一体的公共空间,各种居民文艺团体活动、兴趣小组活动多在此开展。为扩大社区居民的生活服务面,邻里互助促进会还组建了"好邻里"服务队,联合理发店组成理发服务队,借助辖区第一医院医生资源,整合成立家庭医生服务队等。为解决社区孩子放学托管问题、满足居民业余文化生活需求,建立社区书院,整合双十中学、北京四中教师走进社区书院的爱心辅导课堂活动,对社区的学生进行爱心辅导教育,为社区居民提供书法、国画、围棋、歌舞等各种公益培训服务。此外,社区还开发了"爱邻里"APP系统,组织党员和有一技之长的社区达人通过小程序实现低偿的邻里互助服务。小程序系统还为每个家庭建立了家庭文明账户,实现"志愿服务、垃圾分类、小区管理、孝老爱亲、和谐邻里"五类积分记录,居民不仅可以在小程序中寻求上门理发、水电维修等各种互助服务,还可以申请作为社区达人主动帮助邻里,激励家庭文明行动,引导居民践行社会主义核心价值观。

第四,社工加企业,深化微服务。镇海社区在开展微治理过程中,动员社工组织、企业等社会力量广泛参与,创建系列服务项目。在中社社会工作发展基金会、厦门市社会工作协会的支持和指导下,镇海社区邻里互助促进发展成为中社社会工作发展基金会善德社工社区基金合作单位,并于2017年7月得到中社社会工作发展基金会专项基金136500元整的项目资金支持,用于开展"社区居家养老——老人管家"服务项目。"老人管家"项目还联合了厦门市泰勤物业有限公司、厦门市中民社区养老服务中心、厦门市安居慧云智慧养老有限公司、党员水电服务队等企业,为服务对象提供上门免费理发、上门陪聊、送餐、水电维修及代劳服务,组织老人参与小区游园、中秋博饼、重阳节等活动,为社区老人提供多元化、全方位的"社区居家养老"服务。此外,镇海社区根据居民需求,联合会员单位盛泰和物业服务有限公司、安居慧云科技公司共同开展服务,将多个无物业老旧小区纳入促进会的物业部管理,每家每户每个月只要交30元,即可实现"菜单式"物业服务,享受免费安装防盗门手机开门系统、人脸识别监控、每周打扫楼道卫生、免费承包维修楼道灯、防盗门等生活微服务。

在社区治理实践中,镇海社区打破了过去缺少资源、缺少精力、缺少活力的困境,充分盘活社区内部治理动力,整合社区内外闲散治理资源,从社区细微事务着手,轴心转动,以点带面,织造起庞大而精细的"细胞式"社区治理网络。

在治理主体上,镇海社区微治理凝聚了社区两委、居民群众、企业、机构、共建政府单位等多元主体。在治理结构上,镇海社区以邻里互助促进会为枢纽组织,依据楼院分布划分网格型邻里互助促进小组,结合居民具体、细微的服务需求孵化专门性、功能型的互助促进组织。在邻里互助促进会的统筹之下,各个功能型组织与辖区政府单位、学校、企业、社工机构合作,建立"好邻里"专项服务队伍。从运行过程看,镇海社区微治理以社区党组织为引领,党员干部和居民骨干为核心力量,社团发起人及会员都为镇海社区的居民代表和居民组长,热心社区公益及公共事业,具有广泛的群众基础和较高的群众威望,以此团结带动更多居民群众围绕邻里互助、社区公益、社区服务和群众精神文化等方面开展服务活动,促进居民有效自治。同时,各个功能型组织在近邻单位共建的过程中充分利用学校、政府单位、企业等力量,为组织可持续运转提供资源保障,形成社会共治的良好格局。此外,街区两级的上级组织为镇海社区治理提供有力的政策支持。就治理手段而言,镇海社区微治理是中国特色社会主义模式下,以基层党建引领群众自治与社会协同治理的良好范本,微治理的过程也充分彰显德治与法治并行的特点,同时,"爱邻里"APP系统及微信群的运用更是利用现代科技实现社区智治的典型表现。

(二)前埔北社区微治理

因地制宜、多样多彩的"微治理"模式在厦门市域遍地开花,思明区前埔北社区在传统网格化管理模式的基础上进行升级改造,探索出"社区民主微治理三步法",在化解基层矛盾、助推基层协商议事、细化居民服务、提升居民自治方面取得显著成效。

前埔北社区现有居民5900多户,人口近2万人,居民成分主要是公职人员、原住民、旧城改造安置居民、临时租户、外来务工人员等,是一个典型的混合型城市社区。目前辖区内共有60多家企事业单位,社区党委下设8个小区党支部,每个支部下设党小组,现有党员343名。前埔北社区是一个混合型、全开放式城市新型社区,面对居民构成多样、利益诉求多元、矛盾纠纷复杂、价值观念多元以及社区民意收集难、议事协商难、民主自治难等社区治理和服务三大难题,前埔北社区创新改造网格化管理模式,细化网格单元,探索出"居民微参与、微议事、微互助"等"社区民主微治理三步法",尤其在新冠肺炎疫情防控工作、"爱心厦门"、"文明城市"创建过程中发挥了基层"前哨站"的作用,提升了社区管理和服务水平,增强了居民的获得感,社区先后获评"全国民主法治示范社区""全国和谐社区建设示范社区""全国文明社区"等150多项荣誉称号。

前埔北社区微治理的主要做法包括:

第一,细分网格,促进微参与。社区按照就近、便捷原则将5个大网格细分为20个小网格,每个小格都是独立自治的单元。为提高居民参与社区公共事务的意愿,利用网格优势深入挖掘热心退休党员担任小区支部书记、支委或小区业委会成员,并选出综合素质高的居民担任网格长。同时,通过整合社区大党委成员单位,将法官、民警、城管员充实到网格助理员队伍当中,将物业管理员、计生组长、退管组长整合成网格信息员队伍,将"两代表一委员"、老党员、老干部、外来务工人员、台商台胞、居民代表等组建成网格督导员队伍,既提高了社区治理的专业化水平,又带动了各界人士共同参与社区建设,解决了社区事务杂、需求多而治理资源不足的矛盾。

第二,搭建平台,倡导微议事。为提升居民协商议事能力,激发每位居民的主人翁精神,前埔北社区采取"线上+线下"的方法,积极搭建微议事的平台。线上主要以楼栋为单位建立200多个居民微信群,以小区为单位建立8个小区议事群,线下则通过小区党支部联合物业单位、业委会,发动小区居民,将小区架空层改造成近邻党群服务驿站,使之成为小区居民自主协商议事、矛盾调解、开展文化活动的公共空间。在微信议事平台和近邻党群服务驿站运作过程中,社区还着重培养小区居民中的能人、贤达骨干,积极开展普法课堂、协商技能培训,制定协商规则和议事程序,通过能人引领微事务的协商解决,保证议事秩序和协商效率,居民在参与微议事的过程中不断强化自身角色意识和规则意识,变被动为主动,协商形成的方案更具代表性,执行更为顺畅。

第三,绘制公益地图,开展微互助。为精准对标居民需求,前埔北社区定期组织网格员以入户、电话访谈、微信聊天等方式详细了解辖区安置帮教人员、吸毒人员、信访人员等各类重点人员群体的困难与需求,积极发挥助老员、社工的专业作用,对摸排到的需求信息进行分析分类,以楼栋为单位在公益网格地图上标注出困难群体的需求信息。根据公益地图的需求信息,积极联动网格内外公益资源,组建一支由网格员、党员群众志愿者、助老员、社工专业人员、爱心企业联合而成的帮扶队伍,根据公益地图指示,就近为目标对象提供个性化服务,同时吸引更多需求对象加入志愿队伍中,为楼栋、社区做力所能及的志愿活动。此外,社区还积极营造近邻互助文化,通过小区党支部开展各种帮扶性主题活动,通过"辣妈帮帮团"的桥梁纽带作用积极开展以近邻为主题的文化传承活动、亲子助老帮扶活动、睦邻文化活动等,织造起一张庞大又精密的互助网络。

在社区治理实践中,前埔北社区通过社区大党委凝聚各个小区党支部,以党建为引领，以升级网格化管理为抓手，形成了社区微治理模式，有效破解了社区治理和服务的"老大难"问题。

从治理主体看，前埔北社区的民主微治理融合了党组织、党员骨干、楼宇小组长、网格员、企业、居民群众、辖区公职人员、专业社工机构等主体的力量。从治理结构上看，前埔北社区依托大党委辐射作用，在各个小区党支部中搭建党群服务驿站，细分网格，每个小网格设置专职网格员，并按需将大网格中的网格管理员、网格信息员、网格督导员充实到各小网格中，组建联合多主体的帮扶队伍，并孵化"辣妈帮帮团"此类草根组织，在更微观层次上还设置楼栋微信议事群。从运行过程看，社区大党委发挥着领导核心、统筹协调社区整体治理的作用，各个小区党群服务驿站是小区微治理的中心平台，发挥联合各方、整合资源、互通党群的作用，各个大网格突破小区间的界限，就近画圈形成微治理共同体，联动小区间的管理和服务，各个小格联动楼宇，推动近邻互助。此外，一些功能型草根组织由各网格中的兴趣爱好者组成，在社区的指导下承担特定文化活动的开展。就治理手段而言，前埔北社区的微治理模式也体现出民主自治、德治、法治的重要特征，应用互联网通信技术，构建小微虚拟议事空间，实现自治空间的延展，通过结构、流程优化设计和技术嵌入，实现社区智治。

第二节 微治理的价值逻辑和实践逻辑

厦门市在多个领域同步推进微治理，在具体运行过程中，或以微组织为平台，或以微项目为载体，从群众需求出发，联动多个治理主体，整合一切闲散、细微资源，实现协同治理、精细化治理。

一、价值逻辑

意识是行动的先导，市域社会治理有着特定的价值导向，一切治理行为和治理过程都围绕着特定价值目标的实现而进行。从厦门市的实践案例来看，微治理模式的运转紧紧围绕"回应需求""赋权增能""社会共治"的价值目标。

第一，以回应市民需求为导向。过去，城市社会治理将政府政策、绩效目标放在首位，自上而下制订规划、执行决策，居民被给予可能不符合自身实际需要的政策"果实"，长久下来，这种治理形式泛滥成政绩工程，无法从根本上满足社会公众的需求，使政府的公共性逐渐"褪色"。迈入新时代，党的十九大报告明确指出，"着力解决好发展不平衡不充分问题，大力提升发展质量和效益，更好满足人民在经济、政治、文化、社会、生态等方面日益增长的需要"，满足人民需求被提上国家社会发展的战略议程。随着外来务工人口涌入,厦门市的人口结构日趋复杂,个体差异化和市民需求多元化加剧,微治理模式正是解决这一系列问题的因应之道。在厦门市微治理模式中,一切治理结构的设计、微组织的成立和微项目的孵化皆基于市民群众的需求内容。在校园微治理过程中,需求主体多为家长、学生、校园周边居民,即家长学生对良好校园治安、午餐食安的需求、家长对延时接送孩子的需求,校园周边居民对体育锻炼场地设施的需求等,而校园微治理正是以满足相关主体的需求为导向,精细化设计各个微型治理项目。在社区微治理过程中,从居民的休闲文化活动、医疗健康、养老服务需求,到便利购物、修换水电、育婴等需求事项,皆是微治理的重要内容,社区微治理力求做到"居民有需求,治理即响应"。

第二,为自治赋权增能。在中国,城市微治理赋权的维度侧重于行政赋权。微治理的前提是政府权力下放,鼓励群众和社会组织参与公共事务治理。正如托克维尔认为的,公民参与公共生活此类小民主而非抽象的政治大民主,方为最有效的民主形式。市域微治理模式的一个重要价值导向就在于赋予群众自治权,从更多微小事项的治理当中充分释放民主制度的活力。同时,针对我国社会治理中"居民参与疲态化、社会组织依附化"的现实问题,微治理旨在为市民自治"增能",通过微型空间、微小单元、细微事务,激发市民参与社区公共事务的意愿,培育市民参加民主生活的能力,从根本上提升自治水平。在厦门市微治理实践过程中,社区居民既是服务需求的发出者,又是微治理的组织者和参与者,同时也是治理成果的享受者和评估者。微治理模式注重通过每一个微小的治理行动来提升市民的协商议事能力,塑造市民的主人翁角色。例如,在社区微治理过程中,政府不再直接包办居民所求之事,居民也不再"等、靠、要",而是通过邻里互助、整合微资源、结成草根组织等主动的方式满足自我需求,而相关政府部门则提供资源和政策支持,由此,居民的表达权、决策权和行动权得到充分保障。在校园微治理中,学校通过综治工作队伍,依托一系列微项目,有针对性地开展治理,满足学校自身及学生、家长对良好校园治安环境的要求,在此过程中,教育局等政府部门既从政策上提供支持,亦从资金上加强保障,使学校、家长及市民成为校园微治理的主要行动者。

第三,塑造社会共治圈。微治理的本质是一种精细化治理模式,是市域社会问题复杂化、利益诉求多元化、发展信息化的产物,精细化治理的重要内容是协同化,即"理念共生、信息共享和多元共治",以多元主体协同实现社会共治是微治理的核心要义。在市域社会治理中,微治理的价值还在于弥补居民自治力量不足与政府大包揽失灵的问题,同时,微治理通过不同主体关系的建构,将社会组织、企业的力量整合到微治理圈中,精细设计运行机制,更易于协调不同治理主体的利益关系。在社区微治理过程中,在社区党组织和社区居委会的统筹之下,居民通过"1+N"个组织载体与社工组织、企业、政府部门联系在一起,各主体发挥不同优势、汇聚不同资源,形成 N 个微治理圈,并统合成一个社区治理共同体。在校园微治理过程中,在政府部门的统筹之下,以校园综治队伍为核心,通过 N 个治理事项凝聚学生、家长、市民、社区、企业机构,形成校园治理共同体。

二、实践逻辑

将厦门市的案例置于中国特色的现代化城市发展的情境中,发现微治理模式从制度、空间、技术三大维度构建着市域社会治理的逻辑。其中,制度要素是微治理的基石,空间与技术要素是微治理创新的关键,制度优化、空间更新与技术驱动,共同支撑着微治理模式的运行。

第一,以制度为基础。微治理的制度基础包括党委领导、政府负责、民主协商、社会协同、公众参与、法治保障、科技支撑的社会治理制度、基层群众自治制度,后者是前者的重要组成部分,一般统称为社会自治制度,是国家与社会之间分工统一、相互塑造的表现形式,体现了多元自主与秩序稳定之间的平衡。在社会自治制度运转过程中,出现了"基层群众自治组织的'悬浮'""'管控'与'自治'双重向度的困境",在此情况下,社会自治制度从微观上又衍化出基层协商、业主管理、居民议事等一系列非正式制度,并围绕这些非正式制度进行渐进式创新,其中,非正式组织中的居民、社会组织的行动经居委会赋权及正式制度确权而具有制度性意义。就此而言,微治理框架中的主体、治理权力、载体就具备了合法性基础。在微治理模式中,坚持中国共产党领导是微治理的根本保障。无论是社区微治理中社区党委领导、党支部书记统筹,还是校园微治理中党委政法委部门统筹协调,都凸显了党组织在微治理中的领导核心作用,尤其强调党员干部在微组织中的模范带头、团结群众作用。因此,中国共产党领导既是微治理的制度要求,也是微治理有效运转的根本制度优势。此外,社区中的人情、声望、传统规范、邻里文化、居民个体延伸出的人际圈及其带来的社会资源,学校与家长的联结、学校与周边市民的互动等非正式要素为微组织、微项目的运作提供了必要基础,而微组织中形成的非正式制度又为微治理的持续运行提供重要的制度保障。

第二,以治理空间重塑为创新动力。城市精细化治理过程中要处理好细分治理与整合治理的矛盾。从县乡基层到市域社会,治理的场域发生转变,但治理的单元却不是随之扩大化,相反地,市域社会治理创新就是要在新的场域中创新规划治理空间,通过治理单元细分实现市域整体治理优化。厦门市微治理模式正是将治理权力、治理资源下沉到传统社区、交通管理部门以下的行动单元,依据社会需求灵活塑造微型共治圈,改变了以往根据街道、社区网格或者业务主管部门划定的基本治理单元。在社区微治理中,治理的空间包括自治圈与共治圈,其中,自治圈又涵盖了楼院互助小组、近邻调委会、业委会等微自治单元,共治圈中又孵化出互助工坊、社区书院、"好邻里"服务队等微共治单元。在各个微单元中,主体的利益关系更易调节,组织认同感更强烈,个体更容易因特定的共同目标达成集体行动。与社区治理不同的是,校园微治理通过治理事项将各个行动主体联结在一起,例如"午餐工程"的设计、执行与过程监管,校园体育设施开放与市民参加志愿维护校园秩序,依托每一个事项形成微治理单元。统而言之,微治理对市域社会治理的创新离不开治理空间的创新,治理空间的创新依托一个个微小的治理单元来实现,而微治理单元或以微组织的形式存在,或有赖于微项目的联结作用。基于治理的空间逻辑,微治理模式具有较大的弹性和灵活性,更有利于满足社会多元化的需求、解决复杂的社会问题。

第三,以技术嵌入为保障。精细化是微治理的基本特征,微治理的"精"与"细"关键需要依靠先进的技术来实现。长期以来,通过行政技术的改进来应对和化解公共组织自身的结构问题以及外部复杂的公共问题被视为公共行政发展的一种主流。尤其进入 21 世纪以来,这种技术化思维从公共行政内部扩散到社会治理网络之中,技术嵌入成为社会治理领域的普遍现象。在市域社会微治理实践中,技术逻辑贯穿着治理的全过程,是治理精细化的重要推动力。在目标层面上,微治理旨在以最高的效率制造出更良好的社会秩序,激发和保护社会多元活力,而技术嵌入的逻辑要义就在于使交织复杂的治理环境删繁就简,通过现代科技应用实现治理科学化、精准化。因此,技术逻辑与微治理"不谋而合"。微治理的技术逻辑体现为科技工具与专业分工的融合应用。科技工具表现为微治理过程中对微信小程序、市民 APP、一站式服务平台、人脸识别系统、智能报警系统等大数据和互联网、物联网工具的应用。社会公众的需求能够借助信息工具及时准确地反映到中心组织,并迅速传达给相关微治理单元,治理的结果则通过信息平台及时反馈给公众,并接受公众的在线评价,从而实现精准服务。专业分工是在"细"方面做文章,体现为治理流程及治理结构的优化。在微治理模式中,信息工具的应用打破了资源分散、主体割裂的局面,在很大程度上调和了利益诉求分化与资源相对短缺的矛盾。在工具应用的基础上,居民、政府、企业、社工机构、学校依据自身资源优势和业务特长进行分工合作,实现资源共享,提升治理专业化水平,提高服务供给效率。

第三节　微治理的社会效能

微治理从小细节做好大文章,凝聚了市域社会治理正能量,夯实了市域社会治理基础,取得了良好的社会效能。

第一,提升了市民幸福感。从校园治理到社区治理,不同的微治理形式具有共同的特点,微治理模式致力于解决市民日常生活中的疑难杂事,在不同领域的治理中,微治理模式以更高的效率为市民提供各种微小服务,从细节之处"精打细算",使各项服务更具针对性和实在性,切实解决了诸如放学接送、学校用餐、社区停车、文明养狗、社区精神文化活动开展之类问题,有效满足了社会多元化的需求,提升了市民的幸福感。2022年,全市共46.1万名学生接受课后服务,学校覆盖率100%,有需求学生覆盖率100%,有效保障了学生放学后的安全,解决了许多家长的后顾之忧。截至2023年2月,全市累计开放144所校园体育场地设施,注册市民超56万人,累计入校锻炼人次超311万,有效满足了周边居民的健康生活需求,获得广大市民群众的好评。镇海社区调查显示,老人对"老人管家"项目的各项服务满意度超过90%。

第二,提升了市民安全感。市域社会的一大重要任务在于防范和化解社会风险,保障社会稳定。据统计,2017—2020年,厦门市的刑事警情连续大幅下降,尤其在2020年同比下降27.6%,创十年来新低,其中涉及学校、学生的治安案件发生率下降30.2%;微治理机制实现源头治理,将各个领域的矛盾纠纷化解在微单元,达到"大事化小、小事化了"的效果,矛盾纠纷调处率超过98.0%,群众安全感率达99.2%,位居福建省前列,"和谐厦门"建设再上新台阶。

第三,提升了市民获得感。微治理模式改变了以往政府对社会公共事务"大包大揽""亲力亲为"的局面,微治理较为系统地整合了社会闲散资源,盘活了来自市民、企业、机构的人力、物力、智力及公益资金等资源,为基础设施的完善提供了充分的条件,既减轻了政府的财政负担,又促进了社会参与,改善了市民的生活环境,群众的获得感得到提升。从社区再到校园等其他领域,小到垃圾投放,大至道路、路灯、公共活动场所修建等,微治理发挥着至关重要的作用。例如,在微治理模式的运转下,前埔北社区的动员效力显著增强,实现了垃圾投放的智能化,8个小区原有的152个垃圾投放点整合成19个,不断提升居民参与垃圾分类的主动性和垃圾分类投放的准确率,逐步美化了小区环境。许多社区整合了辖区内的废旧空间,建立了社区书院、居民议事场所、老年活动室等,使资源得到有效再利用,完善了社区的基础设施,增强了居民的服务体验,从而也促进了城市风貌的良好转变。

第四,提升了市民参与感。市域社会的微治理实践进一步丰富和发展了社会自治,推动了社会协同治理的深化发展。微治理模式为市民参与公共事务的治理提供了空间,改变了以往治理单元过大而市民集体行动困难的局面,使市民就近参与、从细微之处融入社会治理共同体成为可能,更大程度激发了市民参与治理的意愿。同时,市民成为微治理单元中的一员,利用自身的人际关系辐射带动了更多人加入治理共同体,扩大了社会自治圈,在共同治理公共事务的过程中进一步培育了市民的责任感,提高了协商议事、自治共治的能力。市民通过微组织与所在城市的感情联系更加紧密,促进了城市精神的营造,增强了社会凝聚力。例如,在新冠肺炎疫情防控期间,前埔北社区党委"一呼百应",动员组织了400多位志愿者就近在各小区提供超过1800小时的志愿服务,展现了社区微治理模式的优势。

第五章　设计数字治理：
"厦门百姓"的实践案例

2016年，厦门市立足实际推出"厦门百姓"（APP）平台，邀请市民参与基层治理，调动社会力量参与治安防控、协助打击犯罪等平安厦门建设行动，探索"数字化＋群防群治"的治理模式，打造数字化治理创新的厦门样本。本章运用社会设计分析框架，对"厦门百姓"实践案例进行深描。

第一节　治理技术的社会设计

通过设计思维进行技术创新，是当代治理技术发展的趋势。设计思维通过关注人们的现实需求，强调用以人为本的方式解决问题，以改善人们对产品或技术的体验感。治理技术作为公共管理现象，实际上蕴含着"人工物"思想①。"人工物"是经由人综合而成的。"设计"则是产生"人工物"的核心环节，正如西蒙所说的："关于人工物的知识的讲授是工程学院的任务：如何制造具备人们想望性质的人工物，如何设计。"②治理技术不仅是一种设计活动，更是一种社会设计活动。

社会设计是将设计思维融入社会创新的过程。以互联网、人工智能、大数据等为代表的数字化治理技术与社会设计具有很强的耦合性，这种耦合性可以透过数字化治理技术的内在属性与外在发展加以观察。从数字化治理技术的内在属性看，它是社会建构的产物，这就使得数字化治理技术天然地不是简单的技术设计活动，而是社会设计活动。在这个意义上，社会设计不仅是封闭的物质性结

---

① 曹堂哲、孙智慧：《公共管理研究的技术设计范式：方法论、议题和逻辑》，《天津行政学院学报》2015年第1期。
② ［美］司马贺：《人工科学：复杂性面面观》，武夷山译，上海科技教育出版社2004年版，第103页。

果,还是过程开放的社会性过程①,用社会设计的视角审视数字化治理技术,可以洞察技术的"存在合理性",及时调适纠偏,以保持技术社会性内核。

从数字化治理技术的外在发展要求看,数字化治理技术要更好地发挥"解决社会问题"的功能,就必须如日本著名的社会设计师太刀川英辅所言,"把问题想的大一点"。从设计的角度来说,所谓的"把问题想的大一点",其实就是要站在一个制高点俯瞰整个设计走向,"将看不见的关联性运用设计强化",唯有社会设计可以满足这个需求。社会设计从本原上、结构上吸引更多的要素、条件进入数字化治理技术的"生产体系",助推形成更有效的"技术生产力"。更具体地说,社会设计有助于改变数字化治理技术过去闭门造车的态度,以一种"超因素"的高阶思维引入更多的社会因素,使得数字化治理技术的开发、应用具有更贴近真实世界的视野,以"社会洞察力"赋能技术,助推技术完成"社会使命"。

治理技术的社会设计,可以从环境、关系、行动和功能等维度进行阐释:

第一,社会环境要素及其空间适配的设计。社会环境是数字化治理技术生长发育的"土壤",社会环境设计就是为数字化治理技术划拨、选择合适的"土地范围"。数字化治理技术的社会环境设计包含社会环境要素设计和拟合设计。社会环境要素包含基础设施环境和心理社会环境,相应地,形成基础设施环境设计和心理社会环境设计。基础设施环境设计主要考虑的是数字化基础设施建设情况,这是因为不同地区、城市存在差异化的数字化基础设施建设情况(网络光缆铺设、移动信号建设、智能化终端持有率等),而这种差异化的程度会直接影响数字化治理技术的行动主体参与可能性、行动逻辑和最终效果。心理社会环境设计则主要考虑的是理念意识、规则(制度、政策、习俗文化)、培训或学习等软性条件。

社会环境设计的一个重点是"拟合设计",即技术与社会环境的适配设计。数字化治理技术作用于特定的社会空间和专业场景,不同的社会空间下行动主体构成及互动方式、技术路径和技术效果都有所差异。正如萨拉蒙所说,"由公共项目的经营不善所导致的许多问题,或许正是因为工具选择导致的后果,这种情况下,去探索工具的特性和运行基础就变得非常重要"②。因此,将物理环境和心理环境要素纳入数字化治理技术中仅仅是社会环境设计的基础,要进一步将这些环境要素做不同的组合搭配,归纳、整合成"一时一地"的环境典型,而后差异化地嵌入相适配的数字化治理技术,通过做适配性的"拟合设计",充分发挥

---

① 陈昭:《对"过程"的发现与探究——设计人类学的内在转向与理论范式》,《北京师范大学学报(社会科学版)》2019 年第 6 期。

② L. M. Salamon, M. S. Lund, *Beyond Privatization: The Tools of Government Action*, Washington D.C.: The Urban Institute Press, 1989.

社会设计精细化、前瞻性的优势。

第二,社会行动主体及主体间互动关系的设计。社会设计下的行动主体具有多元性,涉及政府、社会、企业等异质性主体。每个主体都可以凭借自身的专长与优势,平等地参与数字化治理技术的建设、应用与发展的活动。社会关系设计的核心是互动关系设计,社会设计下要形成的是"信任共生"①的互动关系。因此,在多元主体共同参与的前提下,基于"实现各个参与主体均等发展机会"的"必经之点",主体间通过动员、对话、协商、批判性反思等互动方式,突破传统政府主导的单一模式,建立起具有"合作者网络"形态的多元互动模式,整合分散在政府、企业、社会等处的资源,将异质性主体紧密地联结起来,促成共意下的"集体行动"。

第三,解决社会问题的技术行动过程设计。传统路径下的技术行动逻辑往往是基于科层制逻辑,以压力驱动社会问题的解决②,社会设计下的技术行动逻辑则是基于社会逻辑,而社会逻辑具有公共性,这种公共性表现为围绕"解决社会问题"这个核心,融合社会、科层、机器多维度的逻辑。从这个角度来说,数字化治理技术的行动逻辑体现的是一种从"始源行动"(体现机器逻辑)向"交互行动"(体现人机交互逻辑)的映射关系。具体来说,数字化治理技术的行动过程并不仅指"建立数字化平台""政府或群众使用数字化技术"等行为,而是以"载体—交互—问题解决"为主线的行为过程。更简单地说,就是要依托于可视化的物理载体(比如操作系统、物理设备屏幕),以人机交互为表征,以人与人的交互为内在深层机理,在复杂的互动中解决问题。

第四,彰显公共性价值的社会功能设计。数字化治理技术天然地具备工具理性,对其加以社会功能设计则可以在正确的价值理性引导下用好工具理性。社会功能设计强调的是"以人为本"的公共性价值,围绕这个核心价值功能,可细分为三个层次的功能。(1)数字化治理技术要"解民之所难有力度"。这是从"业务层"强调数字化治理技术要"有力"地解决社会公众的问题,这种"力度"体现在既要修复社会问题,更要提前预防社会问题的发生。(2)数字化治理技术要"办民之所需有温度"。这是从"用户层"强调数字化治理技术是一种"柔性"的手段,生产、供给社会公众所需要的服务。(3)数字化治理技术要"念民之所盼有深度"。这是从"内核层"强调数字化治理技术是一种"综合性"的技术工具箱,强调技术追求社会关怀并不意味着要放弃技术基础或管理基础,而是要融合社会价值、政治价值和技术价值。

---

① 周子书:《创新与社会——对社会设计的八点思考》,《美术研究》2020年第5期。
② 关婷、薛澜、赵静:《技术赋能的治理创新:基于中国环境领域的实践案例》,《中国行政管理》2019年第4期。

第二节 "厦门百姓"(APP)案例描述

"厦门百姓"(APP)是一个利用云计算、大数据、移动互联等新一代技术,整合热心群众参与本地群防群治工作,为基层治理提供平台的社区软件。"厦门百姓"(APP)的推出,充分考虑了环境、关系、过程和功能等要素,彰显了数字治理技术的社会设计属性。

一、社会环境适配

"厦门百姓"(APP)是厦门市社会空间下多主体作为的积极产物,直接且密切地联系到厦门特殊的社会环境,以外部环境作为治理技术运转的起点。厦门坚持优化数字化社会环境,为开发与运转"厦门百姓"(APP)提供数字条件。目前,厦门形成良好的基础设施环境,数字化发展快,数字基建日趋完善,数字化应用水平高,具体表现在三个方面:第一,坚实的数字基建基础。坚持落实《"数字厦门·宽带工程"行动计划》,深化"数字厦门"建设,构建高速、移动、安全、泛在的新一代信息通信基础网络。截至2023年2月,全市已开通5G基站1.02万个,每万人拥有5G基站19.4个,5G用户占比39.6%,10G PON端口占比39.77%,500M及以上用户占比超25%。第二,日益完备的数字共享体系。厦门以"基础库+主题库"为框架汇聚了超过100个应用场景的数字信息,致力于搭建市级大数据安全开放平台,完善数字资源开放生态。第三,高质量发展的数字经济。在日益完善的数字基建的支撑下,推动智能制造、智能交通、智慧物流、数字金融、数字商贸等产业数字化核心领域高质量融合发展,聚焦文旅、体育、鼓浪屿等特色场景,抢抓产业新机遇。2021年,全市数字经济规模达4250亿元,占GDP比重为60.4%,同比增长16.4%,是GDP增速的2倍。搭建互联互通的政务外网,接入270多家单位,推进"掌上办""就近办"等网上惠民服务,"网上办事"的入驻事项全福建省第一。总的来说,厦门具有较高水平的数字生态环境,构架了完备的新基建格局,促进数字要素配置,打通数字采集、流通、应用的流动渠道,因此也于"十三五"时期先后荣获"中国十大智慧城市""中国智慧城市发展评估应用创新奖""中国软件特色名城""国家数字服务出口基地"等荣誉。同时,厦门具有较好的心理社会环境,数字化政策体系较为完备,人口质量结构较优,数字化教育培训的文化基底较好。推行"厦门百姓"(APP)期间,厦门以"近邻党建""社区宣介会""政务体验官"等多样化方式进行宣传、教育与培训,"让老百姓知道什么是'厦门百姓'(APP)、功能有哪些、如何使用"。

二、社会关系设计

社会关系既包含行动主体的构成,又包含主体间的互动结构。目前,"厦门百姓"(APP)的运转涉及政府、企业、社会多元行动主体,依托"厦门百姓"(APP)的移动数字化平台,生成"平安厦门,人人参与"的社会关系图景。

第一,建立多节点的行动主体关系网络。在企业层面,借助自身的大数据业务优势,美亚柏科于2016年参与了"厦门百姓"(APP)的项目工作。美亚柏科坐落于厦门软件园,是一家将业务聚焦于电子数据取证、网络空间安全、大数据信息化、公安大数据领域的国有企业,已在全国各级公安单位完成了大量跨警种大数据融合业务落地应用,协同厦门市公安局110联动指挥中心开发"祥云"城市公共安全管理平台,与子公司新德成立了"美亚集团广东大数据研究院",隶属旗下的美亚柏科信息安全学院也举办2000余期培训班,为全国各地公安机关培训8万余人次,并与多家单位、企业、高校签订战略合作协议。在市民层面,"厦门百姓"(APP)最终受众是厦门市民,因此厦门市民也是"厦门百姓"(APP)的重要行动主体,正如厦门市公安局工作人员所言,"我们将'厦门百姓'APP定位成一个协同作战的数字化平台,我们希望让市民朋友一起参与到我们公安系统的平安厦门创建活动中。该平台通过发布积分任务提供奖励兑换服务,让群众抢单、在线反馈违法违纪事件,巧妙地将厦门市民请进我们的'朋友圈'"。第二,构建共同参与的"能量场"。"厦门百姓"(APP)为多元行动主体的共同参与提供了一个公共能量场。"公共能量场是表演社会话语的场所"①,在这个能量场,政府、企业、公众可以相对开放地表达诉求、建议。目前,已有不少市民主动参与"厦门百姓"(APP)的平台工作中,他们在APP上向警方提供线索,从而协助参与解决社会治安问题。

三、社会行动设计

"厦门百姓"(APP)以"数字化+群防群治"为行动逻辑,搭建了"厦门百姓"数字化平台(APP),而蕴含在数字化平台背后的是流程变革,即问题解决流程从以"压力驱动"转型为"信息驱动"。

第一,搭建可视化的数字平台。"厦门百姓"(APP)的产品定位是"一款为热心市民打造的能维护社区安全的APP",围绕该定位,"厦门百姓"(APP)借助语

---

① [美]查尔斯·J.福克斯、[美]休·T.米勒:《后现代公共行政——话语指向》,楚艳红等译,中国人民大学出版社2002年版,第10页。

言、视觉图形等可视化方式与用户展开"对话",助推警民互动,共建平安厦门。"厦门百姓"(APP)注重开屏页面设计,传递技术价值。开屏页表现为三页可滑动的图文,具体包含标语、"动画式"的服务事项和场景,通过这些要素搭配,达到"广告"效果,向用户传达"群防群治"理念(见图 5-1)。

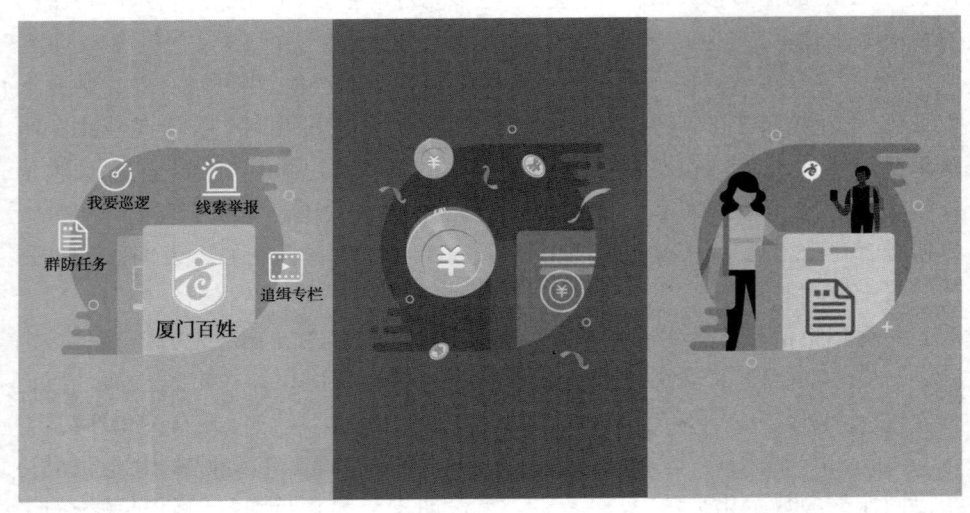

图 5-1 "厦门百姓"APP 的开屏页面

"厦门百姓"(APP)注重功能页面设计,按需迭代升级。登录成功后,"厦门百姓"(APP)的服务页面分为四大栏,第一栏是个人中心标识、在线力量。第二栏是每日签到赢积分(获得更多积分,进入抢单页面)。第三栏是每日签到、奖励兑换、我要采集、发布任务。第四栏是通知公告、群防任务、线索举报、学习培训、我要巡逻、追缉专栏。随着 APP 的不断推广,服务页面也为适应新功能而调整页面设计。

第二,信息驱动的"平台即服务"。"厦门百姓"(APP)的建设更多依赖于云计算、大数据等前沿技术,由此形成基于数字信息的行动模式,信息驱动的"平台即服务"。这一模式下,"厦门百姓"(APP)依托可视化的载体,通过数字信息的流动,连接平台与人、政府与社会,将平台优势转换为整体性治理效能,以更低的成本、更高的效率来更好地解决社会问题,供给更有效的安全服务。在这样的行动流程中,信息是连接平台和服务的关键枢纽。

在实际运行中,信息驱动的"平台即服务"行动设计蕴含着两种模式:一是"平台及服务"的行动模式。"厦门百姓"(APP)不仅是单纯地为社会公众服务的平台,还包括基于该平台而进行的安全管理、保障等服务。具体表现为,以 APP 平台为载体,政务工作人员可以在"厦门百姓"(APP)平台上分享培训学习信息,以日常通知公告的形式共享厦门群防大小事、追缉信息,确保安全信息从政府充分流向厦门市民,帮助群众掌握更多的、专业的安全知识,赋能社会安全治理;厦门市民既可以快速了解社区周边的群防动态,也可以在"线索举报"专栏提供隐患线索、投诉举报等信息,帮助警务工作人员及时发现社会问题,随时参与到群防群治的平安共建活动中,共同保障社会安全。

二是"平台级服务"的行动模式。"厦门百姓"(APP)提供安全服务,解决安全问题的逻辑不同于传统的公共服务模式,背后依靠的是数字化运营平台。APP 及专业数据库这种平台能够连接海量信息,响应厦门市民的安全需求,为他们实实在在地解决问题。"平台级服务"的核心是"信息连接型"的行动设计,这种"连接"与"连接性治理"相关,即通过信息连接政府、市民和其他利益相关方,连接具有相关性的操作任务,使不同结构之间彼此脱耦,敏捷地处理问题。更进一步地说,"厦门百姓"(APP)不同于早期以物理空间为基础,开展分散化的行动模式,强调只要有平台,就可以提供"无处不在"的服务。目前,凭借这一优势,"厦门百姓"(APP)已经被深入地运用在一些特殊领域,例如群体事件、生产安全、应急管理(疫情防控)、城市流动人口管理、道路安全管理等。总的来说,"厦门百姓"(APP)重塑了信息空间下的行动模式,依托数字化平台优化安全生产要素的再分配,推进信息流与业务流同步,生产更加高效优质的安全服务。

四、社会功能设计

以"厦门百姓"(APP)为载体,厦门推动安全治理重心下移,激发市民参与,"就地就近"形成居民与组织、社区居民间共建共治共享格局,营造警民互动密切、邻里友爱团结的"近邻"新风尚。"近邻"是习近平同志在厦工作期间留下的宝贵精神财富,也是近年来厦门平安治理工作的重要目标和方向,强调以"密切社群联系"和"供需有效对接"为抓手,变"小平台"为"大舞台",以"小应用"撬动"大变革"。"厦门百姓"(APP)作为"平安近邻"的重点工程,依托 APP 平台,高效调度群防力量,精细管理日常勤务,便捷快速处理举报线索,实时开展宣传防范,目前正在实现自己的楼院自己管、居民的矛盾自己调、美好的生活自己创造的目标,助力将厦门打造为最具安全感的城市,为厦门市民提供更加优质、便捷的安全服务。

自"厦门百姓"(APP)推广应用以来,依托于"厦门百姓"(APP),各辖区成立专门采集队伍,发动群防群治力量和建立自主申报采集制度,不断采集、更新"一标三实"(即标准地址、实有人口、实有房屋和实有单位)基础信息系统数据,人口核实率达98.43%、实有房屋登记率达99.9%、标准地址访查率达99.87%。"厦门百姓"(APP)以科技引领优化警情信息,为推出"距离最近、态度最暖、腿脚最勤"的"近邻警察"提供现实基础。当公众在"厦门百姓"(APP)上传举报线索时,后台系统会自动把线索分发至离事发地点较近的派出所,以"近距离"提升应急响应能力,为平安厦门保驾护航。

尤为重要的是,"厦门百姓"(APP)助力零距离靠近、心贴心服务,换回了厦门群众的全身心投入、全过程参与,及时排查化解了多项风险隐患、矛盾纠纷,以"共同体"方式,将"小和睦"串起社会"大和谐",让"群防群治"释放"大能量"。疫情防控期间,厦门社区依托于"厦门百姓"(APP)的"社区防疫通"模块,融合城市公共安全、公安、卫健、通信、互联网等多渠道的数据资源,将疫情防控小区划分为紧密型物业小区、松散型无物业小区和开放型街巷村社,根据社区类型差异化地嵌入战"疫"模式,引导群众自治共管、互帮互助,"一键式"开展防疫信息排查,拉起"无疫小区"的警戒线,形成抗"疫"向心力。例如,集美区借力"厦门百姓"(APP),组建31支平安志愿者巡防大队,由热心群众组成,形成一道道流动的"近邻守望新防线"。

第三节 "厦门百姓"(APP)的社会设计逻辑

"厦门百姓"(APP)作为数字化治理技术的厦门实践,已体现社会设计的"身影"和积极效应,而这主要与"厦门百姓"(APP)所遵循的社会设计机制有关。本节将进一步地刻画和阐释"厦门百姓"(APP)的内在运作逻辑,深入理解"数字化治理技术的社会设计"的运作机理。

一、社会环境设计逻辑

数字化治理技术的社会环境设计机制本质是一种外部机制,强调数字化治理技术不是孤立的技术行动或者行政活动,而是在与外部环境的交互格局中演绎且受外部社会环境的影响。如果说行动主体、行动过程、功能成效是数字化治理技术的内部结构,则社会环境是数字化治理技术的外部环境,内部结构的有效运转受到外部环境的影响。社会环境为数字化治理技术的运转创造了两个条件:一是基础设施环境使得社会事实能够转化为数据信息进入数字化平台;二是心理社会环境为数字化治理技术的持续运行创造充分的社会事实。因而,打开外部环境的"黑箱"是设计数字化治理技术的基础。

"厦门百姓"APP的社会环境设计机制表现为三个特征:

第一,遵循社会环境的客观发展事实。具体表现为以基础设施环境支撑"厦门百姓"APP形式构建和运行实践。数字化基础设施、数字资源共享体系等"硬要素"构成技术实践的参照系,为政府及相关主体打开理解"厦门百姓"APP平台搭建、运营过程的视野,避免超越时空的限制而偏离理性的技术发展路径。以心理社会环境建构"厦门百姓"APP的运行秩序与保障体系。厦门初步建立了"数字厦门"的政策体系,提升"厦门百姓"APP的制度配套水平,以政治权力作为保障,完善数字等新生产要素的有效配置,规范"厦门百姓"APP的运行流程,引导"厦门百姓"(APP)的发展方向。

第二,改变"串糖葫芦式"的思维方式,以整体性视野开展"厦门百姓"APP的环境部署工作。在开发"厦门百姓"APP的过程中,厦门比较充分地考量了数字化基础设施建设环境、社会心理环境,并在复杂的交互格局中理解"厦门百姓"APP的外部场景,明晰"厦门百姓"APP的作用空间及边界。整体性的社会环境部署实际上蕴含着动态的、能动的思维与行为方式。厦门政法部门为了保障"厦门百姓"APP能够持续有效地运转,强化数字化环境的整体布防,并主动寻求与其他部门共建共享信息库,不断完善新环境建设。同时,政法工作人员也以动态的眼光培育市民的数字化能力,开展深入行业、社区的宣讲,提高市民使用"厦门百姓"APP的能力,优化"厦门百姓"APP的社会心理环境。作为"厦门百姓"(APP)的技术开发公司,美亚柏科也根据外部环境的变化,动态调整、更迭APP的功能模块。总的来说,这种具有整体性的社会环境设计助推"厦门百姓"(APP)的社会认同与价值变现。

第三,强化技术与社会环境的适配性。社会环境设计机制除了是一种数字化治理技术与社会环境的链接机制,也是一种数字化治理技术与社会环境的适配机制。这种适配机制某种意义上指数字化治理技术在开发、运用、推广的过程中,要考虑社会环境的差异化基础。厦门市内的不同辖区,数字化社会环境也存在一定的差异,比如思明区经济发展水平较高,第三产业发达,由此汇聚了大量受教育水平较高的人,他们也往往具备较强的数字化使用能力,而翔安区等区划的整体数字化环境不如思明区,基于现实环境的差异性考量,厦门在推行"厦门百姓"APP的过程中,优先在思明区等数字化基础环境较好的区划开展普及、推广工作。

二、社会关系设计逻辑

"厦门百姓"APP既形成了"多元行动主体"的静态社会关系,也形成了"多元互动"的动态社会关系,后者是社会关系的核心。事实上,"厦门百姓"(APP)的社会关系设计机制本质是一种互动机制,其形成过程主要可以分为两个阶段:

第一,话语构建阶段。在构建公共话语阶段,核心行动主体往往希望在不经意间形成群体认同感[①]。因此,在这个阶段,厦门市政法系统最先发挥议题设置功能,赋予"平安共建"重要性,经过媒体放大"行为表演"实现舆论动员[②],影响厦门市民的判断与认知,再依托党群工作,营造情感认同,完成"议题发起"到"议题认同"的递变。厦门市相关部门在官方媒体发起议题,引导"平安共建"舆论。比如,"厦门政法"微信公众号将简介编辑为"爱上一座城,共筑平安美",并开设"爱厦门爱平安""共创示范市""一起看'典'"等宣传专栏。"厦门长安网"将网页标语设置为"平安厦门、人人参与,厦门平安、人人共享",在政法动态、三大建设、专项工作三大网页专栏播报"平安厦门共建"的新闻动态。"厦门百姓"(APP)的开屏宣传语为"新时代,开启全民群防群治新时代""厦门百姓,平安同行"……一系列媒体工作,引导厦门市民形成"平安共建"的判断与认知。

第二,扩散沟通阶段。扩散沟通阶段是政府动员市民参与"厦门百姓"APP相关工作,是实现"平安共建"的关键阶段。基于前期"平安共建"的情感认同,厦门政法系统采取多样化方式,进一步动员市民群众参与。其中最主要的方式是利用官媒的公信力去生产市民对"厦门百姓"(APP)"平安共建"的认可,将广大的市民群众吸纳进来,扩展"厦门百姓"(APP)的社会基础。比如,推出"厦门百姓APP操作手册",在公众号上以"截图"的形式、分步骤地介绍"厦门百姓"(APP)的操作流程,具体包含"手机客户端下载""角色注册""日常采集"(入住登记、离开登记、租客自主登记、单位/员工登记、员工批量登记)等步骤。此外,运营"厦门百姓"公众号,定期推送"厦门百姓周报""厦门百姓提醒""追缉—看图抓贼""骗偏爱你"等专栏文章,讲解平台功能,吸引公众参与。通过话语构建,初步联结政府与市民共同参与"厦门百姓"(APP)的意识,再借助多元化的扩散沟通方式,持续升华、塑造共同参与的意识,最终目标是实现共同参与的行动,将意识转换为公众的行动支持。

三、社会行动设计逻辑

"厦门百姓"APP重构了技术行动逻辑,通过"采集—加工—应用"的信息机

---

① 刘蕾、史钰莹、马亮:《"公益"与"共意":依托移动短视频平台的公益动员策略研究——以"快手行动"为例》,《电子政务》2021年第3期。

② [美]西德尼·塔罗:《运动中的力量:社会运动与斗争政治》,吴庆宏译,译林出版社2005年版,第149~156页。

制,推动信息在机器与用户之间流转起来,融合机器逻辑与用户逻辑,形成信息驱动的"群防群治"模式。

第一,在信息采集过程中推动社会图像清晰化。厦门是一个人口流动活跃的城市,而人口流动是一种特殊的社会运动,具有没有组织、没有方向的特征。当人口流向城市四面八方,并渗入各个角落时,伴之也会产生复杂的社会效应,加剧厦门城市安全的治理难度。倘若无法高效地采集人员的信息,容易陷入"盲人摸象"的管理困境,进而触发各种各样的安全隐患。因此,"厦门百姓"(APP)作为一种数字化治理技术,具有"测算技术"的功能,能够采集各行各业的人员信息,相对全面地掌握人员的信息,摸清人员的真实情况。

"厦门百姓"(APP)设有"日常采集"功能模块,每一位厦门市民都能够以"信息采集责任人"的身份进入自主申报的界面,通过"下载—注册—登录—采集"无纸化、流程化操作步骤,上传、报备个人相关信息。通过这个方式,厦门市公安局采集"车辆信息""房屋信息""单位信息""人员信息""交通违法信息""基础排查信息""大排查隐患信息""互联网金融信息"等。"厦门百姓"(APP)通过信息采集功能,以实名认证的方式获得市民的真实信息,并致力于获得清晰的"人口地图"。目前,厦门市部分城区借助"厦门百姓"(APP)获取基础信息大排查的成效,实现人来即采、人离即注销,帮助公安机关实现"底数清、情况明",确保实有人口数据实时鲜活性。除了收集基础信息,"厦门百姓"(APP)作为具有"维护社区安全"功能的APP,也通过群防力量主动上传采集了许多"治安信息"。市民在"日常巡逻"中,可以直接记录巡逻事项,也可以在专门设立的"线索举报"专栏,在线快速反馈发现的违法违纪事件。民警可以在平台上以"通知公告"的方式将"群防大小事""追缉信息"分享给民众,或者提供在线安全培训的信息。

第二,在信息加工过程推动行动场景类别化。针对复杂海量的"基础信息""群防信息","厦门百姓"(APP)借助信息化、技术化手段将信息进行整合和可视化管理。经过多次页面迭代,当前的服务主页呈现八种信息类型,分别是日常采集、群防任务、注册信息审核、无人航空器、人员管理、百姓问答、百姓追缉、专栏追缉。对信息的分类、加工设计,并以"语言化"的技艺讲述信息场景,不仅有助于市民群众更加精准化地将信息上传至指定门类,提高"供给—需求"的信息匹配度,也避免社区民警和网格员手工录入、分类的重复劳动,便于公安局工作人员高效地进行信息分流,并便捷地处理解决。在广泛地采集信息、分门别类地加工信息的基础上,厦门市有关部门进一步推动"事实性信息"转化为"意见性信息",推动"隐形信息"转化为"显性信息",通过信息挖掘、信息过滤和信息语义分析等方法,进行合理的逻辑推断,前导性地将厦门市民反馈的信息进行结构化与有序化,见微知著地对安全问题进行规律性的研究与总结,生成"高频综治事项""苗头性治安问题"等统计分析报表,进而分模块地开展"社会治安专项工作",实现政策注意力的有效分配。

第三,在信息应用过程中推动平安共建智能化。收集、加工信息不是目的,信息的最终目的应该是解决问题。从这个角度来说,信息应该是程序设计法中常言的"数据字典",通过条理清楚的程序化结构提高系统的灵活性、通用性,及时抓取、敏捷响应外部环境的需求。当用户下载"厦门百姓"(APP)后,登录和使用 APP 前必须先进行实名制注册。实名制信息采集和管理方式,为"厦门百姓"(APP)解决社会问题奠定了基础。比如,当市民遇到突发的紧急情况时,可以借助平台的"划定区域""群发短信""拨打电话"等方式反馈,平台会依据民警和群防力量的位置信息,灵活调集离事发地最近的人员进行先期处置。此外,"厦门百姓"(APP)广泛吸纳各种社会力量共同参与平安厦门建设,引导群众参与群防从"被动"向"主动"华丽转变,共同生产更好的"平安服务"。

四、社会功能设计逻辑

"厦门百姓"(APP)的社会功能设计机制是一种柔性机制,表现为更加主动地追求技术的社会关怀,强调治理技术面向的是"一个个活生生的人"[①],要彰显公共性价值。

第一,全流程介入社会问题,筑牢社会维稳防线。"厦门百姓"(APP)依托数字化技术,汇聚厦门的人口、职业、居住地等基本信息,支撑政法系统与市民群体的信息共享需求。比如,市民可以通过"厦门百姓"(APP)的日常采集、群防任务、百姓追缉等功能模块,随手拍照上传安全隐患线索,与警方共享安全信息;政法系统则可以依托"厦门百姓"(APP)的学习培训、百姓问答等线上功能模块,加强对市民的安全教育、使用数字平台的方法教育,打破传统时空限制下的"信息不对称"困境。通过流通信息的应用,实现维稳主体向社会扩散,形成覆盖全市域的"群防力量",以无处不在的"社会之眼",更敏锐地洞察和发现问题,更敏捷、灵活地解决问题,推动社会治安问题从"事后修复、被动化解"向"提前介入、主动预防"转变。

第二,用"心"求"理",发挥群众积极性。"心"指的是行为心理学上微观的个体感受,"理"指的是良善治理,即回应和满足民众的情感和需求,以美好的共同情感创造和谐温馨的治理秩序。具体来说,"厦门百姓"(APP)作为一项市域层面的数字化治理技术,孕育、成长于"人"的生活世界,不论是表现为可视化的数字化平台,还是平安治理的创新模式,都坚持将"以人为本"作为精神纽带,重视

---

① 吴同、胡洁人:《柔性治理:基层权力的非正式关系运作及其实现机制——以 S 市信访社工实践为例》,《华东师范大学学报(哲学社会科学版)》2021 年第 2 期。

让市民体验到"宾至如归"的感觉,通过市民参与、市民反馈等互动方式深化群众路线,有意识地营造"平安厦门,共同建设"的归属感和群体认同感,倾听群众的声音,发挥群众的积极性和创造性,满足群众对安全的追求,持续释放治理效能。

第三,嵌入多元价值,彰显群众获得感。"厦门百姓"(APP)作为数字化治理技术,并非将人异化为数字的工具,而是一种利用数字化技术解决社会问题、提供公共服务的治理行为,以数字化理念、数字化思维、数字化规则、数字化环境和数字化资源等方式,推动政务服务从"给群众端菜"向"让群众点菜"的转变,向市民供给触手可及、更加舒适便利的安全服务,改善和提升市民的获得感和满意度。更进一步地说,依托"厦门百姓"(APP),实现区域物理空间和网络空间的虚实相生和协同交互。

第六章　主动创稳：
健全完善多元化纠纷解决机制

纠纷解决机制是社会治理体系的重要组成部分。2019年,习近平总书记在中央政法工作会议上提出要"把非诉讼纠纷解决机制挺在前面"。对于法治社会而言,重要的不是消灭或压制矛盾纠纷,而是有效引导、积极化解,从而减少风险危害,降低社会治理成本。针对社会矛盾纠纷呈现主体多元、纠纷复杂、调处疑难等特点,如何实现变"被动维稳"为"主动创稳",健全完善多元纠纷解决机制,努力将社会矛盾化解在基层,对于促进市域社会治理现代化具有重要意义。

第一节　构建大调解工作格局

调解作为一种非正式的解决纠纷方式,在社会治理中扮演着重要作用。中国人具有厌恶诉讼、喜欢调解的传统,比起正式的民事诉讼,更重视通过调解来解决争议[①]。即使是西方社会也在工业化和社会革命的进程中引入调解制度,发展和完善替代性纠纷解决机制(alternative dispute resolution,ADR)。在新中国成立之前,中国共产党就在革命根据地探索和实施人民调解制度,逐渐形成了一种以法律和政策为依据,纳入情理、公共道德和习俗等传统惯例的中国特色调解制度。党的十八大以来,习近平总书记多次对人民调解工作作出重要指示批示,为做好人民调解工作和加强人民调解员队伍建设指明了方向。

近年来,厦门市着力构建大调解工作格局,坚持以人民为中心、以需求为导向,第一时间把群众诉求表达、矛盾纠纷化解引入合法程序、纳入法治轨道,深入推进疫情精准防控、经济社会发展中各类矛盾纠纷的多元化解,为推进市域社会治理现代化提供了"厦门样本"。

---

① 季卫东、易平:《调解制度的法律发展机制——从中国法制化的矛盾入手》,《比较法研究》1999年第3、4期。

一、完善大调解机制,构建高效解纷通道

通过建立、完善纠纷解决程序相互衔接和协调机制,依法及时就地妥善化解各类矛盾纠纷。一是出台纠纷化解配套机制。市司法局整合各类法律服务资源,引导社会组织和力量参与矛盾纠纷化解,制定了《关于构建"大调解"工作格局,进一步促进矛盾纠纷多元化解的指导意见》。市中级人民法院积极探索诉非联动工作模式,出台《关于开展诉非联动推进多元解纷机制建设工作的意见(试行)》,成立全国首个一体运行诉非联动中心。市公安局大力推动全市派出所建立健全"公调对接"机制,结合实际制定了《关于加快推进驻公安派出所调解室建设应用工作的意见》。目前,全市58个派出所与公证处、司法所、人民调解组织等建立了联动驻所调解新模式。二是构建简单纠纷就地化解机制。发挥基层人民调解组织网络作用,及时将婚姻、继承、邻里关系等民事纠纷,吸附在基层、解决在就地,2020年全市各基层调解组织受理矛盾11196件。推广湖里区党建引领小区治理和同安区"议理堂"模式,推动建立260个小区调委会,选聘党员、业主、物业、片警等担任调解员,打通人民调解服务的"最后一步路"。2021年9月,新冠病毒变异株"德尔塔"入侵厦门,全市基层调解组织第一时间启动应急预案,主动排查并及时调处在核酸检测、游客隔离、涉疫劳务中的矛盾纠纷1000余件次,促进了社会和谐稳定。三是打造复杂纠纷联动调处机制。持续完善警民联调、检调对接、访调对接机制,有效应对复杂疑难矛盾纠纷。加强12348热线平台与110报警平台对接联通、互动协作,公安110将属于人民调解受理范围的纠纷类事项流转至12348热线平台,由平台在线提供法律援助或分流调处化解。针对网络舆情关注高、管理专业性强、当事人诉求多、调处化解难度大的矛盾调处案,市区两级调解组织可以协调公安、港务、旅游等单位进行联动调处,达到较好的调处效果。

二、整合大调解资源,促进化解效率提升

遵循市域社会治理和矛盾纠纷多元化解的先进理念,整合资源,促进化解效率提升。一是发挥律师调解作用。厦门市已构建起了司法行政机关主导、律师协会组织实施、广大律师积极参与的工作模式,初步形成具有厦门特色的律师调解。市律师协会分别与市中级人民法院、思明区法院联合建立律师调解室,全市律师事务所设立的律师调解工作室已成为司法为民的新窗口、分流案件的新中心、律师与法官良性互动的新平台。二是发挥公证服务纠纷调处。推动鹭江公证处携手集美公安分局设立"公证+"警调联动中心化解矛盾纠纷的工作模式,

2021年参与公安派出所化解纠纷3701起,成功化解3690起,成功率达99.7%。市公证机构联动律师、人民调解、法律援助等力量,积极介入因城市拆迁、土地征用、劳动争议等引发的各类矛盾,充分发挥在纠纷化解上的中立性和超然性,使公证调解成为纠纷解决机制中的重要组成部分。借助腾讯云等先进技术手段设备,研发全链式电子数据公证模式,使数据从一产生就进入公证流程,在法律层面上率先破解了电子数据作为证据的难题,极大提升了矛盾纠纷调处效率。三是发挥商事调解中心作用。着力推进民商事纠纷调解队伍专业化、职业化建设,2021年福建省首家调解民非机构——厦门经贸商事调解中心受理案件3925件。职业调解团队提供专业服务,为1694个案件、3826个当事人完成送达任务,为1968个未调解成功案件完成了第一道接访、释疑、矛盾化解工作,并梳理初步法律分析意见,大大节省了司法成本。

三、让基层成为化解矛盾纠纷的"终点站"

近年来,厦门市聚焦基层矛盾纠纷,创新有效预防和化解社会矛盾体制,探索形成社区有评理室—街道有多元矛调中心—区级有专业调解机构的多层级多元化矛盾纠纷调处体系,有效推进矛盾纠纷全链条解决,让基层成为化解矛盾纠纷的"终点站"。例如,思明区创新探索推广社区评理室建设,全区98个社区实现全覆盖。1275名老党员、社会贤达等成为评理员,2021年已成功化解矛盾纠纷260次,化解率高达98%。嘉莲街道莲花北社区设置"茶桌评理",通过泡茶评理、喝茶议事,化干戈为玉帛;厦港街道的90名评理员活跃在矛盾化解一线,社区组织与居民群众"打成一片"……一组组数据、一个个典型,形象描摹出思明区深化改革、探索基层治理新路径的实践步伐。不仅如此,思明区还积极依托评理室,发动社区党员、邻里力量搭建"万家和"纠纷调解平台,"小事不出小区、大事不出社区"是其生动写照。以华福社区为例,一支由70余名退休党员组成的"红色调解队"就成为邻里、家庭、业主与物业之间的"调和剂",实现身边人调解身边事。

面对基层矛盾纠纷复杂化的态势,厦门市坚持用好政策在基层治理创新过程中的引导规范作用,探索在街道层面打造多元化矛盾纠纷调处中心,通过购买社会服务引进专业力量就地开展矛盾纠纷化解,实行"一站式受理、一条龙服务、一揽子解决"。调处中心将非警情类纠纷快处快调,由调解员、公证员、人民警察、律师等多元主体共同参与调解,把矛盾化解在萌芽阶段,推动形成社会治理共建共治共享新格局。思明区依托多元调处中心平台,进一步延伸法律服务触角,零距离"线上问诊"、提供社区调解组织及辖区群众点单式服务等形式实现关口前移,做到"矛盾不上交,服务不缺位"。

第二节　法院主动融入社会治理

在当今社会,司法的功能已不仅是辨别是非和定纷止争,伴随社会交往手段和范围的拓展,司法活动日益影响一国公民和社会的行为已是不争的事实①。借助法院的诉讼地位化解社会纠纷并执行公共政策,是展现司法之社会功能的重要途径。2021年2月,中央全面深化改革委员会审议通过《关于加强诉源治理推动矛盾纠纷源头化解的意见》,为诉源治理提供了顶层制度设计和整体性安排。人民法院作为中国共产党领导下行使审判权的专门国家机关,要在党委、政府的支持下推动诉讼治理,构建立体化的矛盾纠纷解决机制,主动融入社会治理现代化,推动良善社会秩序的构建。

一、发挥法院前沿阵地作用

厦门两级法院充分发挥司法调节社会关系的作用,积极参与诉源治理,坚持把非诉讼纠纷解决机制挺在前面,坚持调解优先,积极引导当事人协商和解、共担风险、共渡难关,切实把矛盾解决在萌芽状态、化解在基层。在民事案件审理过程中,根据案件实际情况,准确适用法律,平衡各方利益,保护当事人合法权益,服务经济社会发展,实现法律效果与社会效果的统一。

厦门市司法局、厦门市中级人民法院成立市行政争议多元调处中心,负责六大类行政争议案件调解工作。持续完善交通事故调处中心、医患纠纷第三方调解平台、劳资纠纷综合调解室等"一条龙"纠纷调处平台,受理调处交通事故、医疗卫生、劳动争议等专业领域纠纷。对接公安、民政、资源规划、生态环境、交通运输、卫健、市场监管等7家重点单位,分别建立了48个行政调解委员会,在福建省率先实现区级重点领域行政调解组织全覆盖。

两级法院建立了"一体化""一站式"诉前解纷平台,打造集诉调对接中心、诉讼辅导室、法院附设或特邀调解室、诉外派驻调解室、12368司法服务热线、网上诉讼服务信息等功能于一体的诉讼服务平台,成立了全国首个市级诉非联动中心。翔安法院打造"好厝边"诉前解纷平台,实现诉前预立案、诉前送达、诉前调解、诉前调查、诉前保全、诉前鉴定评估和审计等流程"六位一体",涵盖诉前解纷、多元参与、平台保障的矛盾纠纷"三合一"诉前导分机制,有效降低纠纷化解的社会综合成本。

---

① 宋保振:《司法的社会功能及其实现》,《济南大学学报(社会科学版)》2020年第6期。

目前,两级法院积极探索建构诉讼与非诉讼相衔接的矛盾纠纷化解机制和纠纷解决体系,如同安军营村高山议理堂、翔安法院的法官助理赋能诉前调解工作机制、海沧法院的"合作父母"家事纠纷心理引导、湖里区法院的社区纠纷诉源治理、集美法院的物业纠纷示范性判决等。同时,通过司法大数据及与各纠纷高发、易发领域的联系、联络、联动机制,对劳动争议、物业纠纷、房地产交易市场、民间借贷等领域,透过数据进行审判态势分析,研究纠纷发生的缘起、判断纠纷的走向,与政府、团体及行业协会密切配合,在诉前或立案阶段及时采取保全措施,查封控制当事人名下财产,避免财产被转移或设置担保,为纠纷解决及执行到位提供保障。

在区级设立区公共法律服务中心,构建以法律援助、人民调解、法律咨询为主导,专业调解、公证服务、法治宣传等为补充的"3+X"工作模式。在38个镇(街)设立公共法律服务站,开展法律咨询、综合引导和矛盾纠纷化解等工作。在村(居)设立法律顾问室,实现"一村(社区)一法律顾问"全面覆盖。成立防控法律顾问团,开展"一站式"法律咨询,进行"一对一"法治体检。针对新冠肺炎疫情防控期间复工复产专门出台"一企一策"法律指引,召开外资外贸企业应对疫情法律服务座谈会,确保企业和群众的矛盾纠纷能在第一时间"有人管、管得了、管得好"。

二、诉源治理的思明经验

近年来思明法院致力于把非诉讼纠纷解决机制挺在前面,持续深入推进矛盾纠纷多元化解。中央电视台2套《经济半小时》"十大美好生活城市"专题报道中,肯定诉源治理中心帮助企业降低90%知识产权维权成本的创新机制。思明区从"无讼社区"建设到成立"诉调对接中心",从打造"多元调处工作站"到2020年6月30日成立"诉源治理中心",逐步完善构建"全面对接、全员参与、全程治理"的诉源治理减量工程体系,纵深推进诉源治理助力市域社会治理现代化。近三年通过诉前调解纠纷36500余件,有效化解11000余件,化解率约为30%。2020上半年,一审新收案件同比减少15.11%,成效显著,形成了独具特色的诉源治理"思明经验"。

第一,跨界合作,整合各界力量协同参与。诉源治理是一项社会化工程,思明法院通过资源聚合,变被动为主动,化一元为多元,取得了良好的社会协作效果。一是构筑基层治理立体化格局。主动融入共建共治共享大格局,全面对接行政机关、行业协会、调解组织等铺开治理网络,注入调解新活力。例如,与区司法局签订多元解纷实施方案,点对点链接辖区10个司法所,派驻社区法官,设立街道巡回办案点。二是打造重点领域一体化处理机制。针对劳动、家事、交通等纠纷多发领域，锚定发力点、重点突破，如构建劳动争议处理调裁诉对接工作机制，在区总工会设立劳动争议调解室、劳动争议巡回审判点并派驻仲裁庭，实行工会调解、仲裁调解和司法调解、司法确认相衔接的一站式处理模式，实现信息共享，建立定期沟通，着力提升劳动争议案件的调解和审理效率。三是汇集多元化解、协同化解能量。推进全区调解组织、调解人员纳入体系，多举措提升当事人参与调解的积极性，如发布纠纷流程图，创新当事人申请调解制度，通过典型案例进行普法宣传等。并利用好诉讼费杠杆，进一步推动双向治理，转变治理思路，推出"正向激励＋负面评价"双向治理机制，变被动审判为主动引领，突破资源整合不到位、连接不顺畅的症结，吸引社会资源成为司法资源的有效组成部分。

第二，科技助力，突破传统束缚智能解纷。思明法院紧紧抓住智慧治理这一关键，通过科技驱动助力提升诉源治理实效。针对民商案件体量庞大、案件类型复杂多样、人案矛盾十分突出的情况，与厦门易判科技公司展开战略合作，成功研发"借贷通""金融通""事故通"等智能易判辅助系统，着力打造民商事案件智能快审体系，以科技创新推动司法改革、助力执法办案、深化司法为民。有效地统一了裁判规则、裁判尺度，节省法官、法官助理大量的时间精力，大大提高了审判质量与效率；与厦门鹭江公证处协同成立诉讼与公证协同创新中心，率先在全国试点推动人民法院与公证机构关于送达、调解、调查、保全、执行等司法辅助事务的全面对接以及信息化建设的深度合作，推动电子送达机制建设，明确电子送达适用情形，走出了一条公证机构与人民法院全方位合作的新型路径。该创新模式获得了有关部门的广泛赞誉，并被誉为司法改革的"厦门模式"。

第三，全程治理，驱动源头减量提高效能。诉前、诉调、诉讼环节全流程发力实现高效运行，积极延伸职能参与社会治理，源头规范减少纠纷产生。一是驱动流程接续。建立诉前鉴定调查、固定无争议事实、确认送达地址、确认案件要素的调解"1+4"机制，强化业务流程首尾兼顾；随案发放告知书指引财产保全，以保促调、促执。二是驱动减量增效。建立群体纠纷示范诉讼机制，做到"审件、推全案、管类案"，减量快审278件教育培训合同等纠纷，实际审理时间仅1个月；全市率先在裁判文书写入拒不履行风险提示条款，提高生效裁判自动履行率；对子女探视、劳动争议、医疗费等案件执行立案前先行和解，督促及时履行。三是驱动延伸治理。与公安、税务、地方金融监督管理部门等单位建立协同治理工作机制，全市率先建立职业放贷人名录，近一年涉职业放贷案件"零新增"，同比减少约600件；每季度向人大、政协、政法委及30余个行政机关编发《行政审判动态》，助推依法行政。

第三节　检察机关积极参与社会治理

检察机关是国家法律监督机关,通过加强对其他行政执法机关、司法机关的法律监督,可以使执法、司法活动在法治轨道上运行,这些决定了检察机关在推进市域社会治理法治化中具有独特优势[1]。新形势下检察机关全面正确履行法律监督职责,敢于监督、善于监督、规范监督,依法按程序办理涉法涉诉信访案件,依法及时公正解决人民群众的合理诉求,实现案结事了、息诉息访,实现维护人民群众合法权益与维护司法权威的统一,是社会治理现代化的重要内容。

一、发展检察版"枫桥经验"

2018年,最高人民检察院检察长张军提出,要充分发挥刑事、民事、行政、公益诉讼等各项检察职能,不断提升参与社会治理的能力和水平,打造新时代坚持发展"枫桥经验"检察版[2]。引入社区居委会、网格员、片区民警、人民调解员等第三方骨干力量,紧密联系群众、带案下访,领导包案化解涉检信访矛盾纠纷,是发展检察版"枫桥经验",推动司法改革创新的重要内容。在法治社会中,光讲法律条文依据与事实、证据认定还不够,还需要办案人员下到基层,了解当事人的家庭背景、生活状况等因素,找到突破点,在当事人心中树立检察公信的旗帜,把案件处理结果的公平公正性传达到当事人的主观意识里,才能化解不批准逮捕、不起诉决定等刑事处理结果引发的信访矛盾。

第一,检察人员在办理刑事案件及诉讼监督类案件的过程中,都有可能产生涉法涉诉矛盾纠纷。唯有忠诚履行法律监督职责,才有可能提升检察公信力,才能进一步实现"案结事了"的办案目标。检察版"枫桥经验"正是发挥了法律监督效用从而达到"矛盾不上交"效果的一种正面化解形式。例如,厦门市思明区检察院在接待七旬老人郑某某信访过程中了解到,郑某某在特殊历史时期被判刑15年,后于1981年被撤销判决,免于刑事处分。因受该判决影响,郑某某现无收入来源,生活困难,且所在居委会以其有儿子赡养为由不予其办理低保申请。郑某某信访主要根源在于生活困难,控申部门本着依法办案、执法为民的原则,积极与居委会联系协调,郑某某最终依法享受低保,结束了多年上访之路。该案

---

[1] 林施兆:《检察机关推进市域社会治理法治化路径》,《中国检察官》2021年第23期。
[2] 《把"五个坚持"落到实处　打造"枫桥经验"检察版》,http://news.jcrb.com/jxsw/201811/t20181114_1926408.html,访问日期:2022年3月14日。

例中,检察机关坚决履行了法律监督职责,对于不符合法律监督条件的信访事项,依法向当事人释法说理的同时,贯彻就地化解信访矛盾的宗旨,依靠社区基层力量,主动为群众排忧解难,切实化解矛盾纠纷。

第二,打击犯罪不仅需要依靠司法机关严格履行法律职责,更需要群众提供线索、证据等一系列配合工作。信访人通过信访反映自身诉求,践行社会监督的同时,也为防控与打击犯罪提供巨大的帮助。检察人员办案不能局限于就案办案,而是要兼听则明,即相信群众的力量,坚持从群众中来到群众中去的基本路线。通过拓宽、畅通听取群众意见的各种渠道,办案人员能更充分、更审慎地把握案件事实、证据的认定,同时能够及时发现犯罪线索,依法给予有力打击,达到"打击一个,震慑一片"的扩散性效果。检察版"枫桥经验"正是一种坚持重视群众诉求、以人为本的工作模式,持续发挥着防控、打击犯罪的作用。

第三,在检察机关办案阶段,化解涉法涉诉信访矛盾纠纷,能够减少审判阶段的信访压力,合理配置并节约司法资源。例如,贯彻执行认罪认罚从宽制度,可以将大比例的刑事案件导入速裁程序与简易程序,真正实现繁简分流、科学配置司法资源的作用。实实在在地提高办案效率,又为被告人减轻刑罚,从而在检察机关办案的阶段程序,就及时解决后期可能出现的矛盾纠纷。再如,审查起诉过程中,通过边审边补,能够最大程度发挥审限效用。一方面能充分了解双方当事人的诉求,及时核实,从而进一步降低涉法涉诉矛盾纠纷产生的风险;另一方面能为侦查机关保障侦查时间,查明案件事实,保障当事人合法权益,为有效打击犯罪提供检察服务。

二、完善检察机关参与社会治理的途径

党的二十大报告强调"加强检察机关法律监督工作""完善公益诉讼制度",赋予新时代新征程检察工作更重的政治责任、法治责任、检察责任。检察机关应站在推进国家治理体系和治理能力现代化的全局高度,落实以人民为中心的发展思想,站稳群众立场、强化群众意识,正确认识并更好开展涉法涉诉矛盾纠纷化解工作,通过维护群众合法权益、维护社会和谐稳定来有效化解人民群众内部矛盾。

第一,切实执行并完善涉检信访机制,实践丰富检察版"枫桥经验"。现有的涉检信访机制尽管存在诸多不足,但相关机制在化解涉检信访矛盾纠纷方面有着优异的成效。落实机制过程中出现部分瑕疵的根本原因是检察人员的执行力欠缺。可以从科学配置处置信访的检察力量入手,明确信访化解责任为着力点,促进涉检信访机制执行力的提升。实践中,检察机关信访处置由控告申诉检察部门负责,审查案件的主要是公诉部门、侦监部门、民事行政部门等业务部门,这

可能导致真正接触信访群众的检察人员未能把握信访诉求是否能通过法律程序得到解决，真正审查案件的检察人员也未能直接面对群众，对审查结果与依据充分释法说理。因此，应当构建涉检信访包案轮办的工作模式，由刑事、民事行政监督案件承办人具体开展接收、办理、答复等信访工作，落实包案化解责任，促进组织调解、开展司法救助等工作机制的贯彻执行。

第二，挖掘群防群治的化解力，主动作为、预防纠纷、化解矛盾。检察机关的群众基础不断在壮大，主要有律师队伍、社区网格员队伍、司法志愿者队伍、人民监督员队伍等。树立检察公信力，需要一个"催化酶"，与案件无利害关系的第三方就是活性最高的"催化酶"。夯实检察机关的群众基础，是预防纠纷、化解矛盾的重要手段。此外，可以同辖区内的各街道办事处、社区居委会（村）等部门建立群防群治互联机制，让社区网格员队伍、司法志愿者队伍发挥自身优势，主动发现、引导并参与化解信访风险问题。

第三，主动创稳，助力打造最具安全感城市。一是聚焦影响群众安全感的突出问题，参与扫黄打非禁毒等专项工作。坚守客观公正立场，对初犯、偶犯、过失犯等涉嫌犯罪但无逮捕必要的，依法不批捕；对犯罪情节轻微、依法不需要判处刑罚的，依法不起诉。二是纵深推进扫黑除恶专项斗争。以强揽工程、开设赌场、欺行霸市等为重点，坚决打击涉黑涉恶犯罪。积极引导侦查机关精准打击涉黑涉恶犯罪，提前介入涉黑涉恶案件。三是主动参与市域社会治理现代化试点城市建设。围绕城乡接合部、学校和小区周边等重点领域治安防控，配合开展对涉罪精神病人、社区矫正人员等群体的管理。

第四，以人民为中心，努力满足人民群众司法需求。一是完善来信繁简分流、回复预警等工作机制，全面实行群众信访"7日内程序回复、3个月内办理过程或结果答复"制度。综合运用首办责任制、领导包案和公开审查等机制，为群众排忧解难。推进12309检察服务中心建设，为群众提供控告申诉受理等检察服务。二是深化特殊人群司法保护。积极组织检察长、检察官到学校担任法治副校长，配合开展安全防范、临界预防和精准帮教工作。成立校园法治巡讲讲师团，深入学校向师生开展宣讲。维护弱势群体合法权益，对涉及侵害残疾人、老年人和家庭暴力犯罪依法予以批捕、起诉；对拒不支付劳动报酬等涉及侵犯进城务工农民合法权益犯罪依法予以打击。三是依法维护民生民利。着力打击群众反映强烈的电信网络诈骗、侵犯公民个人信息等犯罪。聚焦民生重点领域，依法惩治非法行医、坑骗患者、销售假药的"黑诊所""黑医院""黑公司"。

第四节 从"被动维稳"向"主动创稳"转变

党的二十大报告提出,提高防范化解重大风险能力,严密防范系统性安全风险。经济社会发展所带来的稳定隐患,都有一个从萌芽积累到最终释放的演进过程。如果能在隐患积聚阶段,把握住化解的时间窗口,采取积极有效措施主动应对,就会显著降低负面冲击。面对各种难以预期的黑天鹅、灰犀牛事件,一个重要的应对措施就是构建预见性的治理体系,把工作重点转移到预见、预警和预防上。如何在中国特色的语境下顺势而为,实现地方政府维稳模式的现代转型,最大限度地维护变革时代的社会稳定,成为当前国家治理体系和治理能力现代化建设的重大使命①。

一、增强预防性治理

从"被动维稳"向"主动创稳"转变,是构建前瞻性、预见性治理体系的要求。美国学者奥斯本和盖布勒提出了"有预见的政府——预防而不是治疗"的政府治理改革模式,强调要"使用少量钱预防,而不是花大量钱治疗;在作出决定时,尽一切可能考虑到未来"。②"主动创稳"的实质就是根据不断变化的社会发展情景和运行轨迹,对发生社会冲突和社会矛盾的可能性进行评估与预判,提前采取有效对策进行引导和梳理,防止社会问题恶化,平稳有序地促进社会稳定并保护公民合法权益。

首先,"未病先防",要"把脉问诊",让排查走在前面。要加大矛盾纠纷滚动摸排化解力度,强化多元化纠纷解决机制建设,全面排查掌握各类苗头隐患,最大限度实现就地稳控和化解,从源头上减少不稳定因素产生。同时,要通过信访工作,及时发现风险隐患,切实解决群众的实际困难和各类矛盾。基层要做细做实群众工作,落实好开门接访、进门约访、登门走访、上门回访的"四门四访"机制,变群众上访为干部下访,提高信访工作的"温度"。此外,要强化情报信息体系建设,定期开展情报会商研判,全面掌握预警性情报信息,第一时间核查处置,确保始终掌握先机、赢得主动。对社会治理突出问题和重大突发事件,各级各相

---

① 余敏江:《从反应性政治到能动性政治——地方政府维稳模式的逻辑演进》,《苏州大学学报(哲学社会科学版)》2014年第4期。
② [美]戴维·奥斯本、[美]特德·盖布勒:《改革政府:企业精神如何改革着公共部门》,周敦仁等译,上海译文出版社2006年版,第162~164页。

关部门要随时进行专题分析研判,科学预测可能出现的社会稳定风险。

其次,刚柔并济,提升标本兼治和疏堵结合能力。基层要把主要精力放在倾听群众心声、关注群众利益、切实为群众办实事解难题上,尤其是要加快补齐民生短板。要切实加大民生投入,想群众之所想、急群众之所急,努力使全体人民学有所教、劳有所得、病有所医、老有所养、住有所居,共享改革发展成果。同时,要维护群众合法权益,对群众的正当利益诉求,相关部门必须积极回应、妥善解决;对不属实或者无法律政策依据的,也要耐心细致解释引导,不能简单拒绝了事。要加快公共法律服务中心建设,完善法律援助体系,让困难群体能够有序有效地维护自身合法权益。

最后,提升法治引领和机制保障能力,实现"突击式维稳"向"制度化创稳"转变。一要健全社会稳定风险评估机制。对涉及群众切身利益的重大决策、重大事项、重大项目,实施前必须执行社会稳定风险评估,作为党委政府决策的"前置程序"和"刚性门槛",对评估发现的问题要备足应对办法,把困难问题和对策方法想在前面、做在前头,坚决防止"决策一出台、问题跟着来"。二要健全矛盾纠纷依法处置机制。坚持严格执法、公正司法,注重"一碗水端平",避免因为处理尺度不一造成新的矛盾纠纷,维护法治权威。深化法治宣传教育,营造办事依法、遇事找法、解决问题用法、化解矛盾靠法的浓厚氛围,引导群众合理合法表达利益诉求。

二、增强"主动创稳"能力

"主动创稳"是新时代城市社会治理从事后处置、被动应付向事前预防、主动掌控转变的必然。其实质是创新政府的社会治理职能,使政府对可能出现的风险和挑战更加具备预见性,提供更多的预防性服务。"主动创稳"不是谋求一种机械、僵化的秩序,而是把主动创稳工作贯穿、融入社会治理的全过程,通过前瞻性、开放性和包容性的改革,构建充满活力的街区、社区、园区和校区,使秩序与活力有机统一起来。

第一,提升主动化解能力。一是抓源头,做好稳定风险评估。扎实推进社会稳定风险评估工作,将其作为党委政府决策的"前置程序"和"刚性门槛",坚持尊重民意、维护民利、改善民生,全程动态跟踪重大事项实施过程中存在的涉稳风险,从源头上预防化解涉稳隐患问题。二是减存量,做好信访积案化解。逐案明确化解责任、逐案建立工作台账、逐案进行专家评审、逐案开展走访督导,确保案结事了,逐步减少积压遗留案件。三是管长远,做好长效机制建设。对行之有效的经验做法,及时上升到区级、市级层面,固化成制度机制,以点带面、点面结合,逐步形成长效机制。

第三，提升主动攻坚能力。一是开展房地产领域主动创稳专项行动。要全面开展房地产领域涉稳风险排查，针对开发建设、工程质量、预售销售、信息公示、广告宣传等环节进行滚动清查，有效掌握各类违法违规行为和可能影响安定稳定的苗头隐患，把各类风险隐患化解在萌芽状态。二是开展涉众金融领域主动创稳专项行动。加强涉众型金融风险管控信息平台建设，统筹各行业主管部门情报监测系统，充分利用大数据技术及现有的数据化资源进行基础数据采集，全面排查各类投资咨询、融资担保、资产管理、网络借贷、私募基金、股权众筹等金融类资讯信息，及时发现各类涉众金融隐患。

第四，提升主动服务能力。一是开展"四门四访"活动。常态化开展领导干部开门接访、进门约访、登门走访、上门回访的"四门四访"活动，深入问题集中和矛盾突出的地方，面对面听取群众诉求，做细做实群众工作，努力实现信访总量、走访集访数量、积案存量、缠访闹访人数持续递减，就地就近解决各类矛盾纠纷。二是开展"结对帮扶"活动。通过"一对一结对认亲、一帮一带案走访"的方式，用诚心、耐心、爱心、关心、交心来换取群众的真心，以"结对帮扶"领导干部的劝解、感召、宽慰、关爱，感化群众并使群众的诉求和困难得到真正的解决。三是开展"信访评理"活动。要持续推进基层"信访评理"专项活动，加快区、镇（街）、村（居）三级"信访评理室"建设，加大心理咨询、社工服务参与信访工作力度，通过柔性措施理顺群众情绪、化解内心心结，避免出现极端事件。

第七章　良法善治：
提升市域社会治理软实力

社会治理软实力是通过法律、政策、价值观、文化、民意等呈现的社会吸引力、社会凝聚力和文化感召力等。提升市域社会治理软实力，就是把社会主义核心价值观、法治、文化、家风家教等融入社会治理全过程，把习近平新时代中国特色社会主义思想转化为广大群众的价值取向和自觉行动，在全社会形成强大的凝聚力、精神支柱和道德规范，打造有礼善治的城市形象。

第一节　培育和践行社会主义核心价值观

2014年2月，习近平在十八届中央政治局第十三次集体学习时指出：核心价值观是文化软实力的灵魂、文化软实力建设的重点。习近平在党的二十大报告中，进一步要求"以社会主义核心价值观为引领，发展社会主义先进文化，弘扬革命文化，传承中华优秀传统文化"。

一、加强社会主义核心价值观的教育引导和实践养成

充分发挥社会主义核心价值观的引领作用，需要把社会主义核心价值观融入社会发展各方面，全面提升公民文明素质和社会文明程度。要依托丰富的地域文化资源，用群众熟悉的文化话语来阐释、传播和宣传社会主义核心价值观。切实增强档案馆、图书馆、博物馆、文化馆等公共文化机构的社会教育功能。从家庭做起，从娃娃抓起，构建更加完善的青少年文化服务体系。把社会主义核心价值观融入法治建设、国民教育、社会管理和公共服务之中，融入家庭、家教、家风建设之中。开展"爱我中华"主题教育，深化爱国主义、革命传统等教育活动。加强国防教育，进一步完善爱国主义教育基地建设管理制度。

推动群众性精神文明创建高质量发展，动员人人参与，实现共建共享。坚持先进典型示范引领，创新典型宣传方式，引领社会主流价值。开展"图说社会主

义核心价值观""讲文明树新风"等公益广告宣传活动，推动公益广告宣传常态化，建设市、区核心价值观主题街道、社区等，编印各类群众喜闻乐见的海报、画册等宣传资料。鼓励和引导弘扬社会主义核心价值观的优秀文化产品创作，深入开展文化惠民活动，持续培育"一区一节""一镇一品""文艺大讲堂"等各类文化平台。开发符合社会主义核心价值观内涵的动漫游戏等文化产品，让不同类型文化产品都成为传播社会主义核心价值观的生动载体。

二、加强市民思想道德建设

将社会主义核心价值观有机融入家训、乡规民约之中，使乡村文化与现代文明相通相谐，为美丽乡村建设提供文化滋养和精神动力。运用多种形式大力宣传道德典型的先进事迹，加大"时代楷模"陈清洲等先进典型的宣传力度。深入挖掘百姓身边的善行义举，持续开展道德模范、"最美人物"、"八闽楷模"、"身边好人"等先进典型的推荐评选活动，持续开展道德模范推选活动。建立帮扶礼遇道德模范制度，推动道德模范关爱帮扶常态化制度化。持续开展"和谐邻里节"活动，使之成为宣传党的二十大精神、展示文明创建成果、促进社会和谐稳定的有效载体。深化"做一个有道德的人"主题实践活动，倡导"守规则、重礼仪、懂感恩、讲诚信、有责任、做好事"的良好道德风尚。开展中华经典诵读，弘扬孝敬、友善、节俭、诚信等传统文化。深入推进宣传阵地建设，充分利用传统媒体和新媒体，聚焦思想道德建设、典型评选等专项工作，策划专题宣传活动，推动各类网上创建活动开展，形成有力的社会舆论导向。发挥网络、微博、微信公众号作用，策划各类活动专题，打造独具特色的文明创建网络工作品牌。建立充实网络文明传播志愿者队伍，开展网络文明传播活动，广聚社会各行各业正能量，传播美德新风，引领网上风尚。

三、大力开展弘扬时代新风行动

组织开展"弘扬时代新风"公益广告征集推广活动，每年推出一批具有鲜明厦门地域文化特色的精品力作，完善公益广告作品库，全面提升厦门市公益广告宣传的覆盖面、影响力。持续开展文明行为示范月主题活动，推动公共文明行为理念进单位、进社区、进村镇。落实《厦门经济特区促进社会文明若干规定》，倡导无偿献血、见义勇为、扶贫济困等公益行为，治理乱扔垃圾、随地吐痰等九大不文明行为。运用"厦门市社会文明信息管理系统"记录正向文明行为信息和受处罚的不文明行为信息，提升社会文明。持续推进系列文明行动。推进文明交通行动，推广"有序乘车，文明排队"、"共享单车，文明骑行"、轻语车厢、无饮食车厢等经验做法,组建地铁文明联盟,引导广大市民文明出行。固化礼让斑马线行动成果,引导人们自觉养成文明交通习惯。推进文明旅游工作,落实旅游红黑榜发布、导游领队一岗双责、签订承诺书和文明督导员等制度。加强春节、"五一"和"十一"文明旅游宣传引导,组织文明旅游专项督导,开展旅游市场秩序整治行动。

把培育践行社会主义核心价值观贯穿文明城市创建的全过程和各方面。结合乡村振兴战略,完善农村社区书院的硬件设施,组建志愿服务宣讲队伍,开展健康向上的文体活动,丰富农民精神文化生活,确保把党的方针政策及时准确传递到农村百姓当中。以问题和目标为导向,从小事、具体的事抓起,不断破解城市环境、交通秩序等城市治理难题,回应市民群众的关切,不断提高市民对文明城市创建的满意度。落实中央关于社会主义核心价值观融入法治建设的要求,善于运用法治思维和法治方式推动文明创建,全面实施《厦门经济特区促进社会文明若干规定》。完善文明创建系列制度建设,加强动态管理,探索实施文明单位(校园)责任、问题和整改"三项清单"制度,形成各方力量齐心参与文明城市创建的强大合力。

四、加强家庭家教家风建设

党的二十大报告提出,要"加强家庭家教家风建设,加强和改进未成年人思想道德建设"。家庭家教家风建设在为基层社会治理提供文化土壤、协调基层社会家事纠纷解决、推动基层社会自治、德治、法治的建设与发展方面发挥着不可替代的作用[①]。厦门市把家庭家教家风建设作为市域社会治理的重要抓手,营造基层良好社会风尚,夯实社会长治久安的基础。以倡扬"孝、诚、仁、爱"为重点,不断拓展寻找领域、丰富寻找内涵、创新寻找形式,持续推进寻找"最美家庭"活动,发挥家庭建设在基层社会治理中的功能。厦门市妇联联合中共厦门市委文明办和厦门移动电视制作"最美家庭"公益宣传片在城市公交、地铁、楼宇电视展播,取得了良好的效果。在新冠肺炎疫情发生以后,厦门市妇联主动融入全市宣传大格局,发出《@姐妹们!千家万户一起行动,合力防控肺炎疫情》《为打赢疫情防控阻击战贡献半边天力量!鹭岛姐妹,我接力!》等7份倡议书,从各个层面号召发动各级妇联组织和广大妇女群众,充分发挥妇女在组织动员、宣传引导、群防群治、生活习惯及居家防疫中的独特作用,发挥半边天作用构筑战"疫"严密防线。第一时间策划推出《巾帼同心抗"疫"》《给姐妹们的心理小贴士》《健康

---

① 张竞芳、朱梦瑶:《论家庭家教家风建设在基层社会治理中的作用》,《湖北警官学院学报》2021年第4期。

知识"家"》《亲子乐活"家"》等专栏,采编广大妇女、家庭、巾帼文明岗、巾帼志愿者等抗击疫情的典型故事。围绕乡村振兴建设,倡导移风易俗,促进乡风文明,开展"共建生态家园""巾帼美丽家园"建设活动。在城镇,开展"绿色家庭""环保家庭"创建活动,引导家庭节能减排、低碳生活;在各级党政机关,开展"树清廉家风,创最美家庭"活动,筑牢反腐倡廉的家庭防线;在企事业单位,开展"安全生产,幸福家庭"宣传教育,激励家庭成员在岗建功、在家尽责。

第二节 在法治轨道上推动社会治理

在法治轨道上推进社会治理,是国家治理体系和治理能力现代化的必然要求。党的二十大报告提出,要推进多层次多领域依法治理,提升社会治理法治化水平。厦门明确提出"坚定不移推进全面依法治市,加快建设法治中国典范城市"的建设目标,获评首批全国法治政府建设示范市。

一、强化市域的法治制度供给

良法是善治之基。厦门市充分发挥特区立法权优势,通过法治制度供给引导和推动社会治理创新。早在2015年,厦门市就出台了《厦门经济特区多元化纠纷解决机制促进条例》,探索以法治方式解决社会纷争,规范社会行为。近年来,厦门市通过参加市域社会治理现代化试点,制定了一批具有开创性、示范性的地方性法规、规章。在城市安全方面,制定了《厦门经济特区道路交通安全若干规定》《厦门经济特区电梯安全管理条例》《厦门经济特区轨道交通条例》《厦门市海上交通安全条例》等法规;在社会民生领域,制定了《厦门市物业管理若干规定》《厦门经济特区养犬管理办法》《厦门经济特区邮政条例》,修正《厦门经济特区老年人权益保障规定》《厦门经济特区无偿献血条例》等;在环境保护方面,出台了《厦门经济特区生活垃圾分类管理办法》《厦门经济特区筼筜湖区保护办法》《厦门大屿岛白鹭自然保护区管理办法》等地方性法规;在政府管理方面,制定了《厦门经济特区多规合一管理若干规定》《厦门市推行包容审慎监管执法若干规定》《厦门经济特区公共法律服务条例》。上述立法丰富了市域的法治制度供给,夯实了市域社会治理现代化的法治根基。

二、发挥软法的社会治理功能

面对社会问题的复杂性与不确定性,软法等柔性治理手段受到了广泛的重视。软法有助于充分发挥社会治理主体的能动性、自主性和调适性,能够更好适应复杂社会尤其是现代信息社会发展的需要。2022年,上海市徐汇区发布了《上海市徐汇区软法治理指引(武康开放社区版)》,对社区内推行软法治理的内容和方式进行了详细阐述。厦门市也是国内较早在基层治理探索软法治理的城市。早在2016年,厦门市在鼓浪屿探索完善群众自治公约,发挥鼓浪屿家庭旅馆协会、龙头路商业街自律联盟等自治组织的作用,运用"软法"监管居民、商家的行为。同时,成立由鼓浪屿驻岛单位、居民、商事主体和社会组织、人民团体等多方主体参与的鼓浪屿公共议事会,围绕鼓浪屿治理的相关事项进行协商讨论。曾厝垵作为网红文创"打卡地",针对业主多、商家多、游客多的特点,在村民中成立业主委员会,在以外来文创青年为主的商家中成立文创会,双方在讨论协商过程中凝聚共识,推动共治。同安区莲花镇军营村探索设立高山议理堂,激活山村文明新风,通过创新村规民约来化解群众矛盾纠纷,被列为全国村级议事协商创新实验试点单位。近年来,厦门市积极推行城乡社区民主协商议事制度,基本实现城乡社区民主议事厅100%覆盖,充分发挥了"软法治理"的独特作用。

三、创新推进新时代市域法治化

厦门市从营商环境优化、执法环境改善、法律公共服务供给、道路交通安全保障、城市精神面貌提升等方面进行了精细化的社会治理立法,良法善治的环境逐步形成。当然,随着社会经济新情况和新问题的不断出现,法治化工作始终处于进行时。结合国内外的经验,厦门市可以从以下方面创新推进市域法治化:一是强化前瞻性立法。例如,针对企业融资难、融资贵的问题,急需政府配套制度与法律的支持和规范,以更好推进行业监管改革与完善、金融稳定与安全,防范与化解系统性与区域性金融风险。二是优化立法过程。要坚持民主立法,开门立法,加强立法的民意征集,拓宽公众参与立法的途径和方式。三是发挥立法的主动性。大胆运用特区立法权,突出重点领域立法,通过更高质量的立法来体现人民利益、反映人民愿望、维护人民权益,解决发展改革过程中深层次社会矛盾。

第三节 打造工会版"枫桥经验"

党的十九届五中全会强调,要发挥群团组织和社会组织在社会治理中的作用。党的二十大报告指出,"深化工会、共青团、妇联等群团组织改革和建设,有效发挥桥梁纽带作用"。根据《中华人民共和国工会法》,"工会组织和教育职工依照宪法和法律的规定行使民主权利,发挥国家主人翁的作用,通过各种途径和形式,参与管理国家事务、管理经济和文化事业、管理社会事务"。工会是中国特色社会主义社会治理体系中不可或缺的力量,参与社会治理是工会履行职能的重要体现。工会作为重要的治理主体和职工群体参与社会治理创新的主要组织者,在参与社会公共政策制定、参与社会事务治理监督、协调社会利益关系和强化社会服务功能等方面大有作为[①]。厦门总工会成立于1927年1月24日,曾成功领导了多次工人运动和罢工斗争,具有光荣的历史。近年来,厦门市总工会发挥独特优势,明确职责定位,强化社会治理能,打造工会版"枫桥经验",有力地支持了市域社会治理的效能提升。

一、创建共享职工之家,打造职工十分钟服务圈

面对职工需求多元、服务基础薄弱、创新力量不足等诸多挑战,市总工会提出"共享服务""人人共享"的服务理念。2018年,湖里区创新园成立全国工会系统首个共享职工之家,打造十分钟服务圈,使职工可以在家门口享受法律服务、素质提升、技能培训、文体娱乐等多种工会服务,受到职工群体和社会各界一致好评。随后,厦门市总工会大力推进"会、站、家"一体化运作,遍布工业园区、社区、楼宇、众创空间等场所,集多种工会品牌服务和活动功能于一体,投入共享职工之家建设资金共计2024万元,在全市共建成107家共享职工之家。2021年"共享职工之家"项目入选厦门经济特区建设40周年全面深化改革优秀案例。

共享职工之家的建设步伐始终与职工需求同向而行,不同区域结合各自实际,探索创新多种特色服务,满足不同行业职工的差异化需求。思明区推出"加减乘除"职工成长方程式服务清单;湖里区打造了共享资讯、共享服务、共享学堂、共创和谐、共建文明、共融发展、共筑幸福"七大共享服务";集美区为两岸青年职工提供法律咨询、休闲阅读、心理疏导、教育培训服务;海沧区在过坂社区建设共享茶室,开展直播带货和富有行业特色的职工技能竞赛活动;同安区发挥工业园区特色,开展法务微课堂,实现24小时线上法律咨询;翔安区创建融创共享之家、数字园区共享职工之家;市机关事业工联会利用楼宇内的公共服务区,建设共享职工书屋、共享驿站、劳动者港湾、共享书画创作室……

二、推进新就业形态劳动者加入工会,温暖新业态劳动者

新就业形态劳动者在我国经济社会发展中发挥着不可或缺的重要作用。近年来,市总工会大力推进货车司机、快递员、网约送餐员、护工护理员、家政服务

---

① 邵彦敏、赵龙:《工会参与社会治理的困境与对策探究》,《理论导刊》2020年第9期。

员、商场信息员、房产中介员、保安员等"八大群体"在内的灵活就业人员、新业态从业人员加入工会。2021年,市总工会制定《厦门市总工会推进新就业形态群体工会工作实施方案》,在思想引领、建会入会、维权服务、职业健康与发展等方面创新举措。在做好新就业形态劳动者工作的基础上,市总工会创新地提出"8＋N"理念,将工会关爱进一步延伸到环卫工人、公安辅警等更多需要特殊关爱的职业群体。市总工会为"8＋N"群体职工开展"入会有礼"、"微心愿"、"家好月圆"中秋晚会等活动,让更多职工实现体面劳动、舒心劳动,感受实实在在的工会温暖。

面对平台经济的功用形式和新就业形态职工的就业方式给工会维权带来的新挑战,厦门市总工会积极探索关于新就业形态劳动者权益保障、纠纷调解的维权方法。湖里区总工会建立"工会＋仲裁"联动维权机制,将调解关口前移,加大源头维权力度,定期筛查案源,主动介入,为符合劳动关系认定标准的新就业形态职工提供维权服务。为了进一步推动劳动关系发展态势监测研判工作,市总工会在原有基础上扩大了对新就业形态职工的覆盖,通过收集数据,及时发现并预判事关外卖员、网约车司机等平台经济劳动者权益的倾向性问题。此外,市总工会在全市建立了10家"暖蜂小屋",配备饮水机、卫生间、充电桩等设施,解决户外职工歇脚、解渴、充电等实际需求。

三、打造"园区枫桥",推进基层劳动纠纷多元化解机制建设

近年来,厦门市总工会在湖里创新园、同安工业集中区两个重点工业园区设立"园区枫桥"机制建设试点,建立劳动纠纷预防调处一体化机制,促进劳动争议早化解早解决,实现"小事不出厂,大事不出园(区)",为企业和园区的发展构建和谐的社会环境。一是突出"源头"管理,设立"工会管家"为企业提供劳动合同、制度建设等劳动关系风险评估;二是整合多部门力量,统筹司法、人社、法院等相关部门资源,多部门联动,提供咨询、调解、仲裁、诉讼、执行等"一条龙"服务,实行"事前、事中、事后"闭环管理;三是网格化管理,依托网格地图,推进多部门协同施策,共同制定具体措施服务职企,选树和谐企业示范点,实现区域联防、网格互助。

2016年,在厦门市总工会的支持下,同安区将工会维权服务前置,在工业园区成立了福建省首个"劳动法务工作站"。5年来,通过实施劳动关系健康体检,同安区共建立健康档案672份,发现风险隐患365条,纠错率达100%,惠及324家企业的1325名职工。目前,同安区已建立由职业化工会专干、律师、劳动关系协调师、企业工会主席、人力资源专家组成的"劳动关系健康管家"团队。通过定期举办工会主席沙龙、线上线下开展劳资法务与劳动管理实务培训、开通"工会

管家"24 小时劳动法务在线问诊等方式,提升企业自检、网格互检、区域联检的能力。全区现有 512 家企业通过了劳动关系健康自检、互检认证,具备了"健检"能力。

第四节 推进社会信用体系建设

社会信用体系是社会治理体系的重要部分。信任关系是一切经济社会关系的基础,作为市场经济的基石,树立政务诚信、商务诚信、社会诚信和司法公信是市域治理能力现代化和城市软实力的重要标志。新时期,必须建立健全适合我国国情特点的社会信用体系,进一步完善信用监管体制机制,构建体现经济社会发展规律本质要求、以信用为基础的现代社会治理体系,满足依法治国、提升执政能力的战略需要①。厦门市在推进市域社会治理现代化过程中大力加强社会信用体系建设,探索信用赋能社会治理的有效路径,建立高水平的信用社会。

一、加强社会信用体系制度建设

作为全国首批社会信用体系建设城市,厦门市发挥特区立法优势,先后颁布多部地方性法规,通过立法促进守信收益,增加失信成本,为信用体系的改革与建设提供了强大的法律支撑。2016 年 5 月,厦门市颁布全国首部"多规合一"地方性法规《厦门经济特区多规合一管理若干规定》,构建业务协同和建设项目审批信息管理的平台,完善建设项目的生成与审批制度,明确"在工程建设领域推行审批负面清单和告知承诺制"。2018 年厦门市出台《厦门市工程建设项目审批告知承诺制管理暂行办法》,并结合"证照分离"改革,扩大实施范围。截至 2020 年年底,厦门市实行告知承诺的审批服务事项 677 项,容缺受理事项 4068 项。同时,配套出台《厦门市守信联合激励与失信联合惩戒暂行办法》,还有各审批部门配套制定行业实施细则文件 30 余份,确保厦门市开展分类审批分类监管有章可循。

2019 年 6 月,厦门市正式实施《厦门经济特区社会信用条例》,在社会信用信息收集与公开、社会信用激励与惩戒、社会信用主体权益保护、社会信用服务行业发展与规范、社会信用环境建设和相关法律责任等方面作出全面规定。而后,为落实 2020 年 12 月国务院办公厅印发的《关于进一步完善失信约束制度构建诚信建设长效机制的指导意见》,厦门市在《厦门经济特区社会信用条例》基础

---

① 张远:《社会治理视角下的社会信用体系建设问题探讨》,《征信》2021 年第 11 期。

上,2021年又出台了《厦门市公共信用信息管理办法》等7个具体实施办法,内容涵盖公共信用信息的归集、公开、使用及监督管理等领域,为提升信用示范城市建设的法治化水平提供了强有力支撑。

二、融合数字科技,做强信息平台

信用信息归集共享是社会信用体系建设的基础工程,公共信用信息由三个部分组成:社会信用主体的基本信息、守信信息和失信信息。《厦门市公共信用信息管理办法》等具体实施办法,对公共信用信息的归集、公开、使用及监督管理等领域作出了明确规定,提供了制度保障。同时,厦门市综合运用云计算、大数据、人工智能等新一代信息技术,提升信用信息归集的准确性、完整性和时效性,实现跨部门、跨层级的信用信息归集共享和创新应用,已搭建全市统一的信用信息共享平台,截至2021年年底共汇集63个市直部门8817项、6个区47964项信用信息事项,信用中国(福建厦门)网站为社会公众提供大约2500万次信用信息查询,形成极具厦门特色的"一张表、一支撑、一保障、两网、两库、市区两级"格局,实现与国家、省级公共信用信息平台互联互通,以及与市、区多个系统数据共享与工作协同。依托信息平台,厦门已建立完善公务员信用档案,将公务员诚信教育纳入单位精神文明建设,积极开展各级各部门与企业签约合同履约情况摸底,重点推动招商、PPP项目、政府招投标等领域合同履约,建立政务守信机制。这直接促进了厦门市政务诚信的提升,在全国政府诚信度测评中,厦门位居前列,且在全国组织开展的失信政府机构清理工作中,厦门为零。

三、配合奖惩制度,促进自觉守信

厦门市秉持"守信受益,失信受限"的原则,建立"一个办法+两个清单"(联合奖惩管理办法、奖惩行为清单、奖惩措施清单)的联合奖惩机制,实现红黑名单和措施目录的动态管理,持续引导与推动更多的企业与市民参与信用社会建设。

在商务诚信方面,传统的监管模式对企业采取的是平均用力,监管成本高,对市场干扰也多。厦门市以信用为基础,采取差异化的新型监管模式——行业信用分级分类监管,将信用审核嵌入办件审批系统,信用良好主体承诺符合审批条件,即可先行通过审批,而后承诺数据从审批平台自动推送至监管平台及信用公示平台。执法监管人员对承诺进行事后核查,对于发现承诺不实或承诺不履行的,纳入失信记录,同时自动反推至审批平台,限制该主体再次享受承诺审批便利,形成信用监管闭环。截至2021年年底,厦门市共有71个部门查询公共信用报告395万次,25个部门在42个监管行业(领域)开展信用分级分类监管。

2020年,厦门市规划、生态环境等主管部门分别对未履行承诺事项的项目发出处罚单,撤销相关项目的"建设工程规划许可证"和"环境影响报告表"。其中,海沧区市场监管局因企业冒用他人身份信息骗取公司变更登记,将7家企业列入严重违法失信企业"黑名单",并通过国家企业信用信息公示系统向社会公示,对失信企业在市场准入、工程招投标、政府采购、授予荣誉称号等方面依法予以限制或禁入。

在社会信用方面,2018年厦门市创新发布自然人信用"白鹭分",对信用良好市民予以图书馆免押金、延时停车、到政务中心办业务免排队及资料容缺办理等场景支持。截至2021年1月,"白鹭分"注册用户超120万人,用信次数突破882万次,"信易+"应用场景38个,总惠民金额突破1.2亿元。同时,对失信行为惩处并非"一刀切",而是具有灵活性。如2020年新冠肺炎疫情暴发后,厦门及时反应,共计28个部门发布疫情防控期间失信豁免清单,积极主动采取措施帮助市场主体化解不可抗力信用风险。

此外,针对失信企业和个人,厦门市也为失信主体提供"知错能改还是好孩子"的配套信用修复制度,陆续印发了《厦门市生活垃圾违法行为信用修复办法》《厦门市公共信用信息修复管理办法》等文件,鼓励失信企业与个人积极改善个人信用状况。对于企业而言,不良信息主体依法依规、及时全面接受处罚后,按照规定的条件和程序,可以向作出惩戒名单认定单位提出申请并被确认,对自身信用状况进行修复。厦门市是全国最早探索开展帮助企业信用修复实践的城市,开设了福建省首个线下信用修复窗口。窗口自2019年7月开放以来,共受理信用修复12000余件。越来越多的厦门企业登上"信用红名单",全港A级、AA级的守信企业总量达到207家,列为D级"失信黑名单"的企业也实现清零。同理,因违反垃圾分类相关规定而被公示违法信息于社会信用信息共享平台的市民,可以通过参与生活垃圾分类志愿服务活动,抵扣违法行为人的违法行为在平台公示的时间。可以说,诚信经营与生活在厦门已经蔚然成风。

第五节　开展"爱心厦门"建设

人间有爱,城市有情。"爱心厦门"建设工作是厦门市补齐民生短板、深化社会治理的重要举措。2019年12月26日,"爱心厦门"建设动员大会召开并发布《关于"爱心厦门"建设工作纲要》,提出将"爱心厦门"建设作为城市长远发展的一部分,实施爱心助残、爱心敬老、爱心济困、爱心扶幼、关爱特殊岗位工人"五大行动",巩固并深化爱心结对、爱心捐献、爱心志愿服务、爱心文化"四大机制",以进一步塑造、丰富和提升文明友爱、向善向上的城市内在精神和人文温度,建设温馨和谐的"爱心厦门"。为给"爱心厦门"建设保驾护航,厦门市成立了"爱心厦门"建设工作领导小组及其办公室(简称"爱心办"),"爱心办"设在市委文明办,实行集中办公、常态运行,负责督促落实领导小组作出的决策部署,并由市残联、市红十字会等16家主体责任单位发挥引领作用,带动社会力量全面推进各项爱心工作。

一、弱有众扶,关心关爱社会弱势群体

为促进残疾人就业增收、满足户外劳动者工作间隙休憩需要,厦门市推动建设"爱心屋""爱心驿站"。目前,建成并运营"爱心屋"46家,实现全市各镇(街)全覆盖,共安置残疾人(含困难重度残疾人家属)144人。在"爱心屋",残疾人通过销售手工艺品、爱心商品、福利彩票等实现就业创收。同时,挂牌投用"交通一家亲"爱心驿站286个,设置了513个环卫工人爱心驿站,基本实现每一千米半径范围内覆盖1个爱心驿站,不仅面向一线养路工人、环卫工人开放,公交司机、出租车司机、快递员等户外劳动者也能在爱心驿站享受到休息、饮水、免费WiFi、充电、淋浴等多种便利服务。

截至2020年年底,全市已有7719名党员干部、3905个党支部、133个非公企业和社会组织党组织贯彻"爱心结对"机制,根据不同结对主体和帮扶对象,采取多种形式开展爱心结对,向重点帮扶人群提供更有针对性、实效性的关爱服务,慰问帮扶金额累计超过900万元,切实解决群众最关心最直接最现实的利益问题。2020年,"爱心办"依托市慈善总会设立"爱心厦门专项基金",并专门制定出台了《爱心厦门专项基金管理办法》,规范专项基金的管理和使用,专项基金主要用于救助困难患者、困境儿童、失能老人等特殊困难群体,累计接收捐款人民币1972.15万元。为倡导"爱心捐献"机制,推动厦门慈善事业发展,市慈善总会设立"慈善世家""慈善家""慈善大使"等称号,以褒扬捐赠善款爱心行为,从而调动爱心人士的捐赠积极性。

二、立足群众,更高质量打造爱心品牌

近年来,"爱心厦门"在巩固原有工作成果基础上,向法律援助、人道救助、社会保障、宗教参与和家庭关爱等领域拓展。在法律援助领域,推广"厦门法律援助援务通"小程序和12348法律咨询平台,加强对市级法律援助志愿者队伍和法律援助律师的管理与培训,提高法律援助服务质量;在人道救助领域,联系爱心企业合作开展爱心项目,持续实施"红十字博爱送万家""红十字大病救助""红十字专项基金救助"等系列救助行动;在社会保障领域,推行"线上(精准信息投放)

+线下(基层帮扶行动)"模式,以社区为单位提供就业帮扶、爱心医保等服务。在宗教领域,发挥宗教类慈善组织作用,组织开展"慈悲心·翰墨情书画义卖"等慈善公益活动。在家庭关爱领域,深入开展寻找"最美家庭"活动,在全社会营造勤廉立家、美德沐家、平安定家、关爱互助等家庭理念,以失独老人和低保妇女为重点关爱对象,以家庭幸福促社会和谐。

三、培育爱心志愿精神

一是依托"爱心屋"载体创新服务,拓宽群众参与爱心行动的渠道。例如,鹭江街道爱心屋设置舒心茶室,为市民和残疾人提供社交空间;湖里街道爱心屋为市民、游客提供"爱心饮水""爱心雨伞""爱心药箱"等志愿服务;集美区爱心屋创新开展"爱心捐书"和"以一换一"的"爱心漂书"服务。二是发挥志愿组织优势,发展壮大志愿者队伍,以爱筑城共创文明社会。爱心是厦门的城市底色,强大的组织能力、专业的志愿队伍和宽领域的志愿活动夯实了厦门社会治理基础。2020年战"疫"期间,思明区发动1128个志愿服务组织、近12万名志愿者参与"志愿有爱,战'疫'有你"主题志愿服务活动,缓解了疫情防控压力。三是营造爱心文化氛围。2020年6月,湖里区江头爱心公园正式启用,为每一位市民、游客提供沉浸式的爱心体验。未来还将建设"爱心广场""爱心商圈""爱心街"等景观和"爱心学校""爱心家庭""爱心国企"等示范点。同时,实施讲好爱心厦门故事、树立典型人物、征集爱心歌曲及爱心公益广告等措施,向全社会弘扬爱心文化。

第八章　强基固本：
加强基层治理体系和能力现代化建设

基层牢固，社会才兴旺发展。创新社会治理方式，是完善社会治理体制、提升社会治理效能的必然要求，对于维护人民群众根本利益，增强社会发展活力具有重要的意义。党的十八大以来，以习近平同志为核心的党中央就社会治理现代化提出了一系列新理念新思想新战略，其中蕴含着社会治理方式现代化的新要求，主要体现在发挥政治引领、法治保障、德治教化、自治强基、智治支撑作用上。① 2021年出台的《中共中央　国务院关于加强基层治理体系和治理能力现代化建设的意见》提出党领导下的自治、法治、德治"三治结合"和现代技术的"智慧治理"，推动基层治理方式从行政性单一化管理向党领导下的基层多元共治方式转变，从以往硬性治理方式向柔性治理方式转变，从传统的粗放式管理方式向现代精细化治理方式转变。

第一节　完善以基层党组织为核心的多元共治方式

党的二十大报告中提出，加强城市社区党建工作，推进以党建引领基层治理。基层党组织处在党的组织体系的"神经末梢"，是落实党的路线方针政策和各项工作任务的"毛细血管"。习近平总书记强调："要把加强基层党的建设、巩固党的执政基础作为贯穿社会治理和基层建设的一条红线。"② 推进基层治理体系和治理能力现代化，必须以党的建设贯穿基层治理、保障基层治理、引领基层治理。

---

① 陈一新：《加强和创新社会治理》，《人民日报》2021年1月22日第9版。
② 习近平：《在参加十二届全国人大三次会议上海代表团审议时的讲话》(2015年3月5日)，http://jhsjk.people.cn/article/28904979，访问日期：2022年12月16日。

一、加强城市基层党的建设

加强城市基层党的建设,充分发挥党组织的政治优势、思想优势、组织优势和制度优势,确保城市基层治理始终沿着正确的方向前进。要健全市、区、街道、社区党组织四级联动体系,强化街道、社区党组织领导核心作用和统筹协调功能,不断增强各级党组织的政治领导力、思想引领力、群众组织力、社会号召力。要以街道、社区党组织为核心,有机联结单位、行业及各领域党组织,实现组织共建、资源共享、机制衔接、功能优化,不断健全党在城市基层社会的组织网络,严密党的组织体系。要推进系统建设和整体建设,强化组织与组织之间的机制性联系,扩大城市基层党建的整体效应。要积极探索党建引领基层治理的有效路径,强化政治引领、组织引领、能力引领、机制引领等"四个引领"作用,将党建工作高度融入业务工作,在基层工作中充分发挥基层党组织统一思想、凝聚力量、联系群众的优势,持续锻造基层党组织和党员,提升基层治理能力,在群众中树立威信。

二、强化党组织对社区自治组织的有效领导

党组织对社区自治组织的领导,既要有刚性的组织领导手段,又要着眼于激发活力,引领他们自我约束、自我管理、自我教育、自我服务,增强自主发展能力。要善于把党组织的意图变成自治组织参与治理的举措,善于把党组织推荐的人选通过一定程序明确为自治组织的负责人,善于引领自治组织做好服务群众工作并在服务中凸显党组织的地位。要完善党组织主导的基层民主选举、民主决策、民主管理、民主监督的规则、程序、办法,解决一些地方居民自治形式化、表面化、程式化等活力不足及为自治而自治的问题。善于用党的资源来撬动社会资源,用体制内组织带动体制外组织,避免党组织单打独斗、包办代替,体现治理的本意,体现党建引领治理的要求。要完善社会组织制度体系,推动社会组织加强自律、规范行为、反映诉求、提供服务,发挥好基层工作"智囊团"、深化改革"助推器"、社会和谐"黏合剂"的作用。善于把党组织的主张转化为群众的自觉行动,健全社会参与机制,完善党组织领导下的民主协商机制,把党组织和群众的关系从"你和我"变成"我们",从"要我做"变为"一起做",引领各类组织和广大群众共商共建共治共享,群众的事情组织群众多商量,大家的事情组织大家多参与,真正实现人民城市人民建、人民城市人民管。

三、完善基层多元共治方式

基层多元共治是我国在社会治理实践中形成的要求和制度创新。"作为社会治理的制度创新,多元共治主要包括四大特征:多元主体,开放、复杂的共治系统,以对话、竞争、妥协、合作和集体行动为共治机制,以共同利益为最终产出。"①现阶段我国着力探索以法治为基础的多元共治新型机制,充分发挥党委、政府、企业、社会组织和公众各自的优势,协商交流、共同参与,实现治理效能最大化。一是坚持以党建带动社会建设,将基层党建政治优势持续转化为基层社会治理工作优势。社区党员带头,结合居民组长、楼户长等群防群治力量实现常态化、有效的入户走访机制;以小区党组织为依托,整合在职党员"双报到"、社会综合治理"片长制"及"两代表"工作室等多重机制。成立党员带队的志愿者服务队,定期巡逻,加强社区居民自我防控能力;推进街道社区与物业、企业建立协调联动机制,健全完善党群联席会议。二是发挥基层群众自治的基础性作用。引导各社区分别建立网格微信群、楼栋微信群,定期举办小区"邻里节"活动,增进邻里间联系互动,努力构建"无事常联系、有事共商量、困难有人帮、邻里一家亲"的近邻格局。社区党员、热心居民组建"小巷和事佬""治安巡逻小组"等自治小组,化解环境卫生、帮扶救助、邻里纠纷等问题,奏响基层治理"大合唱"。坚持民主决策,积极搭建议事会、会客厅等议事平台,推进基层议事协商制度化。

四、用法治思维和法治方式推进基层治理

法治是创新社会治理方式的基本保障,厦门市思明区重视运用法治思维、法治方式,营造浓厚的社会治理法治氛围。落实社会公示、公开听证、专家咨询、合法性审查、评估备案等制度,确保社会治理项目的合法性与合规性。厦门市思明区法院建立诉源治理中心,首推诉前鉴定机制,持续推进社会稳定风险评估的项目建设,实现法律援助、公证等公共法律服务与诉讼服务、社会服务有机对接,推进落实法律顾问制度。据统计,诉源治理中心自成立以来,引导案件进入多元调解程序,实现有效分流,累计通过非诉调解处理案件36500件,有效化解纠纷10000余件。推动法治和德治在社会治理中相互补充、相互促进、相得益彰,以公民道德激发社会共同参与。积极推进"最美庭院""最美家庭""最美邻里""睦邻之家""党员之家"等系列评选活动,健全了道德模范、时代楷模、最美人物等推

---

① 王名、蔡志鸿、王春婷:《社会共治:多元主体共同治理的实践探索与制度创新》,《中国行政管理》2014年第12期。

选宣传机制。前埔北社区以楼栋为单位,标注网格供需信息,构建"公益网格地图",根据分级分层确定的目标对象提供"1+1"或"1+N"的贴心配对服务,编织互助网络,形成多元化的互助服务网格,打造"帮扶有机制、互助在网格"的良好服务机制。

第二节　完善基层治理体系，提升基层社会服务能力

乡镇(街道)和城乡社区治理体系建设是实现国家治理体系和治理能力现代化的基础工程,也是市域社会治理现代化的重要内容。截至2020年10月,厦门市现辖6个区、38个街(镇)、525个村(居)委会(其中城市社区232个、"村改居"社区146个、农村社区147个)。厦门市城乡社区共划分责任网格3416个,配备社区工作者8000多人。近年来,厦门市通过加强基层政权建设和社区治理能力,健全党组织领导的自治、法治、德治相结合的基层治理体系,为市域社会治理现代化奠定了扎实基础。

一、以自治激发基层活力

一是以社区党组织为核心,加强村(居)委会的建设。每年组织社区工作者全市统一招考,对社区工作者队伍进行全面培训。围绕社区工作者的职业准入、等级序列、岗位管理、薪酬体系、考核评议、奖惩机制等进行讨论,进一步修订《关于加强专职社区工作者队伍规范化管理的意见》。做好部分社区工作者养老保险补缴工作,解决了多年来困扰社区工作者的问题,稳定了队伍。二是发挥社会力量协同作用,建设结构合理、功能完善、竞争有序、充满活力的社会组织发展格局。通过"三社联动"机制创新基层社会治理工作,培育发展社区社会组织,强化"社工+志愿者"联动体系。以建设"爱心厦门"为契机,引导广大群众参与志愿服务。截至2022年,全市已有95万多名实名注册志愿者、7000多个志愿服务团体、516个志愿服务站点,打造了"同心""社区老人互助互帮队""鹭岛巾帼志愿联盟"等一批优质志愿服务团队,提升了志愿服务的水平。

二、完善基层社会治理体系

一是深化基层体制改革,理清政社职能边界,为居民自治提供了政策保障。联合有关部门对社区有关职责事项、台账报表等进行逐条梳理,对下放社区事项

的合法性和政策依据进行审核,修订社区职责清单,出台《关于修订厦门市村(居)民委员会有关职责事项一览表的通知》,总事项从原来的163项减少到117项,共减少46项,减少比例28％。完成全市村(居)委会代码赋码工作,出台《关于规范村(居)委会印章使用管理的通知》,保障了村(居)委会的特别法人地位,明确了印章使用范围,落实了社区减负。二是推动社会治理重心、服务资源、财政投入向基层下移,向基层赋权赋能。率先探索"一站多居"模式,将社区服务中心覆盖附近多个自然村落,解决了农村社区网格化平台建设成本高、工作人员少的问题。三是突出居民主体地位,全面推动党领导下的城乡居民自治,落实村民代表大会和村民会议制度,完善村务监督工作机制。城乡社区普遍建立了同驻共建机制、村居党务(事务)听评会机制、乡贤理事会议事机制、政府购买服务、定向帮扶、以奖代补、公益创投、认捐认养机制,形成相对成熟完备的制度体系。广泛搭建居民自治协商平台,要求所有关系群众利益和社区层面的重大问题都必须交由居民协商解决,有效地激发了群众对公共事务的参与感。

三、提升社会服务能力

一是推进社区网格平台业务协同。厦门市所有城乡社区已全部建成网格化服务平台,借助"i厦门""家住厦门"等APP和各类自助服务终端,对涉及百姓民生的医保、社保、公积金、公安户政等实现了"一站式"服务。二是完善特殊人群服务管理机制。对生活无着的流浪乞讨人员开展临时救助工作,提供免费的食宿、医疗、寻亲和购票返乡等救助服务。开展精神障碍患者社区康复服务,推进各区建立精神障碍社区康复场所或通过政府购买服务等方式委托社会组织开展社区康复工作,进一步促进社会和谐稳定。三是健全养老服务体系,提升机构养老服务能力。截至2022年,全市共有养老服务机构47家、床位12324张。2020年,厦门获评全国居家和社区养老服务改革试点优秀城市。2022年,厦门当选全国开展居家和社区基本养老服务提升行动项目地区,养老服务保障日趋完善。四是推动政府购买服务向社区延伸,形成政府、社会、社区、志愿者和市场等各种服务共生互补的供给体系。出台《厦门市政府购买社会工作服务评估实施办法》《厦门市政府购买社会工作服务项目操作规程》,进一步完善社会工作服务领域的政府购买服务机制。

第三节　基层社会治理创新典型案例

基层治理是事关群众表达和实现切身利益的重要场域。只有夯实基层基础,才能做好社会治理这篇大文章。习近平总书记强调:"'十四五'时期,要在加强基层基础工作、提高基层治理能力上下更大功夫。"① 近年来,厦门市深入群众,突出党建引领,积极探索基层社会治理方式创新,形成了一批典型案例。

一、同安区军营村创建"全国民主法治示范村"

做好农村法治宣传教育工作,推进"民主法治示范村(社区)"创建活动是促进社会主义新农村建设,实施乡村振兴战略的重要一环。从"一五"普法到"八五"普法,经过 30 多年的普法教育,农民法律知识贫乏、法治观念淡薄的状况有了很大的改变,农民的法律意识有了较大提升。在农村,遇事找法、出事靠法渐成习惯。但是,随着新农村建设的不断深入,农村普法也暴露出一些不容忽视的问题,还存在许多薄弱环节,农民的法律知识、法治观念与经济发展、社会进步存在着较大的距离。助推法治乡村建设,为乡村振兴提供法治动能,是"八五"普法工作的重要内容之一。创建"民主法治示范村"是实施依法治国方略、建设法治中国的基础性工程最直接、最具体、最重要的法治实践活动。"民主法治示范村"创建工作就是要深入推进农村法治宣传教育,增强农村干部群众的法治观念和依法办事能力;依法建制,以制治村,把农村社会管理的各项工作纳入法治管理的轨道,不断提高农村的法治化管理水平。

厦门市持续深化"民主法治示范村"创建工作,推动同安区军营村创建"全国民主法治示范村"。2017 年,军营村成立"高山法律服务站",由市、区政协从事法律工作的政协委员进驻,为村民开展公共法律惠民服务。同时,由区司法局、区法院设立的集纠纷化解、普法宣传、道德评议为一体的基层矛盾调处中心——议理堂,在基层治理中发挥重要作用。通过开展扎实有效的法治乡村建设工作,乡村转变为提供公共法律服务的重要场所,大大提升了基层治理法治化水平。同时,通过建立法律服务站等方式,各项法律走进农民、走进农户,满足农民群众对法律服务的需求。培养和选拔一定数量的"法律明白人",帮助村党支部、村委会开展普法依法治理工作,督促落实"四民主、两公开"制度,并为农村"两委会"

---

① 《习近平在基层代表座谈会上强调:把加强顶层设计和坚持问计于民统一起来 推动"十四五"规划编制符合人民所思所盼》,《人民日报》2020 年 9 月 20 日第 1 版。

及村民提供各类涉法事项的服务,依法维护集体和村民的合法权益,及时解决热点难点问题,将矛盾纠纷消除在萌芽之中,促进农村社会稳定。

厦门市通过"示范村"的作用,带动全市"民主法治示范村"创建工作深入开展。司法、民政等相关职能部门结合民主法治示范村的标准严格进行日常检查、监督和管理,不断强化民主法治示范村责任单位的自我监督意识,充分发挥日常模范带头作用。同时,整合各单位普法骨干与法治宣传志愿者队伍,形成农村普法合力。建立一支以行政执法人员、司法人员、法律服务工作者、法律爱好者等为主体的、面向基层农村的法治宣传教育志愿者队伍,以当前农民的实际需要为切入点,大力加强基层民主法治建设等有关方面法律法规的宣传教育,引导广大农民群众学法、懂法和用法,增强他们遵纪守法、依法维权的意识。

二、曾厝垵文创村居民群众参与社会治理

滨海街道曾厝垵社区原为曾厝垵村,属于村改居社区,辖区面积约为6.5平方千米。截至2022年3月,社区共有约1.2万名居民,常住人口达6000多人,有10个居民小组。曾厝垵原以种植、养殖业为主,兼营渔业。2003年实行"村改居"后,村民普遍以房屋出租为业,收入普遍较低,特别是曾厝垵村民因厦金航线开辟和环岛路建设,退海上岸,失地失耕,生活出路面临困境。曾厝垵地处环岛路沿海线,地理位置优越,旅游资源丰富,独具闽南原生态风情,且毗邻厦大,受其文化艺术氛围影响,逐渐吸引了厦大学子和大批文艺创作者来此休闲创作,自发形成了集文化创意、旅游休闲为一体的特色文化村落,发展迅猛,给居民寻求生活出路提供了得天独厚的良机。为契合居民发展愿望,曾厝垵社区顺势而为,积极扶持居民发展旅游产业,调动了居民发展的主观能动性,群众发展欲望空前强烈。

曾厝垵文创村原有道路及水电等配套设施已无法满足发展需求,群众改造意愿强烈。"民有所需,我有所动",街道和社区召开数十场各类群体的意见征求会,特别是在反复征求居民群众意见的基础上,又经过居民群众不断讨论、修改、完善,形成"五街十八巷"提升改造方案并予以公示,最终确定提升工作方案,具体落实居民的所想所盼,真正体现群众的切身利益。

一是财力共建。市、区、街、社区四级"联手",将部分项目列入"以奖代补"范畴,激发群众参与的主动性和积极性,拥湖宫戏台改造就是"以奖代补"项目,改造资金由社区先行垫付,确保资金到位,保障项目落实。区级财政根据项目的成效评比决定是否以奖励代替补偿。二是项目共建。在"五街十八巷"改造过程中,群众衷心支持拥护,"让地让利",为加快项目进度,商家主动暂停营业,配合改造。居民吕某放弃高额租金,自行赔偿租户损失,拆除店面,为拥湖宫戏台改

造让地让利。三是人力资源共建。社区"大党委"发挥牵头抓总作用,建立联席会议制度,充分整合辖区各类智库资源,为社区建设出谋划策,提升共建质量。基层党组织、党员是共建的中坚力量。文创村建立了党代表工作室,是共建的一个阵地;成立了两座堡垒,分别是文创村业主党支部、曾厝垵文创村经营者联合党支部,加强业主党员和经营者党员教育管理,开展组织活动,把党的先进理念与文创村建设发展有机结合起来。制作充满文创村特色、倡议游客文明旅游的旅游纪念徽章和环保包发放给游客,发动广大游客参与共同缔造活动。同时,以一种基于专家、居民、商家、游客多元深度参与的"共同缔造工作坊"模式,邀请香港理工大学、中山大学、厦门大学等专家规划团队作为技术支持,发动多方主体共同制定曾厝垵可持续发展愿景规划方案,并聘请一批驻扎在文创村的"社区规划师"协助推动工作坊成果转化落地。

文创村成立了公共议事理事会作为公共议事平台,公议会具有广泛的代表性和群众基础,以"居民自治"为原则开展工作,推行"五共模式",即共谋、共建、共管、共评、共享。公议会制定了文创村自治公约、公议会议事规则和议事流程,涉及文创村的管理、发展等重大事项均须通过公议会的决议决定。理事会成员单位有房东和经营者自发成立的文创村业主协会、曾厝垵文创会、社区居委会等自治组织以及义务治安巡逻队和义务消防队,共同管理文创村的日常事务,促进会员之间密切协作,化解矛盾纠纷,维护社区安全稳定。业主党支部、经营者联合支部委员会及党员们充分发挥在业主房屋出租、经营者诚信经营和文创村日常管理中的战斗堡垒作用与党员先锋模范作用。业主党支部下有义务巡逻队和义务消防队,配合相关部门做好文创村日常治安巡逻和消防安全等工作。经营者联合支部委员会评选出党员放心店、党员先锋岗和支部推荐放心店,并建立进入和退出机制,若有商家违反诚信经营行为,立即摘牌,取消放心店资格,有力提升净化了文创村经营环境。目前,曾厝垵文创村在国内外的影响力不断提高,成为文艺青年向往的旅游胜地,每年吸引游客约400万人,展示出了丰富多彩的文创旅游特色文化,是环岛路旅游休闲经济带的重要组成部分,成为厦门旅游又一面金字招牌。

三、筼筜街道公众参与社会治理

(一)引导外籍人士参与社会治理

官任社区地处厦门市政治、金融中心,是外籍人士较为集中的区域之一。街道将社区这一特色化为优势,将外籍人士纳入"美丽筼筜"缔造体系中,共同建造美丽家园。开放融合、多元共治,早已成为官任社区的显著特点。主要工作成效如下:一是为外籍人士开设专门的双语网站、微信、信息化平台,提供政策法规宣传、活动预告服务及便民服务资讯等。同时,入住官任社区的境外人士都会收到一份"初见官任"的伴手礼,包括服务手册、辖区地图等,让外籍人士更全面了解家政信息、就业咨询等服务,全面了解社区、融入社区。厦门市于2021年发布的《外籍人才来厦工作生活指导手册》更是外国人才在厦工作生活的"百科全书"。二是成立社区外籍人士服务管理理事会,邀请热心的外籍人士作为理事会成员,让他们参与社区自治,为缔造工作出谋划策。街道还出台了《境外人士参与社区治理暂行办法》,以挖掘和培育一批境外人士社区骨干,吸收他们参与社区治理。三是组建外籍夫人沙龙。组织外籍夫人学习她们感兴趣的中国刺绣、剪纸、乐器等,了解中国文化,融入社区生活。四是组建外籍青年俱乐部,开展各种文体活动,进一步增进友谊,提升他们对社区的认同感和归属感。五是充分挖掘资源,成立外籍人士志愿服务队,为其他外国人提供生活、就医、就学以及休闲等方面的信息帮助。2014年3月,官任社区还成立了"洋妈妈巾帼志愿者服务队"。在街道举办的义卖活动现场,"洋妈妈"更是积极参与,出物献力,满满的爱心感动了在场的每位居民朋友;在新冠肺炎疫情防控期间,"洋妈妈"们也多次协助社区防疫工作,组织居民有序进行核酸检测,并及时翻译防疫通告给在厦外籍人士,同时协助解决他们在疫情防控期间遇到的困难。此外,社区还成立联合国际志愿服务队为外来务工人员子女、贫困家庭及留守儿童开展英语教育活动。六是成立厦门市外国人才服务站,让许多外国人才在"家门口"就能获得所需的语言培训、文化交流、信息咨询、人文关怀等温馨周到的生活类服务,增强他们在厦生活工作的归属感、幸福感和获得感。这一系列的行动措施,强化了对外籍人士的服务管理,又增强他们的归属感,让外籍人士积极参与共同缔造"国际化的美丽社区"的活动中。

(二)引导社区志愿者参与关爱帮教

屿后西社区牵手社区"福乐家园",结合社区社会工作师的日常运作,继续做好"爱筑回归路"社会管理创新项目。项目旨在弘扬志愿者精神,通过对社会帮教志愿者的宣传,提高社会帮教志愿者工作的知晓率、参与率和支持率,引导全社会积极向善,争取帮助更多的受帮教人员早日回归正常生活,感受社会大家庭的和谐。由社区网格员、社区片警和社区志愿者组成帮教工作小组,他们通过查阅档案、个别谈话、走访群众等方式了解帮教对象个人表现、家庭现状等具体情况后,指定帮教人员定期上门帮教,帮助帮教对象树立信心,激发他们对生活的热情,使他们重新树立起自尊、自信、自强、自立的人生观。发挥社区社会管理创新成果"爱筑回归路"的特色,通过心理辅导、技能培训、职业提供与介绍,加强"两劳"人员、吸毒人员关爱帮教;深化"法官工作室""警民联调室"建设,延伸法律服务触角,将居民矛盾纠纷化解在基层。

(三)引导老民警参与群防群治

在湖光社区活跃着这么一群"退而不休"的老人。他们用自己几十年积累下来的专业特长,帮助居民群众创造一个安居乐业的生活环境,在"平安筑起美丽筼筜"的推进过程中,发挥着举足轻重的作用。这正是湖光社区"老民警志愿者社区服务队"。这样一支团队,自觉投身于社区的平安建设中,风雨无阻地参与小区"一日两巡"的治安巡逻,积极参加社区的各项治安防范活动,协助社区清查流动人口,入户核对辖区人数,掌握治安信息,督促居民做好防火、防事故措施,维护社区治安秩序。在第一时间发现问题,处理问题,解决问题,确保辖内的治安稳定。自"美丽厦门共同缔造"行动全面开展以来,老民警志愿者社区服务队也积极参与其中。在湖光路老旧小区改造的前期部署工作中,老民警为小区改造出谋献策,推进小区自治共治模式建设。这些老民警多数都是湖光路老旧小区的住户。他们的意见和建议很大程度上反映了小区居民的心声。在居民希望怎么改、改造中会遇到什么阻力、如何处理这些阻力、改造后如何维护管理等突出问题上,为改造工作的规划部署提供了非常宝贵的意见。在日常生活中老民警志愿者社区服务队充分发挥纽带作用,他们利用自己在公安岗位上积累的丰富工作经验,言传身教地协助做好社区刑释解教人员安置帮教工作,建立起完善的涉毒和刑释人员帮教组织网络,制定了一系列行之有效的帮教措施,有计划、有组织地开展帮教工作,坚持用爱心、诚心、耐心去影响和感化吸毒人员,并主动为吸毒释解人员解决生活问题,通过各种渠道,帮助他们寻找工作,解决生活困难,使他们感受到社会的关心和温暖,树立重新做人的勇气。

"管自己,教子女,帮亲戚,带四邻",老民警们把这几句话当作待人处事的箴言,以身作则,言传身教,热心助人,遇到邻里纠纷,积极参与调解,把矛盾纠纷消除在萌芽状态,形成社区人人关心、支持参与创建平安小区的氛围。

四、湖里区党建引领小区治理

治国安邦,重在基层。小区是城市的组成细胞,也是城市基层治理的重心所在。《中华人民共和国国民经济和社会发展第十四个五年规划和2035年远景目标纲要》明确提出了"社会治理特别是基层治理水平明显提高"的目标要求。

2016年,湖里区在全市率先探索近邻党建引领基层治理新路径。面对脏乱差、多纠纷等社区治理共性问题,湖里区委通过调研与试点,意识到问题根源在于基层治理缺乏组织保障,建强小区党组织则是解决问题的良方。2017年,湖里进行"业委会党建"试点,并逐步完善顶层设计,配套出台《湖里区推进城市居民小区治理工作的指导意见》等相关文件,构建了规范的小区治理制度框架。在此基础上,湖里区开始大力普及小区党支部筹建工作,先后获得"全国社会组织建设创新示范区""全国社会工作服务标准化建设示范区"等国家级荣誉称号。

支部建在小区,治理沉到末梢。截至 2021 年 6 月,湖里全区共成立 404 个小区党支部、1836 个楼栋党小组,不断完善"区委—街道党工委—社区党组织—小区党支部—楼栋党小组"五级基层治理体系,实现党组织在城市最末梢的全覆盖,率先打通基层治理的"最后 100 米"。

此外,小区党支部因地制宜开展网格化服务,湖里区全区根据物理空间划分成 710 个网格,每个网格至少配备 1 名专职网格员,形成"区、街、社区、网格"四级管理服务体系。为进一步深化党建引领、实现管理服务制度的规范化,湖里区还制定了《近邻党建引领网格治理实施方案》《湖里区社会治理综合网格建设工作方案》,并结合社区日常工作梳理制定汇编了《专职网格员工作职责》《综合网格工作任务清单》,切实保障管理服务力量下沉到网格。同时,基于厦门"网格通",湖里区构建起数字湖里网格化管理服务平台,通过数据大屏、视频通信、数据分析建模服务、事件报送等功能,助力网格服务团队构建由"巡访、采集、报送、派发、整改、督评"等 6 个环节组成的闭环结构。

鼓励多元参与,激活内生活力。小区是社会治理的"最后一公里",要实现活力和秩序的有机统一,不能只有小区党支部唱"独角戏",而是需要各级各部门、业委会、物业和业主等小区治理单元思想同心、目标同向、行动同步、共同发力。高林新城小区推行的党建"1+N"多元服务模式就是典型代表。其中"1"指的是以党建为引领,"N"则代表驻区单位、老人协会、物业等多个单位共同参与、多元服务。以党建作为指挥棒,依靠多单位共建,积极开拓多元化服务"朋友圈",直接推进完成了该安置房小区 10 年未完成的返迁安置工作,用 5 个月实现了 95% 的高入住率。

此外,湖里区以全市开展"深化双报到、为民解难题"活动为契机,主动对接、主动沟通,积极整合各方面力量资源,与小区开展结对共建,172 家市直单位党组织与小区党支部签订共建协议,5001 名居住在湖里区的市直党员共认领服务项目 1089 个,破解了一大批长期困扰小区居民的难题,以"大党建"促进"微治理"。

在构建"一核多元"体系的过程中,不少湖里辖区企业弘扬"爱心厦门"精神,也积极主动参与小区治理,充分发挥人才、技术、资金和管理优势,成为"积极分子"。10 家企业荣获湖里"小区治理爱心企业"称号,还有红星美凯龙五缘湾海天广场、惠和石文化园等作为发起单位参与"小区治理爱心联盟"。

精准对接供需,坚持服务导向。基层治理的最终目标,是实现老有所养、幼有所教、贫有所依、难有所助,让百姓过上理想的幸福生活。针对安置房、老旧小区、职工宿舍、普通商品房、高端商品房五类不同类型的小区,湖里区根据"一小区一支部"原则,以支部为引领,从小区自身特点出发,精准定位各类小区打造提升目标,提出一整套定制化治理方案。如安置房小区重点解决"村民"变"市民"、职工宿舍重点推动"单位人"到"社会人"、老旧小区重点推进"长期失管"到"居民自管"、普通商品房重点抓长效管理良性运作,而高端商品房重点提升小区的烟火气、生活味、获得感。嘉福花园小区创新实践"居事民定"工作法就是一个生动实践,小区听取居民意见反馈,共搜集意见16条,按照居民想法建起全民健身广场,打造"嘉医福"小区卫生服务站,实行"生态嘉福"垃圾分类运转模式改革……真正做到居民自己做主,增进民生福祉。

此外,结合"党旗在基层一线高高飘扬"活动和党史学习教育"我为群众办实事"实践活动,湖里区创新搭建"百个小区的幸福链接"平台,把群众需求与共建资源进行精准对接,按照"建账—链接—落实—验收—表扬"五步工作法,推进98个小区"党建办实事"项目落地见效,真正实现党建与基层治理的深度融合、基层治理自身的深度探索,有效化解各小区不同的治理难题,居民获得感、幸福感、安全感显著提升。

五、社会工作推动基层治理高质量发展

社会工作者是基层治理的重要参与力量,服务范围涵盖儿童与青少年发展、残疾人救助、妇女权益保障、老年养护、司法辅助、环境保护、医疗保健等各类领域。社会工作者秉承志愿精神,以助人自助为宗旨,以专业知识、技能和方法为支撑,协助有需要的个人、家庭、群体、组织和社区解决问题,有利于深化村(居)民自治实践,提升基层治理能力,强化社区服务功能,促进社会和谐,提高社会治理现代化水平。自2006年党的十六届六中全会提出"建设宏大的社会工作人才队伍"以来,厦门市积极响应党中央战略部署,将社会工作纳入经济社会发展规划,不断提高社会工作的职业化和专业化程度,推动基层治理高质量发展,取得了一定成效。

一是夯实社会工作参与基层治理基础。围绕机制创新、人才激励、机构培育等方面,厦门市先后出台《关于加快推进"三社联动"创新基层社会治理工作的意见》《厦门市专业社会工作领军人才评选奖励实施办法》《厦门市推进社会工作服务机构发展实施办法》等政策文件,为社会工作发展创建良好的政治环境。在资源支持方面,统筹市、区、街(镇)三级财政预算,推进政府购买社会工作服务,并通过土地配置和财政激励大力培育社工服务机构,通过实施"四大工程"建设一支量增质优的社工人才队伍。截至2021年3月,厦门全市社会工作服务机构共115家,占福建省社会工作服务机构总量的26%,其中入驻各级孵化基地59家、

接受经费扶持 39 家;持证社会工作者 8232 人,占福建省持证社会工作者总量的 35.63%,其中全国社会工作领军人才 1 人、省优秀社会工作专业人才 11 人、厦门市专业社会工作领军人才 31 人,为社会工作参与基层治理提供了有力的载体支撑和强大的人才支撑。

二是搭建社会工作参与基层治理平台。厦门市以城乡"三社联动"为抓手,以社区近邻服务、乡村振兴战略为着力点,将社会工作融入市域社会治理的方方面面,覆盖民生各领域。在市委、市政府的指导下,区级政府立足实际,因情施策,由点带面,推进社会工作服务项目在厦门市遍地开花。例如,思明区推行"党建＋社工"服务模式,湖里区实行社会工作服务基层治理的项目带动机制,集美区为全区 68 个社区新时代文明实践站购买社会工作服务,海沧区在青礁村实施"开心相伴"幸福加油站,同安区在五显镇、大同街道辖区行政村实施"暖心宅急送"困境家庭精准帮扶,翔安区在大宅村实施"齐参与·共享家"等"一村一案"项目。自 2016 年至 2021 年 3 月,全市各级投入政府购买社会工作服务资金总量达 2.65 亿元,实施项目 1053 个,服务惠及 450 多万人次,培育社区社会组织和乡村自组织 3793 个,形成了市级指导、区级统筹、街镇组织、社区(村)实施的联动机制,在社区(村)搭建了支持社会工作参与基层治理的坚实平台。

三是社会工作参与基层治理成效显著。厦门市作为"全国社区治理和服务实验区",近年来深入开展社区治理实践、持续提高社区服务水平、不断改善民生福祉,构建起多元共治、城乡覆盖、具有区域特色的社会治理体系。社会工作以其服务专业化水平参与到基层治理,在实践过程中凝结了一批可推广可复制的社会工作经验。湖里区、思明区、海沧区先后获评全国社会工作服务示范区;思明区前埔南社区等 11 个社区先后获评全国社会工作服务示范社区;13 个社区工作法先后入选全国、福建省优秀社区工作法。2022 年,思明区打造"近邻社区",促进社区共建共治共享的实践经验成功入选民政部 2021 年度全国基层治理创新典型案例名单,是福建省唯一上榜的基层治理典型案例。思明区深入实践近邻模式,创新社区、社会组织、社会工作、慈善组织、志愿组织联动的社区近邻服务机制,深化社会工作服务,聚焦居民群众的养老、扶幼、助残等需求,打造"近邻·敬龄""近邻·童梦"等特色近邻品牌,不断推动社会工作参与、融入基层治理,切实增强居民群众的获得感、幸福感和安全感,实现基层治理高质量发展。

总之,基层治理与人民群众生活息息相关,承载着美好生活的"最后一公里"任务,在我国的治理体系中具有特殊而重要的意义。《中共中央 国务院关于加强基层治理体系和治理能力现代化建设的意见》为推进新时代基层治理现代化提供了方向和指南,对基层治理过程中的党建引领、公共服务和智慧技术提出了更高的要求。基层治理不能成为治理体系中的短板,同样需要以高质量发展的思维来加以推动,使之成为向老百姓展示我国制度优势和治理效能的前沿阵地。

第九章　群众路线：
激发专群结合与群防群治的社会治理活力

群防群治与专群结合是中国特色的社会治理制度实践，是贯彻和落实党的群众路线的优良传统。面临新冠肺炎疫情之后的各类新旧风险，如何通过更加广泛的触角、更加灵活的身段，与群众建立一种新的治理共同感，让群众也成为市域社会治理的重要"绣花针"，是摆在城市管理者面前的一个重要课题。近年来，厦门市以创建市域社会治理现代化示范城市为目标，从细节着手，从科技发力，从政治引领，有效发挥了群防群治与专群结合作为市域社会治理力量倍增器的作用，让人民群众在共建共享共治过程中收获更高的安全感。

第一节　把握新时代专群结合与群防群治的内涵

一、专门力量的内涵

根据中共中央印发的《中国共产党政法工作条例》，政法单位是党领导下从事政法工作的专门力量，主要包括审判机关、检察机关、公安机关、国家安全机关、司法行政机关等单位。专门力量在基层治理和社会平安建设中发挥专业化的主导优势，长期以来维护社会公平正义，有效树立国家公信力。

专门力量的深厚根基在于群众。在新民主主义革命时期，中国共产党就形成了人民战争的思想。毛泽东指出："红军的打仗，不是单纯地为了打仗而打仗，而是为了宣传群众、组织群众、武装群众，并帮助群众建设革命政权才去打仗的。"[①]经过社会主义革命和社会主义建设时期的锤炼，专门工作和群众路线相结合成为政法工作的重要原则，密切联系群众这一党的最大政治优势在社会治

---

① 《毛泽东选集》第1卷，人民出版社1991年版，第86页。

安防控等领域密实地展现出来。

二、群防群治的内涵

群防群治指在党委和政府的领导下，未经法律赋予管理社会、维护公共安全职能的普通公民以民间活动、互利服务实现自防、互防和守望互助目的所实施的各种社会公共安全维护活动的总称。相对于政法机关等专门力量，群防群治中的"群"特指来自社会基层的群众力量。群防群治组织形式多样，有政府出资由公安机关管理使用的半专业化队伍、企事业单位自建的保安组织以及基层社区组织或乡村的业余治安组织，例如治安志愿者、治安积极分子、护村队等。

20世纪50—60年代，城乡治保会、治安联防队是基层群防群治组织的主要形式。20世纪60年代的"枫桥经验"是政法工作深入践行党的群众路线的生动体现，"走群众路线"是枫桥经验历久弥新的根本原因。改革开放之初，全国各地普遍建立了治安联防队等，这些都是我国公共安全群防群治的典型样本。党的十八大以来，我国由"社会管理"转向"社会治理"，调动一切积极力量参与社会建设，成为我国全面深化改革进程中的新治理观。近年来，我国涌现了"红枫义警""朝阳群众""西城大妈""广州街坊""西湖群众"等为代表的群防群治品牌。

三、专群结合的内涵

专群结合是政法机关专门力量在工作中同群众路线相结合的简称，要求政法机关在同违法犯罪行为作斗争的过程中，既要依法行使职权充分发挥职能作用，又要坚定不移坚持群众路线，取得人民群众的支持和协助，即国家与社会力量在治安领域展开合作治理。

党的十八大以来，以习近平同志为核心的党中央就密切党同人民群众联系制定出台了一系列制度文件，专群结合与群防群治的优良传统得到了进一步充实和完善。党的十九届四中全会决定中再次强调"专群结合、群防群治"这一经过历史检验的制度方案。党的二十大报告明确指出，"健全共建共治共享的社会治理制度，提升社会治理效能"，"建设人人有责、人人尽责、人人享有的社会治理共同体"。在快速变迁的现代社会中，环境、组织、技术以及观念的复杂性逐渐增强，新媒体、互联网、电子政务和治理智能化突飞猛进地发展，赋予了"专群结合、群防群治"新的时代内涵。

一是主体上的人人有责。"专群结合、群防群治"是人人有责的主体责任意识展现，是一种社会合作现象。随着数字技术的发展，"专群结合"中的"群"逐渐壮大，更多地容纳了普通群众的力量，而不是仅限于"热心群众"或志愿者，"人人有责、人人尽责、人人享有"正在成为现实。例如,普通公民也可以通过"捐赠数据"的方式参与群防群治,通过用智能手机捕捉图像、记录声音和感知环境条件而形成的"众包数据",已经在洪涝、台风、山火、治安等应急事件中发挥了重要作用。依托数字技术平台凝聚公众智慧的"政府众包",成为动员最广泛公众参与社会治理的重要模式。

二是群体上的精细瞄准。在新形势下,随着社会治理精细化要求的提升,"专群结合、群防群治"也需要渗透到城市的每一个角落和空间,覆盖到不同类型的人群,对群体进行精细瞄准。当下的群防群治工作基本上做到了按经济状况、职业、学历等特征对"群"进行区分,仍有较大的发展空间。例如,群众的安全感具有很强的性别差异,女性在安全问题上更易受伤也更为敏感。又如,根据我国《关于推进儿童友好城市建设的指导意见》,需要以儿童的视角和立场来审视并优化城市的安全系统,提高儿童交通安全和活动空间安全程度。

三是载体上的社区下沉。社区作为社会的根基,是治理发生的重要场域。"专群结合、群防群治"要实现从群众到来,到群众中去,就必须以社区为主要舞台,探索社区警务、社区安全评估等新型的治理方式。其中,社区警务是以社区为主导,以社区为基本单位,充分利用社区资源,挖掘社区治安潜力,最大限度地预防、控制犯罪。社区安全评估在指定的时间内和既定的社区范围,采用社会管理的多学科方法,依据各项安全标准对既定社区相关安全方面进行全面的信息收集、整理、分析,作出综合判断,以得到主要或需要优先解决的不安全问题。社区警务更注重与人的联结,发动社区居民的群防群治作用,社区安全评估则侧重数据的收集与使用,进而对安全问题作出研判,这两种方式都是以社区安全为出发点的群防群治方式。

四是客体上的效能感知。要把"专群结合、群防群治"的制度优势、政治优势转化为治理效能,需要作为客体的群众对这项制度方案有着发自内心的认同和拥护。这既包括党员干部力量,也涉及广大人民群众。党员干部力量要率先垂范,下沉到群防群治的第一线。人民群众要知晓、了解、认同这一制度,感知到群防群治的治理效能、信任效应和社会凝聚效应,激发出责任承担、风险共担的情感逻辑。群众对安全感的效能感知有着自身的判断逻辑,如可能根据街头纷争、邻里障碍(如乱扔垃圾、故意破坏等)以及物理环境(如照明)来判断自身的安全感。这就需要"专群结合、群防群治"拓宽对安全的定义,更加注重群众的主体感受。

第二节　专群结合与群防群治工作的主要成效和经验

厦门是著名的花园海滨城，也是中国最适宜居住的城市之一。在众多的美好、宜居、幸福等光环背后，是专群结合、群防群治所构建的平安环境。近年来，厦门始终坚持党的群众路线，充分发动群众、组织群众、依靠群众，鼓励更多的群众参与社会的治理，并以各种激励手段，进一步调动群众参与的积极性，形成群防群治、专群结合的社会治理局面。

一、专群结合与群防群治工作的主要成效

第一，"线上＋线下"双动员，不断壮大以志愿群众为主体的群防队伍。厦门市从最早的倡导建立社区巡逻队，到后来开始建立社区网格化管理，组建"红袖标"平安志愿者队伍，以及形成了"老民警志愿服务队"等群防品牌队伍，再到创造性地将互联网与传统群防群治融合，推出了面向全市民的"厦门百姓"（APP）。厦门这种线下与线上双管齐下的志愿招募模式，带来了线下与线上登记的总和志愿者人数不断增加。截至2022年，全市实名注册的志愿者人数超过95万，全市志愿服务团体共7000多个，117个公共场所志愿服务驿站、516个社区志愿服务站、96个爱心志愿服务驿站以及569个新时代文明实践中心（所、站）常年开展常态服务，厦门志愿服务工作呈现出蓬勃发展的态势。

第二，创新群防群治工作模式，实现高效惠民。按照"政法牵头、公安主导、部门协同、公众参与"原则，坚持以专带群、专群结合，依托"互联网＋群防群治"平台和"厦门百姓"（APP），广泛发动社会力量，组建志愿者队伍。公安的指挥情报中心通过110与公共安全管理平台和12345、12348等平台的双向对接交互，实现接报的警务警情和非警务警情即时流转处理，确保每起警情第一时间得到受理，做到"事事有回音、件件有落实"。与此同时，中心也在大力推行"科技＋民力"的工作方法，如在寻人工作中，中心将寻人启事通过"精准地域弹窗"的形式推送至"今日头条"手机用户端，并发动有效社会志愿力量开展社会寻人，2021年厦门共为群众找回走失亲友691名。总的来看，厦门的群防群治工作已成为一种依靠网络信息化系统进行广泛发动群众、群众自愿参与和警力精准投放的模式，形成了警民协同、群防群治的多元联防格局。

第三，完善社区网格体系，深挖社区治安防范资源。厦门市各社区以社区网格为依托，整合社区民警、网格员、志愿者的力量，共同参与社区网格管理工作，

并不断提升网格管理队伍的综合素质与技能,争取做到能对社区网格内的各项情况了如指掌,以进一步促进社区治安管理防控。并通过引导村委会、居委会、业主委员会等基层自治组织以及治保组织、社会团体主动开展群防群治,形成无缝化管理,织密织牢维护社会和谐稳定的"防护网"。此外,厦门市各社区还依据自身条件,成立各类社区志愿队,如"洋妈妈巾帼志愿服务队""爱心妈妈帮教组"等不同种类的社区志愿队,在社区中发挥着不同作用,包括日常志愿支持社区工作、加强对人群聚集区的巡逻防控、关爱特殊人群或弱势群体等群防群治行动或爱心行动。这些志愿者不仅有效节约了警力资源,为警方开展警务工作提高效率,还减轻了社区的治理负担。

第四,打造厦门市一系列群防群治志愿服务品牌。厦门市充分发挥群众信息收集、治安巡逻、隐患排查、矛盾调解、宣传帮教等能力,打造了一系列平安志愿服务品牌,助力平安厦门建设。湖里区金安社区是全国首个保障住房安居样板工程,金山派出所联合社区成立"金哥安妹法律驿站",整合小区警察、退休法官等专业人员为居民提供法律咨询,调解矛盾纠纷,2020年,社区调解委员会还被司法部评为"模范人民调解委员会"。思明区中华派出所"老街卫士"巡防队自2018年成立以来,"老街卫士"协助民警抓获违法犯罪嫌疑人385人,服务救助群众2000余人,收到锦旗8面、感谢信13封。"老街卫士"队伍中,既有派出所专业巡逻队员,还有中山路周边商场、医院等单位的群防群治力量,是派出所重要的平安"助手"。湖里区高殿社区群防队伍在辖区派出所的指导下,成为集义务消防队、治安巡逻队、平安宣传队、矛盾纠纷调解队等于一身的平安队伍。同安区率先在全省成立区、镇(街)、村(社区)三级房东协会,通过"以房管人",实现对全区流动人口及出租屋安全的有效管理。

第五,平安建设成果丰硕,群众满意度不断升高。2018年,市委、市政府印发《关于建设更高水平"平安厦门"的意见》,2019年,市委、市政府出台《关于全面推进主动创稳工作的意见》,把平安建设摆到全局工作的突出位置。平安建设成效显著,2020年刑事警情比2016年大幅下降72.5%,创近十年新低;群众安全感率多次排名全省第一,其中2020年高达99.358%。获评首批"全国法治政府建设示范市""全国和谐社区建设示范城市"。截至2021年,厦门市平安建设考评连续四年获得全省第一,并获评"平安中国建设示范市",2021年厦门市平安建设"三率"测评更是取得了历年来最优成绩,群众安全感率和执法满意率均位居全省第一。在平安校园建设上,截至2021年12月,全市1085所学校以88%的完成率通过了新一轮"平安校园"验收,超额完成了省教育厅部署的工作任务。为了加强与公众间的联系,获得公众的理解、信任和支持,厦门市各政法单位充分利用信息化手段,建立交流平台,通过为群众办实事、解困难,增进与群众的感情,树立政法机关的良好形象。

第六，完善群防群治工作的机制与法制。厦门市政法委依照"政法牵头、公安主导、部门协作、公众参与"的原则，不断完善群防群治信息平台、组织架构和运行机制"三项建设"，不仅将区、镇街等相关单位部门领导纳入综治巡防队伍，强化落实各项工作，而且在2017年，市委、市政府出台《厦门市健全落实社会治安综合治理领导责任制实施办法》，进一步压实属地责任、主体责任、协作责任和监管责任，并转发了市综治办和市公安局出台的《关于加强新时期群防群治工作意见》。全市各区也出台了诸如《群防群治工作意见》《群防群治工作经费保障办法》《群防群治治安巡防队伍以奖代补实施办法》等文件。

二、专群结合与群防群治工作的主要经验

第一，强化政治引领。充分发挥党的组织、动员、协调优势，聚合多方主体力量形成合力，共同筑造一核多元的共治体系，增强治理积极性、灵活性和适应性，以应对风险社会下公共安全面临形势复杂且多元的治理挑战。首先，各级党组织充分发挥统筹规划作用以及发挥党员的先锋模范作用。从市级层面明确压实属地责任、主体责任、协作责任和监管责任，将区、镇街等相关单位部门领导纳入综治巡防队伍，提升常态化工作和专项治理执行效能。按照"政法牵头、公安主导、部门协作、公众参与"的原则组织协调专群结合与群防群治工作，政法委则主要发挥建设参与平台、统筹组织架构、完善运行机制的作用。其次，兼顾常态化和问题化情境，前置安全风险防控关口。在社区层面，以网格化管理为依托，整合社区民警、网格员、志愿者的力量，依循"主体能力提升—安全信息掌握—社区平安共治"的路径促进基层平安建设常态化共治。针对矛盾纠纷，利用熟人关系发挥共商共议或社区调解委员会的作用，及时掌握信息促进沟通化解。最后，引导居民自治，激活社会组织活力，优化平安建设力量格局。通过引导村委会、居委会、业主委员会等基层自治组织主动开展群防群治工作，促进居民或村民自治形成网络化力量格局。此外，激发社会组织活力，鼓励社区依据自身条件，成立各类社区志愿队形成直接力量同时发挥桥梁性作用，例如支持宣传安全工作、加强对人群聚集区的巡逻防控、关爱特殊人群或弱势群体等，有效节约警力资源和减少社区治理负担。

第二，推动精准整治。借助大数据分析挖掘基层平安建设工作成效与问题隐患，在小区层面上通过创新安全评价体系，针对不同评价结果动态采取认同与整治手段促进城市平安建设系统性、整体性优化，避免资源分配不均乃至僵化；在专门力量下沉和基层活力激发中构建专群结合、群防群治的互动机制，进一步推进专群之间从资源交互到目标共识的演化。首先，小区既是现代城市居民主要的生活空间，同时也是平安建设工作场景的关键"落脚点"以及公共安全服务

合作供给场域，以系统性思维对基层公共安全服务与资源进行动态调整，有助于将小区的"小平安"汇聚为全市的"大平安"。其次，通过数据驱动开展评估考核，简化流程优化效率。设计小区"平安指数"指标体系，综合小区刑事警情发生率、事件发生率、群众安全感率、执法满意度等多项平安数据，以此计算综合平安指数，指数越高，代表小区越平安，得分90分以上则可被认定为五星级平安小区。最后，注重考核结果反馈，根据评估考核结果精准整治。通过可视化方式绘制"全市平安星级小区电子地图"，依托于"平安星级小区"评价体系的评判结果，市平安办分析排查各个小区的问题隐患，把小区存在的情况作为区域性社会治安稳定突出问题，通报给相关部门，找准防控薄弱环节整改提升，由此将安全资源精准下沉至小区。

第三，激发近邻共治。厦门市群防群治工作的一大亮点，便是在小区治理中嵌入近邻服务，实现近邻共治。各级各部门因地制宜创新了形式多样的近邻群防群治模式。比如较出名的深田社区"千百万"群众工作法，"千"是走家串户、访察民意的"千户访"机制，"百"是巡逻防控、净化治安的"百事帮"队伍，"万"是排查隐患、调解纠纷的"万家和"平台。此外，金安社区"近邻1314"模式、禾山社区"幸福禾立方"品牌等也是拥有相同内核的近邻模式。其中，群防群治志愿者队伍的组建，得益于相关部门与社区依靠近邻资源，发动辖区居民、党员、驻区单位等主体，组建邻里律师、邻里医生、邻里警察等能人服务队，这些群众化身"正义担当"，随时随地发现隐患，协助开展治安巡逻、纠纷调解、安防宣传等工作，守护民众平安。

在近邻群防群治的"微治理"方面，依托互联网打造了云端智慧平台，让居民诉求都能实现"一网统管"。如开设"近邻里"等手机APP、社区居委会微信群、公众号等平台，拓展手机APP视频会议、在线表达意见、结果公示等功能，构建"线上＋线下"相结合的议事协商机制，推进社区协商灵活多样。

在矛盾纠纷调解的群防群治工作中，打造区级社会治理协同平台，形成街道近邻矛盾纠纷调处中心、社区纠纷调解平台、小区"党员调解队"等三级协同治理架构，为居民提供法律咨询，并调解矛盾纠纷。在小区内部的精准治理要求下，厦门还构建了由楼长、户长等组成的群防群治体系，同时由党员群众共同制定邻里公约，引导群众合理发声、主动参与小区治理。这些做法使矛盾纠纷就地就近化解，问题隐患尽早尽快消除，尽可能达成"小事不出小区，大事不出社区"。

第四，突出科技赋能。以争创全国社会治安防控体系建设示范城市为目标，坚持"科技引领＋社会共治"，积极打造"体系牵引、机制助推、基础支撑"的立体化社会治安防控体系，探索实践"预防警务"，通过动态感知风险、及时阻断风险，推动警务运行模式由被动反应型向主动预防型转变。目前，厦门不仅拥有全国首创的24小时便利店"刷脸认证"的"e政务"，还有获得公安部"改革创新大赛优秀奖"的"互联网＋群防群治"项目"厦门百姓"（APP）。借助"厦门百姓"（APP），厦门警方得以更广泛发动社会力量，鼓励志愿者以"碎片化"巡逻的方式参与群防群治工作，形成了网络群防群治矩阵，借此组建平安志愿者队伍，打造"义务交警""青年义航队"等一系列平安志愿服务品牌。并且得益于"厦门百姓"（APP）的高效数据管理，警方可以做到对每一个群防群治人员或每一支队伍都知根知底、有效管理，利用积分量化考核还可以发挥最大的群防作用，激发社会治安群防群治新活力。通过"厦门百姓"（APP），专职群防队员、平安志愿者以及其他热心群众参与治安巡防，可实现任务发布、接收、实施、考核一体化运作。对参与安保维稳的平安志愿者，进行专项奖励，并设立群防群治专项奖励金、见义勇为奖励金，拓展"厦门百姓"（APP）积分兑换微信红包等多元化兑换渠道，激励居民群众踊跃参与。在安全保障上，建立了群防群治队伍的专门保险制度，为实名注册的群防群治力量提供人身意外伤害保险。

在"科技＋群防群治"的硬件设施上，"雪亮工程"信息化建设是推动群防群治工作的重要载体和抓手。采用"科技＋管控"的共享模式，实现重点公共区域视频监控全覆盖，并达到100%高清，通过"雪亮村居""雪亮小区""雪亮楼栋"等现代网络技术手段实现24小时不间断巡防。在征得群众同意的前提下，整合各类社会资源监控，将监控内容分享给公安、城管、执法、市政、交通、环卫、社区矫正、教育、市场监督、铁路等各业务部门，实现监控设备上的群防群治，解决乡村、社区、商铺等安全管理的后顾之忧。

第三节　当前专群结合与群防群治面临的挑战

在当前日益复杂的城市系统之中，各式各样的冲击与风险层出不穷，群众对关系自身安全的生活环境要求不断提高，专群结合与群防群治也面临着突出问题。

第一，基层专门力量规模有限，存在资源浪费、空白区难渗入、心理距离较长等问题。其一，我国基层专门力量仍处于相对紧缺的情况。地方警力不足、无增长现象已成常态，基层面临较为沉重的社会治安压力。基层干部包括网格员往往身兼数职，不堪重负。其职责涵盖巡防治安、社区管理、安全监管、文明创建、数据维护等，在一定程度上挤占了本应该向居民提供公共安全服务的时间和精力。其二，专门力量的资源常面临社会浪费问题，缺乏分流机制，导致力量难以集中最大化专业优势，例如基层公安机关常常承担了较多非警务类警情。同时，由于存在制度壁垒、数据壁垒，非警务类警情难以高效协同处理。其三，社情和风险复杂多变，无论如何精密安排专门力量、规划部署人员，都容易面临治理"空白区"问题。其四,专门力量与社会公众之间的心理距离是基层治理中得到支持、形成合作的关键,政法机关的新闻往往是社会媒体所关注的素材焦点,而媒体报道中关乎地方、个体相关工作人员或部门的负面新闻容易对公众认知产生消极影响,导致整个专门力量群体的信任危机、形象危机,有损公信力。

第二,群防群治力量结构失衡,存在自主性不足、能力缺失、制度不完善等问题。在群防群治力量中,除了政府或社区出资聘请的保安、协警等人员,多以自愿无偿性质的群防群治组织为主,主要依靠治安职能部门的动员和组织,自主性不足,且受制于社会个体自身志愿精神以及经费保障不足,成员往往是离退休且热衷公益的老年人,如"大妈""老干部"群体。同时,群防群治人员往往以地缘、事缘缔结形成组织归属感,缺乏具有专业能力的带头人开展系统的组织管理和基本素质技能的训练,人员的业余性限制了其作用场景,遇到险情时应急策略不合理也时有发生,甚至极端情况下应对失衡,损坏群众利益。此外,尽管目前对于见义勇为以及扶持和鼓励志愿者队伍已有不少制度规范,仍存在一定的法律空白急需填补。例如,志愿者的致害责任以及包括志愿者组织、志愿服务对象第三方权益的保障等,相应的制度建设仍不够完善。

第三,专群结合协调困难,存在互动交流途径模糊、合作融合程度有限等问题。一是群众参与的自组织逻辑与专门力量的科层制逻辑存在矛盾,如果两者在耦合过程中实现协调,自组织的灵活性会强化科层制的适应性,但如果格格不入,互相对立,则不仅无法产生协作优势,还会加剧彼此对立。目前群防群治力量仍存在一定的行政干预色彩,专群力量之间的良性互动关系发展不够充分,志愿服务组织对政府存在较大依赖,具有行政化的倾向。二是专业力量和群众力量之间存在信息资源不对称、不对等的现象。专门力量掌握着大量的社会信息,但这些信息资源往往呈现密闭性的特征,要不"深藏闺中",要不主要依赖纵向治理体系进行传播,造成浪费以及社会治理体系之间的信息不对称问题。由于互动交流途径模糊,普通群众觉察到风险信号时容易产生不敢拨打报警电话、上报无门、犹豫的心理,影响了专门力量获取社会治理资源。

第四节　进一步加强专群结合与群防群治工作的对策

　　进一步加强专群结合与群防群治工作,是社会治理体系和治理能力现代化的重要内容。要深入学习贯彻习近平新时代中国特色社会主义思想,在体制机制建设上下更大功夫,进一步强化主体能力,更好依靠科技赋能,更广泛动员群众参与,共同筑牢城市安全有序运行的社会基础。

　　第一,适当与社会共享裁量权,建立以专门力量为主导的社会合作网络。在社会治理风险高度分散且动态发展的背景下,专门力量迫切需要扩大社会合作范围,建立合作网络。社会治理合作共治的本质是治理决策与执行的裁量权共享,以及多元主体之间的收益权共享。前者指在一定范围和幅度内,将部分社会治理功能交给更具有效率优势的专业组织合作方;后者指参与社会治理的主体能够发挥专长,获取合理的收益以弥补其运行成本。一方面,专门力量要在党的全面领导之下,牢牢掌握治理的主动权,发挥治理体系中的核心节点作用;另一方面,要依据一定的制度和程序,分析研判群防群治力量的功能作用、专业能力及其可能的社会贡献程度,动态调整专群合作各方在裁量权谱系中的位置,将一些专业性强、成本高、超出自身知识技能的任务,通过特许等制度化形式分配给专业组织。

　　第二,建立一揽子正向激励机制,提升群防群治力量的专业化水平。为提升专群结合、群防群治的治理效能,既需要扩大群防群治数量规模,也要注重提升参与主体的能力。这就要求进一步强化利益激励机制,弘扬志愿精神,驱动更多的社会组织与公民参与治安治理,提升社会大众对治安的关注度和安全防范意识。扩大群防群治力量意味着直接增加治安资源,由于经费保障有限且重在激发群众参与平安建设的自发性,需探索多维、一揽子的正向激励机制。例如,吸纳群防群治力量时,组织应通过认定、培训强化身份认知,提升社会担当与责任感,提高群防群治力量的专业水平,不定期对群防群治力量开展专题教育培训。专门力量可协同其他政府部门单位共建群防群治保障、激励机制,提供如人身保险、子女就学便利、贷款优惠、积分福利等多样化政策倾斜福利。要注重社会面理念转变与创新,着力于改变群防群治主体单一化和单调化局面,从而使各行各业的人群等都能够通过多种形式参与群防群治。

　　第三,以数字化、智慧化技术促进专群结合的密度和深度,打造"科技＋群防群治"体系。党的十九届四中全会提出:"建议更加重视运用人工智能、互联网、大数据等现代信息技术手段提升治理能力和治理现代化水平。"①在政法信息化工作的基础上,逐步推进专群结合、群防群治与数字化、智慧化技术有机融合。首先,重视宣传和塑造政法机关的正面形象,增强群众对政法工作的获得感,发挥微博、短视频、新媒体、微信群等平台作用,缩短政法机关与群众之间的社会心理距离。其次,在具体工作中,注重以新信息技术手段在风险感知、决策分析、组织协同、合作治理、社区动员的全周期风险过程中,不断提升专门力量回应社会需求的能力,以智能分析辅助应急决策,以数据分析手段预判危机,以智能化平台整合治安资源,以多终端手段促进专门力量与群众力量的沟通互动,拓宽治安信息社会化的采集渠道。将群防群治组织的内部管理、指挥调度、通信装备、实时监控、信息采集与共享等纳入信息化建设的整体框架之中。

---

① 《习近平关于〈中共中央关于坚持和完善中国特色社会主义制度 推进国家治理体系和治理能力现代化若干重大问题的决定〉的说明》,《人民日报》2019年11月6日第4版。

第十章　科技赋能：
构建市域社会治理智能化新格局

党的二十大报告指出，完善网格化管理、精细化服务、信息化支撑的基层治理平台，健全城乡社区治理体系。2018年，习近平总书记明确提出"推进平安中国、法治中国建设，加强过硬队伍建设，深化智能化建设"。① 2020年3月，习近平总书记赴浙江考察时指出，通过大数据、云计算、人工智能等手段推进城市治理现代化，大城市也可以变得更"聪明"。市域社会治理智能化是政法机关的时代大考，是开创平安中国建设新局面的重要抓手，是"智慧社会"的重要体现。市域社会治理智能化，对防范化解市域社会治理风险，增强人民群众获得感、幸福感、安全感具有重要意义。

第一节　市域社会治理智能化的内涵、意义和方向

党的十九大报告明确提出建设"智慧社会"，标志着智慧城市建设进入了"以人为本"的新发展阶段。习近平总书记强调，"让城市更聪明一些、更智慧一些，是推动城市治理体系和治理能力现代化的必由之路，前景广阔"。② 在物联网、人工智能、区块链、云计算和大数据的技术驱动下，市域社会治理智能化既有助于打造新的城市治理生态系统，也能够推动民生改善和普惠发展。

一、市域社会治理智能化的内涵

对市域社会治理智能化的理解，需要从统筹智慧城市与安全城市建设的战

---

① 《习近平：坚持以人民为中心的发展思想　履行好维护国家政治安全确保社会大局稳定　促进社会公平正义保障人民安居乐业的主要任务》，《人民日报》2018年1月23日第1版。
② 《习近平在浙江考察时强调：统筹推进疫情防控和经济社会发展工作　奋力实现今年经济社会发展目标任务》，《人民日报》2020年4月2日第1版。

略高度出发。传统上,安全城市被视为智慧城市的一个子系统,甚至是一个独立的系统。在学术研究中,安全城市的关注度远远不如智慧城市。在中国知网上,以智慧城市为篇名的检索结果有33511条,而安全城市的检索结果只有11520条(截至2023年4月21日)。实际上,安全是最基本的需求,没有安全,所有的技术进步都将失去意义。党的十九届五中全会将安全与发展关系的认识提升到了新高度,强调"把安全发展贯穿国家发展各领域和全过程"。我们需要将安全视为智慧城市的根基,在智慧城市建设过程中嵌入安全发展的架构和功能。

市域社会治理智能化的内涵可以从性质、功能和形式等角度来理解:

第一,从性质上看,市域社会治理智能化是"社会物理学"对城市治理体系的一次再设计,是实现构建精准识别需求、感知传递灵敏、形式灵活变动的高效智慧城市的过程。通过物联网、人工智能、区块链、云计算和大数据的技术驱动,汇聚、处理、管理、分析、应用和流动各种城市数据,市域社会治理可以实现敏捷治理与韧性治理二者的统一。一方面,在数据驱动下城市可以更敏捷与科学地捕捉市民个体以及城市整体需求,并从市域层面更为高效地盘活与配置城市资源要素,提高服务与资源的供需匹配效率;另一方面,城市得以从多个维度探索构建资源要素的深度融合模式,在相互感知中高度赋能城市生产与生活活动,以流程化、模块化应用推动社会事务系统性的高效运转,不断增强城市韧性,实现风险冲击下的稳定运行与灵活变动。

第二,从功能上看,市域社会治理智能化的发展目标是不仅要打造集高效率交通、贸易、服务于一体的智慧城市,还要统筹城市的安全与发展。在城市管理、公共安全、公共服务、应急管理等领域,现代化的社会治理已实现大范围地应用大数据、云计算、物联网(IoT)、人工智能等信息技术,对各类单一或复合的社会问题与风险进行精准识别、分析、监测和反馈,增强信息的内外联动,驾驭日益增长的市域不确定性与风险,推动城市治理从被动式的末端治理转向预测性的源头治理,牢牢把握治理主动权的重要抓手。同时,市域社会治理智能化与城市智慧基础设施、智慧产业相互依存,数字化治理方式的创新与下沉为新经济、新产业的增长提供了前所未有的发展机遇和前景。

第三,从形式上看,市域社会治理智能化力图以数据驱动创造政府治理系统、社会系统的"一张网""一条链"的新形式,从信息共享程度上实现社会系统信息"一张网"的全面共享,从信息传递速率上实现信息"一条链"的快速精准传达。具体而言,市域社会治理智能化实践已在智慧办公、智慧医疗、智慧安防、智慧交通等多个模块开展,建立起各模块内、各模块间的规模系统网络,如上海"一网通办"全国一体化在线政务服务平台、人脸识别与记录的社区智慧安防等,推动社会之间的互动与学习,使个体、组织和社会形成一个更加紧密的社会治理共同体,促进"共建共享共治"的社会治理发展。

二、市域社会治理智能化的意义

在维持一个健康、安全和高效的现代城市方面,传统的治理对策是建设中心化的网络来提高城市贸易、交通与公共服务的效率,但这种方案在日益智慧化的现代社会已经越来越过时。正如美国麻省理工学院人类动力实验室主任彭特兰指出的,"为了确保拥有可持续发展的未来城市,我们需要使用新技术来创造一个'神经系统',以维持全球政府、能源供给和公共卫生系统的稳定性"[①]。让大城市变得更"聪明",就需要一个新的智能化框架来设计社会治理系统,以更好地了解市民的需求、偏好和行为特征,提升对社会的动态响应水平。市域社会治理智能化的重要意义包括:

第一,市域社会治理智能化是统筹市域安全与发展的重要抓手。党的十九届五中全会审议通过的《中共中央关于制定国民经济和社会发展第十四个五年规划和2035年远景目标的建议》,注重处理好发展和安全的关系,就统筹发展和安全、建设更高水平的平安中国提出明确要求、作出工作部署。市域社会治理智能化是统筹市域安全与发展的重要途径。一方面,市域社会治理智能化,尤其是智能感知、大数据、深度学习与智能算法的应用,是驾驭日益增长的市域不确定性与风险,牢牢把握治理主动权的重要抓手;另一方面,市域社会治理智能化与城市智慧基础设施、智慧产业相互依存,数字化治理下沉为新经济、新产业的增长提供了前所未有的发展机遇和前景。

第二,市域社会治理智能化是防范城市发展风险的重要支撑。2020年以来,全球见证了并行演进的多重危机,持续蔓延的新冠肺炎疫情、强烈的气候事件、频发的社会动荡事件,强化城市的发展韧性,统筹智慧城市与韧性城市建设,提升应对难以预期的危机冲击的能力,成为全球城市的共同发展议题。2020年8月24日,习近平总书记在经济社会领域专家座谈会上的重要讲话中指出,要"深刻认识错综复杂的国际环境带来的新矛盾新挑战,增强机遇意识和风险意识"[②]。社会治理智能化可以推动政府治理重心前移,预测并尽可能避免灾害带来的影响,提升城市综合风险防治韧性。

第三,市域社会治理智能化是提升人民群众获得感的重要途径。互联网、大数据、传感器、在线社区、人工智能等智能化技术在社会治理中日益广泛,人类社会的物理空间与信息空间不断融合,催生了更多的新产品、新业态和新产业。对

---

① [美]阿莱克斯·彭特兰:《智慧社会:大数据与社会物理学》,汪小帆、汪容译,浙江人民出版社2015年版,第136页。

② 习近平:《正确认识和把握中长期经济社会发展重大问题》,《求是》2021年第2期。

于人民群众而言,市域社会智能化可以更加精准地识别社会治理需求,定位社会治理难点,整合社会治理资源。市域社会治理智能化能够塑造充分知情的民众,在个体、组织和社会之间形成一个更加紧密的社会治理共同体,使"共建共享共治"的社会治理更具有价值。日益成熟的市域社会治理智能化终端应用,改进了社会服务的使用体验,降低了社会服务获得成本,是提升人民群众获得感的重要途径。

党的十九届五中全会通过的《中共中央关于制定国民经济和社会发展第十四个五年规划和2035年远景目标的建议》明确提出要加快建设"数字社会、数字政府",提升公共服务、社会治理等数字化智能化水平。城市聚集了大量的经济、社会和文化生活,也面临更多的安全挑战。把智慧城市和安全城市结合起来,以智能化为支撑加快推进市域社会治理现代化,对于统筹市域安全与发展,强化城市发展韧性和提升人民群众的获得感具有重要意义。

三、市域社会治理智能化的发展方向

从实践演进角度看,市域社会治理智能化是公共治理系统从电子政府(e-government)、开放政府(open government)、数字治理(digital governance)向智能治理(smart governance)转变的体现。一般来说,市域社会治理智能化的实践途径包括:(1)政府对政府途径,主要指利用ICT技术融合不同社会治理部门之间的组织缝隙,强化组织之间的沟通并形成一个无纸化、透明和可持续的治理系统。(2)政府对民众途径。主要指社会治理部门利用ICT技术来增强公共安全(如建立ODR平台)、提升公共服务(如"一网通办")并促进公众参与(如建立公众参与社会事务的平台)。(3)政府对企业途径。主要指政府通过构建智能化治理生态系统赋能产业应用,助力区域经济发展。

表 10-1 市域社会治理智能化技术手段

科技	治理系统(B端)	社会系统(C端)
物联网	信息物理融合系统(Cyber-Physical Systems,CPS)	RFID技术应用 无人驾驶
人工智能	城市大脑(杭州) 未来社区(杭州)	智能交通、智能医疗、智能安防、智能养老
区块链	区块链政务 "链上社区"(南京)	电子存证、身份认证、农产品溯源、数据管理
大数据	公共安全大数据平台(Fire Cast 3.0) 一网通办(上海)	大数据和社会福祉(Big Data for Social Good)

续表

科技	治理系统（B端）	社会系统（C端）
云计算	云治理	居民健康档案、ODR平台

现代社会已经步入第四次工业革命的时代，需要政府更加敏捷地回应新技术应用、社会变迁和民众需求，市域社会治理智能化浪潮在世界范围内兴起。在我国，市域社会治理智能化的方向是促进城市更加安全，将智慧城市与安全城市结合起来。我们提出一个发展目标：通过市域社会治理智能化打造一个面向高风险社会的智慧敏捷城市，即在风险感知、决策分析、组织协同、合作治理、社区动员与科技赋能的全周期智治过程中，不断提升政府回应公共问题与民众需求的能力，赋权公民创造更多的价值，有效提升社会治理的弹性与效率。

在这方面，以下议题值得重视：

(1)基层社区风险感知。社区生活与生产经营、办公、城市创新等功能日益在空间上靠拢，社区安全风险治理的重要性不断提升。社区居民的风险感知能直接或间接反映社区的状态及存在的问题。

(2)新型安全风险防范。一是夜间安全议题。随着我国各大城市纷纷推动夜间经济，夜间活动所引起的安全议题需要着重考虑。这是因为夜间生活和活动是引起犯罪、暴力和反社会行为的重要节点。二是出行安全议题。为了促进一个更加注重步行与儿童安全的城市，需要更加智慧的交通安全系统（例如，当有儿童通过时，系统能够引发警示）。

(3)公共服务主动供给。现代社会更加强调在统一数字身份认证、个性化档案、一站式社区的体系中，形成整体智能的服务供给。要积极推动公共服务接触点通过智能化方式下沉至社区（如社区24小时自助政务服务站），同时利用数据反馈定向给群众、企业提供差异化、定制化的政务服务。此外，需要提升民众的数字素养和数字服务获得能力。

(4)社会治理多元、主动参与。社会治理过程的多元共治、民主协商、社会矛盾化解和精细化治理，与社会心理、行为有着密切的关系。我们需要注重利用大数据心理学、行为科学推动社会治理创新。学者杜帕斯和罗宾逊2013年的一项研究发现，只要给人们提供一个可上锁的金属盒、一把挂锁和一个标明需购买的卫生防疫用品名称的账本，人们对这类商品的投资就会提高66%~75%，这一研究有效推进了当地的卫生防疫工作。

具体地，我们可以在以下方面改革创新，探索前行：

第一，应用预防性技术推动社会治理重心从末端治理转向源头治理。数据分析、人工智能、情景模拟等技术的应用，尤其是自然语言处理、机器学习、语音和图像识别等技术进步，使得政府在问题爆发之前就可以开展有效的预防性治理,实现从末端治理转向源头治理。在这方面,可以探索利用预测性模型来判断犯罪事件的发生,通过自然语言处理在互联网平台开展食物监测,通过传感器和历史数据为潜在的自然灾害做好准备等。

第二,应用 AI 工具推动社会治理过程从经验治理转向精准治理。大数据技术可以有效集成面向舆情监测、应急事件响应、公共服务、政府事务等各个治理维度的数据,强化治理决策的科学性。不断扩展的 AI 工具箱提升了社会治理的灵敏度和前瞻性,让城市变得更加"聪明"。例如,利用大数据技术构建风险数据库与风险分布地图,实现高效率的风险预警;使用智慧交通系统减少交通堵塞,提升公共交通的准时程度;基于人工智能技术响应城市服务投诉,缩短响应时间……

第三,通过数字化内外部协同推动社会治理体系从垂直治理转向扁平治理。目前,我国各地正在打造纵向贯通、横向联通的社会治理"一张网",推动社会治理跨部门和跨层次的信息共享、数据同步与业务协作。构建在云端的扁平化社会治理平台有助于减少信息烟囱,提升社会治理组织的敏捷反应能力,为社会治理创新提供新的机会。例如,建设数据中台和政务中台,打造基于"5G+AIoT+云"的城市大脑;利用社会治理平台为公众提供足不出户的便民服务;创设社会治理的交流与实验平台,促进社会治理部门与不同组织、居民之间的互动,打造社会治理共同体。

第四,融合心理、行为与大数据,推动社会治理方式从刚性管理转向柔性治理。建设社会治理共同体不仅需要发挥以行政命令为基础的刚性管理方式,更需要在多元主体参与的过程中理顺民心、尊重民意、增进认同,不断增加人们的获得感、幸福感和安全感,实现"力度"与"温度"的有机融合。大数据心理学的发展有助于预测社会心理发展态势,及时发现社会不稳定因素和风险。在这方面,可以探索基于物联网、大数据和算法的"助推"机制——一种柔性地帮助使用者作出更合理决策的手段——来帮助市民达成健康生活、遵纪守法、参与公共事务的目的。

在深圳经济特区建立 40 周年庆祝大会上,习近平总书记强调以创新思路推动城市治理体系和治理能力现代化,尤其是要注重在科学化、精细化、智能化上下功夫。与深圳经济特区一样,厦门市同样面临城市治理承压明显、发展空间不足等诸多挑战。以智能化为支撑加快推进市域社会治理现代化,统筹推进智慧产业、智慧民生、智慧基础设施等各项智慧生态系统建设,率先构建党的十九大报告中提出的"智慧社会",是建设高素质高颜值现代化国际化城市的应有之义,也是深入贯彻落实五中全会精神,为中国式现代化探路的重要体现。打造宜居、韧性、智慧城市,是建设高素质高颜值现代化国际化城市的应有之义,也是深入贯彻落实党的二十大精神,为中国式现代化探路的重要体现。

第二节 市域社会治理智能化的国外经验

在大数据与社会物理学的推动下,一个人类和技术共存的联合体正在形成,智慧社会以飞快的速度成为现实①。近年来,一些发达国家在社区建设、道路安全等领域推进市域社会治理智能化,为我们提供有益的经验启示。

一、面向社区安全风险防范的智能化解决方案

社区是安全风险的聚集地和风险防范的最前沿。近年来,随着社区规模日益扩大,社区人员流动性加剧,社区风险事件频发。社区安全是城市安全的基础,社区安全风险防范是城市精细化管理的重要一步。

1989年于斯德哥尔摩召开的第一届世界事故与伤害预防大会正式提出了"安全社区"(safety community)的概念,"安全社区"运动走向全球。一般来说,安全社区指一个社区综合利用可获得的所有资源,在社区民众共同推动下减少预防伤害、暴力和各种意外事故,促进人际和谐并营造更安全的环境。根据设立于瑞典的世界卫生组织(WHO)"国际安全社区认证中心"(International Safe Community Certifying Centre, ISCCC)的界定,安全社区有七大准则:(1)安全社区必须具备一个基于伙伴和合作关系的跨领域团体,来指挥并推动社区安全工作。(2)安全社区必须有长期性和可持续性的发展规划,能够涵盖性别、年龄层和环境等不同状况。(3)安全社区必须以高危险群体和高危险环境为目标对象开展规划。(4)安全社区的推动必须基于循证资料。(5)安全社区必须能够提供伤害的频率和受伤原因的记录。(6)安全社区必须有针对执行过程和改善效果的评估。(7)安全社区必须能够持续参与国内和国际的安全社区活动。

随着大数据、物联网等智能化技术的发展,安全社区逐渐插上了智慧化的翅膀,智慧城市与安全城市的概念也逐渐被关联起来。

对于地方政府来说,一个重要的目标就是给居民提供安全的环境。在社区中,大量年老、幼弱、残疾等群体的脆弱性尤其明显,这就需要额外的帮助,尤其是首先回应者(主要是邻居)的帮助。例如,利用先进的传感技术,社区的许多安全风险信号(如坠落、烟雾报警)等就可以得到迅速处理。具体而言,社区风险防范是基于社区内致灾因子的危险性和承灾体的脆弱性,对社区内人员、建筑及设

---

① [美]阿莱克斯·彭特兰:《智慧社会:大数据与社会物理学》,汪小帆、汪容译,浙江人民出版社2015年版。

备设施进行全要素、全周期的监测监控,对可能发生的灾害的时间、空间和强度进行全面评估、预测及预警,综合利用物联网感知、社区大数据、云计算等各种先进技术手段作出积极的风险防控反应,主动减灾防灾,降低风险发生的可能性或减缓灾害风险事件所造成的人员伤亡及物质损失的一系列活动①。

二、应用数据驱动的信息助推机制改善公共交通与道路安全

随着传感技术在各类交通设备中的广泛应用,简单的马路汇聚了各类复杂丰富的信息,充分利用数据信息对改善公共交通与道路安全具有重要意义。在我国,当前道路数据的开发与利用程度还较差,主要集中于公共数据开发,如车流量等,对于个人道路数据的采集与利用率极低。从该视角出发,考察个人交通数据与公共交通的联动关系,以对道路实现更精细化的控制与管理,提高公共交通的运行效率以及道路的安全性。具体来说,个人交通数据主要可以通过个体电子设备与交通设备的联动进行采集,并与及时有效的反馈相结合,实现对个体行为的正确引导,主要有司机与行人两个主体。

在数据与司机的智能联动方面,美国波士顿政府与麻省理工学院的衍生公司合作推出了一款名为"波士顿最安全的司机"(Boston's Safest Driver)智能手机应用程序。这家总部位于波士顿的公司已经在世界各国的许多安全驾驶应用程序和程序中部署了它们的驱动程序,使得智能手机成为一种新型传感器,通过加速度计、陀螺仪和位置传感器来收集数据并向司机报告驾驶情况。

该应用可以根据司机的速度、加速、刹车、转弯和手机干扰等情况进行即时的驾驶星级评定,并由市政府每周奖励驾驶安全得分最高的司机。参与竞赛的司机们首先需要下载这个应用程序,在驾驶过程中,司机专心驾驶(没有使用手机)、以合理时速驾驶和及时刹车等良好驾驶行为都会提升司机驾驶的安全得分。反之,急剧的加速、急停、急转、超速以及驾驶中使用手机都会降低分数。根据数据显示,项目运行一个月后,分心驾驶的概率下降了35%。该应用将良性竞争理念纳入公共交通运行,不仅对于提高司机安全意识、改善公共交通有重要帮助,还可以帮助政府收集有关交通安全的个人和城市数据,以进一步优化城市管理。

在数据与行人的智能联动方面,荷兰的斯海尔托亨博斯市('s-Hertogenbosch)推出了一款名为"Schwung"的手机应用程序,以实现行人向路线内的交通信号灯发送信号的需求。该城市也配套对所有在城市注册的50个交通信号灯装置

---

① 贾楠、郭旦怀、陈永强、刘奕:《面向社区风险防范的大数据平台理论架构设计》,《清华大学学报(自然科学版)》2019年第2期。

进行了升级,以接收来自应用程序的信息并作出响应。升级改造后的交通信号灯会根据个体临近时手机内该程序发出的网络信号,根据每个人出行方式(行走或自行车)来判断预期的移动时间,从而提供更合适的绿色信号灯通行时段,同时也提前告知路线中红绿灯的等待情况,以实现个体更有效率地通过马路。这使得信号灯的服务对象进一步精细化到个体,极大地提高了人行横道的通行效率,也大大提高了市民出行的满意度。

美国的达勒姆(Durham)政府通过与企业合作,采用数据驱动的信息推送方式,通过电子邮件向住户发送住宅到工作地点的个性化路线图,显示不同的私人和公共交通选择,敦促市民选择公共交通而不是私家车。这类实践在我国已得到更为智能化与个性化的广泛开展,高德地图、百度地图、腾讯地图等可根据用户的出发点与终点即时规划不同出行方式下的出行路线与时间,以满足市民的个性化出行需求。但以上信息助推途径需要注意保护市民的个人隐私数据安全,明确用户知晓与同意个人信息哪些项目被使用,并保护好所采集的数据,防止数据泄露。

2014年,纽约市启动"零事故愿景"计划(Vision Zero),该计划基于两个关键原则:事故是可以预防的;纽约街道交通事故致死情况或重伤情况是可以消除的。"零事故愿景"计划通过多种渠道搜集交通事故数据,比如安装大量电子探测仪,利用数码技术实时侦测区内行人遇难或重伤(KSI)等数据;安装传感器,充分发挥该技术的实时情境感知功能和预测性洞察力,通过路旁传感器发送的信号,及时让工作人员知道路段实况及特殊事故。基于丰富的数据,2015年纽约市政府制定了优先交叉路口、走廊和区域,2018年这些地点的行人死亡率已下降了36%。2019年,纽约市政府重新评估了行人的KSI数据,并定义了新的干预位置,通过动态调整,不断预防交通事故,道路更加安全。"零事故愿景"计划还十分重视从已有的交通事故数据中归纳主要原因,比如曼哈顿岛的主要交通事故原因是"未能及时制动""超速""并排停车""闯红灯""乱穿马路""视线可见性""骑行人行为不当""穿越时间不足""穿越距离过长""穿越等待时间过长",相应地,当地政府根据事故原因类别,分析行为特征,总结事故预警信息,进而设计具体的改进方案。总体而言,纽约的"零事故愿景"不单解决了交通通行问题,更是以"精细化""数字化"的方式收集、再造多样化的道路情景,在丰富的情景资源库中提高交通事故的可识别性、可预防性。

三、以"大数据"为纽带的社区预测警务

传统反应式警务在犯罪控制方面正面临边际效能困境,基于大数据驱动的预测警务是未来警务创新的重要方向。同时,社会治理视角下的预测警务十分

重视多元主体参与犯罪预防的相关治理活动,特别主张大数据是取之于民、用之于民,人民群众是预防警务的源头活水和力量源泉,通过全民参与的"大数据"为纽带的预防警务,进一步改善"警察—社区"伙伴关系,进一步促成反应式警务、问题导向警务和社区警务等不同警务战略的融合,从而更加合理地配置有限的警力资源。

美国是较早发展预测警务的国家。早在2008年,美国洛杉矶市时任警察局长威廉·布拉顿、美国司法援助局代理主任詹姆斯·伯奇与国家司法委员会代理主任克里斯蒂娜·罗丝在密切合作中,开始探索"预测警务"这一新兴执法理念。2009年、2010年,美国国家司法委员会主办召开了两次预测警务座谈会,该理念开始受到执法机构、研究人员、警察指挥官、媒体等的持续关注。紧接着,IBM公司拍摄了犯罪预测分析的商业广告,开启大数据时代下犯罪情报分析的无限想象空间。目前,美国预测警务在洛杉矶、孟菲斯、圣克鲁斯等地取得标志性的胜利,并为我们提供可供借鉴的成功经验,以下以洛杉矶警局的预测警务发展实践作为重点案例展开介绍。

2009年10月,洛杉矶警察局试行"我看护"的预警计划,通过宣传手册、公共服务信息和社团会议,向社区居民宣传反恐知识,告知人们需要重点注意哪些地点与哪些特殊情况。2010年6月3日,在记者招待会上,洛杉矶市市长安东尼奥·维拉莱戈萨与洛杉矶警察局局长查理·贝克正式推出该计划,并表示21世纪的洛杉矶面临新的恐怖主义威胁,需要动员全社会力量守望相助,"我看护"计划不仅旨在提供举报可疑活动的渠道,培养公众识别可疑现象的能力,也在于收集大量数据以提高预测警务水平。该计划采集分析了80年来1300万起犯罪案件,并列出如下的可疑行为:有人绘制或测量重要的建筑物,陌生人询问警卫状况或安保措施,有人穿着不合时宜的服装,嗅到化学品的气味,发现可疑烟雾,购买可用来制作炸弹或武器的材料,非法购买军警制服……

随后,洛杉矶警察局同加利福尼亚洛杉矶分校、数据分析公司Palantir等展开深入合作,进一步推进基于大数据的算法分析,预见犯罪行为的发生概率,从而采取一系列阻止措施或干预行为。其中,洛杉矶警察局与加利福尼亚大学洛杉矶分校共同研发警务预测软件"警察猎人",基于算法,通过分析过去犯罪的数据预测可能发生犯罪的地区,从而优化巡逻资源并衡量有效性。该预测软件还能够通过数学模型生成地理空间区域,进而形成"犯罪预测电子地图"(在这份电子地图上,红色小方框所在的位置代表着这个地区在当日的潜在临时犯罪点)。此外,洛杉矶警察局启动了社区基础信息系统(CBIS),该系统收集了犯罪数据、人口统计数据、学校动态数据、社区服务数据和公共住房数据等,通过警务数据与社会数据大整合,建立社区犯罪"热点区域",并充分利用预测系统以提高社区居民的安全感。比如通过分析"是否颁发酒精饮料控制许可证",进而预测问题少年并及时提供帮教,以犯罪图谱为基础部署警务资源。总体而言,洛杉矶警察局的"预测犯罪"行动起步较早,发展较成熟,并取得良好发展成效。

大数据时代,我们的生活和行为暴露在"第三只眼"之下,犯罪团伙也开始利用互联网上的海量信息寻找犯罪对象。我们利用数据技术和网络分析,第一时间预测犯罪时间、地点、目标、手段及犯罪活动的空间规律和行为法则。同时,预测警务离不开社区和公众的积极参与,警务要与社区组织共同关注潜在的犯罪风险,通过数据分析作出预测,及时向公众发布预警信息,共同促进社区犯罪预防,提高公共安全水平。

四、数字应用驱动的线上纠纷解决(data-driven ODR)

在线纠纷解决(ODR),即通过数字应用线上解决纠纷。其实践最早从20世纪90年代中期开始发展,它受到了世界上的公共部门和第三方行业领袖的关注,替代传统的纠纷解决(ADR)。

目前采用数字驱动的线上纠纷解决比较成熟的公共部门,比如美国国家调解委员会和政府信息办公室服务,已经把ODR模式视为实现公共服务系统内外利益协同的制度化工具。比如在2011年,互联网名称和数字地址分配机构(分配互联网协议地址和域名的非营利组织)采用在线纠纷解决作为所有域名纠纷的解决机制。这一举措将ODR编制进了互联网公共治理的结构中。此外,数字应用驱动的线上纠纷解决在政府对公民争议领域的潜力也非常大。美国的一项举措是Modria.com的税收评估争议解决服务,该服务已被美国几个地方政府管辖区采用;这项服务使业主能够通过在线和离线程序的结合,对物业税评估提出上诉,并审查和解决他们的案件。同样地,在2016年,加拿大不列颠哥伦比亚省成立了民事和解法庭,这是法院系统的一个官方分支,对小额索赔和一些财产纠纷有管辖权。在这一体系中,数字ODR首次完全融入正式的法院体系,ODR虽然是自愿的,却是解决争端的默认和主要机制。

五、数字身份应用与社会服务规范化

在虚拟空间种类繁多的场景中,用户需要重复提交身份证明,并且面临着个人信息泄露的风险,建立统一的数字身份认证和管理体系成为各国共识。2009年,印度政府启动了全球第一大生物识别数据库项目Aadhaar。全国超过95%的人口,大约11亿人的姓名、地址、手机号码,以及指纹、照片、虹膜扫描等极度敏感个人信息,都作为公民身份的唯一辨识码(UIDAI),纳入政府中央数据库。2015年,印度推出了"数字印度"战略,建立公民数字身份成为该战略的主要任务之一,以实现个人身份认证系统与公共福利系统有效对接,有效解决社会福利分配不公正、效率低下等社会治理难题。

Aadhaar 由 12 位独特的身份号码构成,居民或持护照者均可以资源申请,由印度身份证管理局(Unique Identification Authority of India,简称 UIDAI)管理。目前,Aadhaar 已经深入印度公民生活的方方面面,UIDAI 直接连接到个人银行账户、手机号、保险单、PAN(永久账号)以及其他服务上。换言之,一个印度人无论是学校上学、医院看病,还是在银行办理金融业务,申请政府项目等日常活动,都需要注册 Aadhaar 才能进行。当然,Aadhaar 引发了一些争议,掌握数字技术和信息的人成为社会的最大得利者,享有更低的成本(比如获取知识)、更高的效率(比如商业交易)、更便捷的公共服务(比如数字办公)。而缺乏技术资本的人,就会被系统打上各类标签,在现代生活中遭遇重重困难。

发达国家同样在探索数字身份认证。2018 年,澳大利亚政府推出了基于区块链技术的公民身份识别系统 Govpass。应用该系统,政府各部门能够对共享的统一身份数据库进行访问和更新,提升了政府部门管理效率。新加坡所有电子政府密码(SingPass)用户会在全国个人信息平台(MyInfo),拥有个人化的档案。用户在登录网站时,如果已输入个人资料,再浏览另一个政府网站时就无须再输入资料。例如,用户在建屋发展局网站申请新组屋单位后,再到农粮兽医局网站申请饲养宠物执照,或在新加坡体育理事会网站预订羽毛球场等,就无须再填资料。

第三节　市域社会治理智能化的创新实践

2019 年 12 月举办的全国市域社会治理现代化工作会议强调,要大力推动大数据、人工智能、区块链等现代科技与市域社会治理深度融合,打造数据驱动、人机协同、跨界融合、共创分享的智能化治理新模式。厦门市已经将"市域社会治理现代化战略"纳入"厦门建设高素质高颜值现代化国际化城市战略构想",在市域社会治理智能化方面具有扎实的基础和丰富的经验。例如,2014 年就上线的"i 厦门"统一政务服务平台,已经在全市范围内实现一站式惠民服务全覆盖。作为"i 厦门"重要组成部分的"家住厦门"共治平台打通了小区服务管理的最后一百米,提升了基层治理智能化、精细化水平。

一、加强社会治理智能化基础制度和设施建设

近年来,厦门市不断创新,坚持以智能化为方向,以"互联网＋"为手段,持续

强化科技支撑,向科技要警力,向科技要能力,为平安插上科技翅膀,为城市治理插上智慧双翼。

一是完善社会治理智能化建设顶层设计。对标全国第一批市域社会治理现代化试点城市建设评价指标体系,梳理厦门市现有各个领域的智能化应用建设成果及下一步建设需求,按照"平台联通、数据打通"的理念,形成科学合理的整体架构,增强市域社会治理智能化的系统性、整体性、联动性。

二是试点建设区级社会治理协同平台。按照"多平台融合"的理念,试点建设区级社会治理协同平台。区级平台向上对接全市政法综治信息平台、公共安全平台、阳光信访等业务系统,同时作为统一支撑部门智能化应用的开放性平台,尽可能避免重复建设,实现资源共享,探索"一个平台"支撑的信息化服务社会治理新模式。

三是协调推进市级雪亮资源库建设。推进市级雪亮资源库这一全局性、基础性工程落地,提升厦门市雪亮资源汇聚共享、应用拓展的服务支撑能力。推动"雪亮工程"视频资源从公安为主用向部门共同用转变,从事后调取监控向事前事中分析预防转变,从维护社会治安拓展到服务食品安全、校园安全、环境保护、城市管理等更广的社会治理领域。

四是扎实推进"智慧政法"建设。深化公共安全视频监控网建设,完成综治机构信息采集、建设综治体系基础信息,推进市、区两级综治中心实体化运作。在已建成的300余个"E政务"站点和涵盖114项便民服务的基础上,拓展"E政务自助终端"布局点位和服务内容,在全国率先实现闽琼桂政务自助服务跨省通办。线上研发跨部门涉案财物管理平台,线下建设厦门市跨部门涉案财物管理中心,在国内率先打造"线上线下结合、企业政府配合、部门联通共用"的涉案财物集中管理新机制。

二、以大数据驱动平安小区建设

作为一种现代社会日益成熟的治理技术,大数据是抓好基层治理现代化这项基础性工作的重要手段。这是因为大数据能够对社会的细微之处和复杂性进行更深层的观察,推动基层治理更加灵活、更有创造力、更加高效,为基层治理创造具有更高动态响应水平的"神经系统"。厦门在利用大数据技术打造城市社会治理信息平台,探索智慧城市制度体系和技术体系等方面一直具有超前意识和实干精神。2021年,厦门市在福建省首创"平安星级小区"建设工作制度,运用大数据手段绘制基于数据知情的平安热点区域,推动基层平安建设迈向更高水平。

十九届五中全会再次明确"加强和创新市域社会治理,推进市域社会治理现代化"。市域一般由高密度、复杂化、人口流动性强的城市空间组成,如何借助信息化技术开展安全风险评估、犯罪预测并对日常性的事件和行为进行多源感知,对于合理配置防控力量,提升平安创建效能,营造安全有序的社会空间具有重要意义。

西方国家主要采取犯罪制图、犯罪空间分析来理解地理学上的安全感,但这种途径难以全面揭示社区居民对于生活空间的安全体验需求,包括心理、社会、文化和环境设计等。近年来,国内外日益重视基于地点的综合性安全空间构建,将地点的物理、社会—文化特征以及人的安全需求乃至生活质量纳入观察范围,将安全社区理解为一个健康、人性化、人地和谐、邻里友善的生活空间。

正是基于这种背景,厦门市率先打造平安热点区域,从地点理论出发打造一个平安星级小区评价体系,把刑事警情、邻里关系等各种尺度的因素纳入空间分析,把小区建设为群众感知安全的第一场所。近年来厦门市大力推动社会治理创新,提出率先建成市域社会治理现代化示范市以及成为最具安全感城市的发展目标,在利用大数据、人工智能等技术手段方面具有良好的经验积累,为实施此项创新奠定了扎实基础。

从2021年开始,厦门市开始探索通过构筑小区的"小平安",汇聚成全市的"大平安"。2021年5月28日,厦门市召开"平安星级小区"建设推进会,对外发布首批"五星级平安小区"名单,评选出729个"五星级平安小区",占全市小区总数的31.9%,各区"五星级平安小区"占比均超过25%。"平安星级小区"的具体评价内容包括:

第一,多源收集。城市小区是居民活动的重要场所,人、物体、信息和资源在这个狭窄的区域内高频流动与交换,构成一个复杂的社会系统。在这种空间之下,居民对安全的感知势必也是多视角、多维度的。为此,厦门市将平安星级小区评价的基础数据拓展至多源时空,汇聚了小区刑事警情发生率、事件发生率、群众安全感率、执法满意度等多项平安元素。

第二,数据知情。在收集多源时空数据基础之上,构建多视角、全覆盖的评价框架,利用大数据手段动态感知小区平安效能。在平安星级小区认定过程中,不限名额、不用申报、不填表格、不查台账、不搞验收,通过智能分析,发现并整治突出问题,提升居住安全。最终形成的综合平安指数呈现在"全市平安星级小区电子地图"上,"电子地图"上某个小区的平安指数低,意味着发生在小区的案件集中、治安防控方面出现短板。

第三,居民感知。平安星级小区评比重在让居民主动感知所住区域的安全状况,调动他们参与基层平安建设的积极性、主动性和创造性。现场颁发的"五星级平安小区"牌子,下角有一个可供居民扫描的三维码。通过"平安星级小区"牌匾,居民能够更全面地了解小区的平安信息。

第四，动态促进。五星级平安小区不是"终身制"，一旦小区发生命案、入室盗窃等案件，将实施一票否决、取消参评资格、降低星级、摘牌等措施。"星级小区认定"是常态监督、动态调整的平安管理体制。

"平安星级小区"制度的建立，将大数据智能分析运用到"星级小区认定"工作中，具有重要的创新意义。

第一，构筑以小区为中心的"地点平安"体系。从地理学的角度看，安全空间是一个广泛的命题，涉及情感、关系、环境、社会、文化等方面的复杂因素，而不仅是"犯罪"。平安城市的塑造最终需要落脚到人对安全的综合感知，只有被感知为安全的空间才能得到人的信赖和依附。探索"平安星级小区"建设，正是更加关注平安的微观环境元素，将平安建设重心下沉到更接近居民的生活场所、工作场所和学习场所，表达生活在特定城市空间的人们对于安全的种种需求，也可以促使我们从多元综合视角充实基层平安建设的内容。

第二，构筑以数据为中心的"感知平安"体系。以多源数据为基础，动态感知基层平安动态并解析其影响因素，是大数据、人工智能时代下平安建设向精细化、科学化发展的体现。通过社会大数据分析，评估相关场所的脆弱性、治理短板，从供给端和需求端两个维度感知到平安。此项创新将大数据智能分析运用到"星级小区认定"工作中，大数据汇聚了小区刑事警情发生率、事件发生率、群众安全感率、执法满意度率等多项平安元素，经过综合碰撞和分析，形成综合平安指数，指数越高代表小区越平安。在未来，借助更多的社会感知手段，如数据挖掘、复杂网络、机器学习等，将能够更好地揭示基层治理过程中的群体活动、群体情绪、社会态势等，为基层平安建设提供更全面的支撑。

第三，构筑以绩效为中心的"共建平安"体系。"平安星级小区"建设工作，重点并不是挂牌，而是在认定过程中排查和发现"落后"小区及影响居住安全的突出问题，及时补齐短板。采取双向考评机制，根据五星级平安小区覆盖率、通过率、降档率等对各区进行考评，被认定为三星级以上平安小区的，由认定单位负责对小区网格员、调解员、群防群治队员等平安志愿者予以表扬激励。向全市所有小区提供个性化的"平安建设成绩单"，有助于形成以问题解决为导向的持续动态干预体系，让小区绷紧平安这根弦，推动基层平安建设迈向更高水平。

三、多系统智慧场景建设案例

厦门市在强有力的政策支持和完善基础设施的基础上，通过至强、极简、智能的链接技术，与强大的多样性算力结合丰富的应用生态，智能化深入城市的公共服务、产业发展等各个领域，为养老、医疗、交通、旅游等多样化场景提供解决方案，以更高水平保障市民的共同福祉、共同利益，充分彰显市域社会治理的人性化。

一是智慧养老。厦门市充分发挥企业的力量,积极创新智慧养老实践,下面以厦门智宇孝老集团为例加以说明。第一,智宇建设了厦门市养老信息化平台,构建全厦门市养老服务需求的数据库。同时还通过网络对接和共享厦门市经信局的信息,建立健康信息档案。第二,打造"平台+硬件+APP"的智慧养老解决方案,配备"爱牵挂"智能穿戴腕表,通过连接智能腕表终端、手机APP,动态实时地管理和更新全市老年人的健康信息与需求。第三,打造线上线下互联互动的养老"O2O"新模式,老人可以通过电话、手机APP、智能终端下单,平台按照需求安排相关的加盟服务商上门服务。第四,智宇还开发了手机APP"i 欢孝",通过与多种智能终端相结合,子女可通过"i欢孝"及时查看老人的健康数据档案、健康分析报告。第五,借助数字化打造"15分钟为老服务圈",结合在思明区厦港街道、禾山社区等试点的助老员制度,及时获取、满足老年人需求,同时将需求数据反馈到厦门市市民养老服务中心。

二是智慧景区。《中华人民共和国国民经济和社会发展第十四个五年规划和2035年远景目标纲要》提出:"深入发展大众旅游、智慧旅游,创新旅游产品体系,改善旅游消费体验。"厦门市在旅游领域充分利用5G、大数据、云计算、人工智能、虚拟现实、增强现实等新一代信息技术,深化鼓浪屿、园林植物园智慧旅游景区建设。鼓浪屿景区利用大数据绘制"游客画像",对游客数量、来源地、年龄段进行数据绘制,有针对性地提升服务品质,推出相应服务产品。园林植物园投用智能导览牌、智能监控、智能查询等多种智能设备,为游客提供景区公交站点、洗手间、医疗点、停车场等方面的信息服务。

三是智慧交通。智慧化手段在厦门市交通领域的应用不仅为市民带来了城市生活的便利性,同时为城市交通治理提供了高效的智能决策辅助服务。厦门市交通局监测指挥中心(原市综合交通运行信息指挥中心)从2015年正式组建起,主要承担全市综合交通运输行业的数据采集分析、运行监测、信息应用和投诉服务等工作,为全市综合交通运输体系提供信息技术支持,负责建设运营维护全市交通综合指挥调度协调平台。针对"网约车管不住、出租车管不好"的行业治理难题,厦门市交通运行监测指挥中心在全国率先建立自有网约车行业监管平台,连接市公安局的公共安全平台,逐步实现了驾驶员背景联网审查、网约车驾驶员、车辆许可的线上化管理等,建立公安治安、交警、车管与交通运输、交通执法等跨部门的业务协同和数据共享协同平台,维护行业稳定。与此同时,厦门市交通运输局公路中心围绕公众出行服务、养护作业安全和养护信息化监管等三个方面,引入了智能网联主动发光标志牌、超视距危险路段预警系统和预警精灵等手段。以"预警精灵"为例,自2021年4月启用,该项智能决策服务精准服务数量4个月内便达到200多万人次,尤其是新一轮养护招投标之后,仅2021

年 7 月份的服务数量就达到 89 万人次;智能网联标志牌的使用使得仙岳高架高峰期的交通拥堵情况得到一定程度缓解,高峰期通过仙岳高架前往翔安隧道和海沧大桥的交通量均有减少,平均车速也有不同程度的提高。

四是智慧抗疫。依托于厦门移动公司的技术支持,厦门市充分发挥智慧防疫手段及移动信息化产品功能,信息化手段有效保障了核酸检测、隔离管控、指挥调度、市民生活生产安全等各场景的防疫需求。具体包括以下智慧化措施:在新冠肺炎疫情防控一线阵地,厦门移动核酸检测点人流量分布查询平台,助力全市核酸检测服务工作有序开展;互联网专线保障"蓝鲸号"核酸检疫数据的高速传输;和对讲、云广播、新型 5G 扫码枪等产品助力社区、学校、乡村新冠肺炎疫情联防联控;"5G 消毒机器人、5G 消毒小坦克"全面革新传统人工消毒场景;"云视讯"会议系统助力前线疫情指挥部远程高效指挥等。此外,在厦门国际健康驿站,为满足入境人员"一站式"健康管理要求,厦门移动积极响应市政府及相关承建单位要求,先后完成了管道贯通、光缆布放、设备安装、数据开通等前期工作,仅用 5 天时间完成近 4000 个房间的有线和无线网络覆盖,提前完成互联网电视、"无接触健康服务系统"等保障项目交付,以数字化手段实现精准管控,为厦门市筑牢"外防输入"防线提供数智化"利器"。针对新冠肺炎疫情防控期间货车通行管理难题,为保障厦门市重要生产生活和应急物资运输顺畅,厦门移动仅 2 天完成"货车入厦码"申请平台上线,实现了入厦货车通行审批线上化、便捷化。

第十一章　先行先试：
推进市域社会治理现代化试点建设

党的十九届四中全会《中共中央关于坚持和完善中国特色社会主义制度 推进国家治理体系和治理能力现代化若干重大问题的决定》提出"加快推进市域社会治理现代化"的行动目标，将市域社会治理提升至全新高度。党的十九届五中全会审议通过的《中共中央关于制定国民经济和社会发展第十四个五年规划和2035年远景目标的建议》，再次明确"推进市域社会治理现代化"。中央政法委也把市域社会治理现代化作为新时代政法工作创新的重要抓手，加快推进市域社会治理现代化试点工作。厦门市在习近平新时代中国特色社会主义思想指引下，紧紧围绕党中央决策部署，以"争创全国市域社会治理现代化示范市"为抓手，积极探索"以主动创稳为主线、五治并举为路径、平安建设为载体、爱心厦门为支撑"的特区市域社会治理现代化新模式，为厦门市全方位推动高质量发展超越，打造更健康、更安全、更宜居的城市奠定了扎实基础。

第一节　推进市域社会治理现代化的新形势新要求

市域是国家治理体系的关键节点，具有承上启下、协调左右、以点带面的特殊功能。习近平同志在厦门工作期间组织编制的《1985年—2000年厦门经济社会发展战略》就明确提出了统筹城镇体系的"市域"概念，将城市视为"一个以人为主体的，社会、经济、环境复合的人工生态系统"[①]。党的十八大以来，党中央从党和国家事业发展的战略全局出发，高度重视市域社会治理创新工作，对推进市域社会治理现代化作出了战略部署。

2020年年初，习近平总书记结合疫情防控对涉及国家中长期经济社会发展的重大问题进行了阐述，强调"城市发展不能只考虑规模经济效益，必须把生态

---

① 《厦门经济社会发展战略》编委会编：《1985年—2000年厦门经济社会发展战略》，鹭江出版社1989年版，第344页。

和安全放在更加突出的位置,统筹城市布局的经济需要、生活需要、生态需要、安全需要"。① 习近平总书记在深圳经济特区建立40周年庆祝大会上的讲话上强调,要从城市空间结构、生产方式、组织形态和运行机制发生深刻变革的背景出发,以创新思路推动城市治理体系和治理能力现代化。党的十九届五中全会审议通过的《中共中央关于制定国民经济和社会发展第十四个五年规划和2035年远景目标的建议》提出"十四五"期间要努力实现"社会治理特别是基层治理水平明显提高"的目标,就统筹发展和安全、建设更高水平的平安中国提出了新的要求。市域社会治理现代化要坚持系统思维,树立全周期管理意识,同经济社会发展一起谋划、一起部署,营造有利于经济社会发展的安全环境,实现高水平安全和高质量发展良性互动的目标。

随着我国城市化发展以及区域一体化进程、城乡融合的加速推进,市域社会治理的重要性持续提升。2020年初的新冠肺炎疫情防控,彰显了市域社会治理的突出效能和显著优势。在城乡发展中各类社会矛盾风险挑战始终存在的背景之下,市域社会治理现代化也面临新任务新要求。

一、要求更高质量的城市安全系统

在现代社会,随着人口结构的变化以及工商业、技术的迅猛发展,城市所辖的空间区域——"市域"面临更复杂的治理挑战和风险影响,在国家总体安全体系中的战略性意义更为突出。目前,我国还处于城市化快速发展的阶段,除了城市空间拥挤、交通拥堵、环境污染等社会治理重视的显性社会问题,深层次、根源性的社会问题,如收入分配机制不合理、贫富分化明显、民生建设滞后及公共服务供给不均衡而引发的种种矛盾也较为突出。新冠肺炎疫情暴发以来,人们对城市公共安全更加关注。习近平总书记指出,要"在生态文明思想和总体国家安全观指导下制定城市发展规划,打造宜居城市、韧性城市、智能城市,建立高质量的城市生态系统和安全系统"。② 这就要求我们进一步增强风险意识,树立底线思维,坚持统筹规划、多方协调的全周期、立体化安全观,把安全发展贯穿于城市发展各领域和各过程,打造以政府为主导,以公众参与为动力,以科技为支撑的城市安全治理共同体,把重大矛盾隐患解决在市域。

二、要求更高品质的城市生活空间

习近平总书记指出:"要更好推进以人为核心的城镇化,使城市更健康、更安

---

① 习近平:《国家中长期经济社会发展战略若干重大问题》,《求是》2020年第21期。
② 习近平:《国家中长期经济社会发展战略若干重大问题》,《求是》2020年第21期。

全、更宜居,成为人民群众高品质生活的空间。"①2021年3月22—25日,习近平总书记在福建考察时强调"在创造高品质生活上实现更大突破",指出"建设好管理好一座城市,要把菜篮子、人居环境、城市空间等工作放到重要位置切实抓好"。② 高品质民生与"生活质量"这一概念密切相关。生活质量指能够在身体与心理状况、生活自主性、家庭、教育、财富、就业、住房、社会关系等诸多方面拥有良好的体验,并较好地实现人生预期目标。要提升生活质量,公共服务必须达到一定的水准,能够满足人民不断提升的需求。例如,创造更好的教育条件,提供具有更高性价比的医疗服务,实现充分的老年人权益保障……在新时代推进市域社会治理现代化,必须深入贯彻落实习近平总书记提出的"城市是人民的城市,人民城市为人民"③的重要论断,紧扣人民群众"获得感、幸福感、安全感"需求,不断提高公共服务能力,着力解决好他们最关切的问题。

三、要求更高韧性的城市基层治理

当前,世界进入动荡变革期,进入更加不确定的时代。在这样的背景之下,构建高韧性社会日益成为社会高度关注的话题。高韧性社会具备反应、抗压、可持续三大基础能力,基层治理、社区治理是构筑韧性城市的基石。改革开放以来,传统城市中的社区单元在空间、人口、权力等尺度上产生了实质性的变迁,邻里关系变得更加稀疏,基层治理的传统根基受到了挑战。基层治理是否具备足够的韧性,是否能够对邻里关系进行有效的激活,关系到市域社会治理现代化的整体效能。习近平总书记在2019年中央政法工作会议上强调,加快推进社会治理现代化,构建富有活力和效率的新型基层社会治理体系。2021年中央政法工作会议进一步强调推进基层社会治理体系建设,努力把矛盾纠纷化解在基层。推进高韧性的城市基层治理,必须始终坚持以人民为中心,激活主体韧性,建设人人有责、人人尽责、人人享有的社会治理共同体,充分发挥人民群众在社会治理中的作用。

四、要求更高效能的城市智慧大脑

为了确保拥有可持续发展的未来城市,我们需要使用新技术来创造一个由

---

① 习近平:《国家中长期经济社会发展战略若干重大问题》,《求是》2020年第21期。
② 《在服务和融入新发展格局上展现更大作为 奋力谱写全面建设社会主义现代化国家福建篇章》,《人民日报》2021年3月26日第1版。
③ 《习近平:深入学习贯彻党的十九届四中全会精神 提高社会主义现代化国际大都市治理能力和水平》,《人民日报》2019年11月4日第1版。

传感器和通信设施组成的数字神经系统,把城市转变为一个数据驱动的、动态的、反应灵敏的组织①。近年来,我国数字政府建设全面提速,在基础建设、服务保障、平台支撑、创新探索等方面都具备了坚实的基础,数智驱动创新引领开启了市域高效能治理新征程。以整体性治理理念为特征的"数字城乡融合"正推进数字乡村为农综合服务体系建设,使市域治理能力现代化与乡村数字治理体系实现双轮驱动。以合作治理网络为特征的"数字秒批"正在加快地方行政体制改革和政务流程再造,优化营商环境。以"去中心化"精准治理技术为特征的"数字问责"正着力提高政务透明度和审计效率,重塑监管体系。在智慧大脑的支持下,未来城市可以对社会治理要素和公共服务使用对象进行清晰的"用户画像",在众多跨部门服务事项中快速定位办一件事的"事项集",并通过量化分析、循证决策、预测现在(predicting the present)、实时评估等预测技术对治理场景进行深度分析,推动社会治理和社会服务高效能发展。

五、要求更高标准的城市社会规范

在现实社会中,相邻者往往运用非正式规范,而不是正式的法律规则,解决了相互间的大多数争议,甚至有可能建设"无需法律的秩序"②。所谓社会规范,是国家公权力主体以外的社会主体制定、约定或经由长时段的博弈互动和社会交往演化而成并获得公共认可的行为规范的总和,包括但不限于村规民约、社规民约、行业章程、行业行规、风俗惯例等③。在当代社会,传统的、单一的硬法之治,越来越难以适应社会治理的现实需要,社会规范等软法的作用不可或缺。建构软法与硬法优势互补、相互促进的混合治理模式,夯实社会共同体自律互律的基础,依靠多样化的法律规范来保证社会既有序发展又充满活力,才能实现全面建设法治政府、法治国家和法治社会的目标④。尤其是涉及大数据、人工智能、网络平台等的网络社会治理,更要强调硬法和软法相互配合,强化软法监管,充分发挥多元主体的自我监管作用。

---

① [美]阿莱克斯·彭特兰:《智慧社会:大数据与社会物理学》,汪小帆、汪容译,浙江人民出版社 2015 年版,第 147 页。

② [美]罗伯特·C.埃里克森:《无需法律的秩序——相邻者如何解决纠纷》,苏力译,中国政法大学出版社 2016 年版。

③ 吴元元:《认真对待社会规范——法律社会学的功能分析视角》,《法学》2020 年第 8 期。

④ 罗豪才:《社会治理离不开软法之治》,《人民日报》2011 年 7 月 27 日第 19 版。

第二节　市域社会治理现代化的阶段性成效

近年来,厦门市立足"国际视野、中国特色、厦门特点"目标,探索了纵向到底、横向到边、近邻共治的市域社会治理体系,形成了具有鲜明时代特色、彰显市域个性的社会治理新模式。2020年以来,厦门全市共申报、培育创新项目123项,培育出"跨部门涉案财物管理""平安星级小区"等一批社会治理创新品牌。

一、厦门市域社会治理现代化的新进展新成效

(一)推动市域社会治理制度体系实现更高层次整体跨越

市域社会是一个更具有总体性、互动性和高效性的社会运行系统,是我国迈入新发展阶段的一项新型"社会基础设施"建设工程,制度建设的分量更重,体制机制的系统性、整体性、协同性要求更强。厦门市提高政治站位,加强整体设计,以制度化体系解决系统性短板,推动市域社会治理从零碎化、个体化、片段化的"初级阶段"向整体性、协同性和格局性的"高级阶段"迈进。

一是坚持从地方经济社会发展的大局来谋划市域社会治理现代化,将"厦门市域社会治理现代化战略"纳入"厦门建设高素质高颜值现代化国际化城市战略",融入"十四五"规划大局。制定《厦门市率先实现全方位高质量发展超越市域社会治理现代化行动计划》《厦门市关于争创全国市域社会治理现代化示范市建设更高水平平安厦门的实施意见》,统筹推进市域社会治理的理论、政策和规划创新,将市域社会治理制度建设拓展至城市运行各领域、各层面、各环节。

二是明确推进厦门市域社会治理现代化的战略导向和特色个性,牢记和发扬习近平同志在为厦门制定发展战略过程中提出的"要尊重城市特色和发展规律"的宝贵思想,提出至2022年率先实现市域社会治理现代化示范市、至2035年市域社会治理主要指标全面超越的战略目标,以"善治"为统率性价值把握社会治理的战略导向,突出"微治""共治""精治""法治"的特色个性,探索具有厦门特点的城市治理现代化新路。

三是通过全面加强党建引领将市域社会治理的制度优势转换为治理效能,将市域社会治理现代化列入党委重要日程,不断完善党委领导、政府负责、民主协商、社会协同、公众参与、法治保障、科技支撑的社会治理体系。统筹好政法系统和相关部门的资源力量,形成问题联治、工作联动、平安联创的良好局面。更好发挥基层党组织在基层治理中的战斗堡垒作用,把推进市域社会治理现代化

的过程变成不断夯实党执政根基的过程。

(二)推动市域社会治理运行体系实现更高效能动力转换

2020年3月,习近平总书记提出"高效能治理"的命题,强调在应对危机中掌握工作主动权、打好发展主动仗。当前,城市已经迈入高风险社会,"灰犀牛"事件和"黑天鹅"事件的发生概率不断增加,对市域社会治理效能提出了前所未有的挑战。市域社会运行体系需要更加敏锐,以有效的方式应对不断变化的社会问题。厦门市通过强化治理过程的主动性、协同性和参与性,在市域社会治理领域重要领域和关键环节取得新突破。

一是深化"主动创稳"工程,打造市域矛盾"终点站"。坚持"主动创稳"这一主线不动摇,强化主动感知、主动化解、主动攻坚、主动送暖,提升市域社会稳定风险防范化解水平,让主动创稳的格局更加巩固、社会治理现代化的基础更加牢靠,努力使市域成为社会矛盾的"终点站"。深化"五治并举"工程,推动"五治融合",把"五治"领域的党建品牌擦得更亮,把市域共建共治共享的"同心圆"画得更大。深化"平安厦门"工程,健全平安建设协调机制,深化行业领域平安创建,凝聚共建平安向心力,打造平安建设共同体。

二是以共建共治共享调动治理主体积极性。基于共建共治共享的理念探索出党建引领、同驻共建、以奖代补、三社联动、政府购买服务、多元纠纷调解、两岸社区交流和同胞融合、城乡社区结对共建、"软法治理"等一系列行之有效的成熟机制。将散布在城管执法、市政、环卫、绿化等部门的力量整合到街道,成立社区大党委统筹社区力量,强化党支部在小区治理中总揽全局、引领创新、协调各方的作用,使小区党支部成为小区的主心骨。借助政务信息共享平台降低各部门间信息交换和协同共治的成本,使政府、民间组织、企业、公民个人等主体充分利用各自的资源、知识、技术等优势,发挥出"整体大于部门之和"的治理功效。

三是按照"平台联通、数据融通"的理念,推进市域社会治理智能化建设,兼并式搭建、提升了一批社会治理协同平台。政务信息共享协同平台实现"网络通、数据通、业务通",通过开展跨部门、跨层级的数据对接,打破数据壁垒,打造出全国首个"政务信息共享无障碍城市"。基于协同平台,按照"平台联通、数据融通"的理念,陆续"孵化"出城市公共安全平台、公共信用信息共享平台、交通大数据分析平台、社区网格化服务管理平台、政法综治信息平台、"i厦门"平台等一系列跨部门协同综合治理平台。通过政务信息共享合力,支撑重点领域治理创新取得新突破。

(三)推动市域社会治理价值效果实现更细微感知获得

市域社会治理"既要做让老百姓看得见、摸得着、得实惠的实事,也要做为后人作铺垫、打基础、利长远的好事"①。要坚持应急治标与谋远之治本相结合,久久为功、稳扎稳打、善作善成,确保争创示范市活动取得成效,让人民群众在细微之处体会到社会治理的长足进步。

一是以政法综治信息平台为基础,食品安全溯源平台、"家住厦门"智慧小区平台等多平台为辅助,部门联动、群防群治的社会治安防控体系逐步完善,"家安、路安、食安、业安、心安"平安建设工程更深入开展。谋划常态化开展扫黑除恶,巩固和深化专项斗争成果,推动平安厦门建设提高到新水平。成立"市行政争议多元调处中心",负责六大类行政争议案件调解工作。持续完善交通事故调处中心、医患纠纷第三方调解平台、劳资纠纷综合调解室等"一条龙"纠纷调处平台,受理调处交通事故、医疗卫生、劳动争议等专业领域纠纷。成立福建省首家经贸商事调解中心,有效降低纠纷处理时间和经济成本。

二是解决群众最关心的问题,满足人民美好生活需求。将社区公共空间纳入"十五分钟生活圈"的规划,建设自行车廊道、"绿道"、社区公园等,开展老旧小区改造、加装电梯、增设社区公交等服务,使得社区的环境从干净便捷向美化优化转变。将共建共治共享纳入市级文明村(社区)考评体系,开展最美人物、道德模范、领军人才评选等系列活动,推出以闽南文化为根基的特色文化活动,构建自律自强、互信互助、共建共享、温馨包容的现代人文精神。

二、厦门市在推动市域社会治理现代化过程中的亮点和特色

(一)近邻党建对基层协商共治的引领作用日渐突出

加强党建引领,提升基层治理能力,是党中央在基层治理上的关键部署。2017年以来,针对城市基层党建中社会组织碎片化、人际关系陌生化等难题,以近邻作为城市基层党建的内核,通过力量下沉,探索用"大党建"激活"微治理",持续提升人民群众的获得感、幸福感、安全感,摸索出一条城市基层党建引领高水平治理的有效途径。目前,全市已先后出台《关于推进城市基层党建高质量发展的意见》《党建引领小区治理实施意见》等"2+9"系列文件,明确市、区两级负责研究解决党建引领小区治理的重大问题,街道负责统筹协调指导小区治理工作,社区负责成立小区事务服务中心加强具体指导,小区负责建立党建引领下的业主委员会、物业服务企业协调运行机制。以党建引领加强小区居民自治,突出邻里事、邻里议、邻里定,明确小区党支部负责领导业主委员会筹备组建,牵头组

---

① 《落实新时代好干部标准 习近平总书记这样说》,http://jhsjk.people.cn/article/30150140,访问日期:2021年11月10日。

建事务听评会、共建理事会、老人协会、业主监督委员会等社会组织，建立议事协调、服务评价、纠纷调处等机制，协调解决乱停车乱搭盖、物业费纠纷等问题。深入开展"党建引领小区"试点，配备小区秘书、小区医生、小区调解员、小区警察、小区律师，把居民的纠纷和需求化解在小区里。

（二）精微治理对人民美好生活的推动作用更加显著

大力推进"精细化""微治理"模式，着力解决民生需求，落实社会共建共治共享，精心用心打磨小区、楼宇、校园等一个个市域"微治理"小单元，打造现代精品城市。聚焦社会关注、群众关切的中小学生托管、午间就餐及校园安全等热点问题，开展"两服务、两工程"项目建设（课后延时服务、学校体育设施开放服务以及"午餐工程""雪亮校园工程"），织密学校与家庭、学校与社会的治理联动网，以校园微治理助推市域大平安。微治理模式通过校社联动、近邻调解、近邻守望互助、网格细分管理等方式，有效推进了矛盾纠纷的在地化解决和全链条处理，以校园小平安推动了市域社会的大平安，从维护社会稳定到主动创造社会稳定，在市域范围营造和谐文明法治之风，提升社会公共安全度，推动"平安厦门"建设。

（三）科技赋能对新时代政法工作的支撑作用更加强劲

科技赋能，推进社会治理数据库建设，努力实现社会治理信息横向贯通和纵向协同，让治理更智慧。结合"智慧政法"建设，推进全市统一的社会治理基础数据库建设，依托厦门市公共安全管理平台，汇聚全市84个部门海量数据，可将水、电、煤气等数据变化及时推送给网格员进行精准采集、精准分析。结合大数据、云计算等先进的信息化技术，厦门市牵头建设了综合性的政法综治共享平台，构建了统一基础数据库支撑、统一流转处置（12345协同平台）、多个专业领域分中心（政法综治中心、公共安全中心、信用中心）协同运作的社会治理信息化体系，最大限度融合上述平台的建设成果，实现公共安全部门协同治理，打通了部门信息化联动渠道及配套机制。健全完善"互联网＋公共法律服务"体系，在诉讼立案、公安交管、户籍管理等方面推出更多"全过程零见面、一趟不用跑"服务。研发"e政务"自助终端、"i厦门"手机平台，让市民群众在家、在社区即可办理涉及公安、社保、教育等12个部门的100多项社会治理服务事项，被央视称赞"24小时不打烊随处办，以人民为中心就该这样办"。

（四）"平安星级小区"推动基层平安建设迈向更高水平

为了帮助群众解决"身边平安小事"，不断增强人民群众的获得感、幸福感、安全感，2021年以来厦门市委政法委、市平安办在福建省首创"平安星级小区"建设工作制度，通过构筑小区的"小平安"，汇聚成全市的"大平安"。2021年5

月 28 日,厦门市召开"平安星级小区"建设推进会,对外发布首批"五星级平安小区"名单,评选出 729 个"五星级平安小区",占全市小区总数的 31.9%,各区"五星级平安小区"占比均超过 25%。在平安星级小区认定过程中,不限名额、不用申报、不填表格、不查台账、不搞验收,通过智能分析,发现并整治突出问题,提升居住安全。五星级平安小区不是"终身制",一旦小区发生命案、入室盗窃等案件,将实施一票否决、取消参评资格、降低星级、摘牌等措施。"星级小区认定"是常态监督、动态调整的平安管理体制。此项创新将大数据智能分析运用到"星级小区认定"工作中,大数据汇聚了小区刑事警情发生率、事件发生率、群众安全感率、执法满意度等多项平安元素,经过综合碰撞和分析,形成综合平安指数。向全市所有小区提供个性化的"平安建设成绩单",有助于形成以问题解决为导向的持续动态干预体系,让小区绷紧平安这根弦,推动基层平安建设迈向更高水平。针对首次平安星级小区认定过程中发现的 3 类突出案件、3 类突出事件以及 10 个案事件较为集中的小区开展专项整治,号召政法干警积极参与,为小区平安建设贡献力量。

(五)爱心厦门让城市治理更有温度

平安托底、爱心滋养,让安全更有保障、治理更有温度、社会更加和谐,真正实现更高层次、更高水平的社会治理,构建和谐社会。厦门市委把"爱心厦门"建设作为推进社会治理体系和治理能力现代化的重要举措,出台有关意见,制定"五大爱心行动"和"四项工作机制"等 152 条具体举措。实施爱心助残、爱心敬老、爱心济困、爱心扶幼,关爱特殊岗位工人,加强爱心结对、爱心捐献、爱心志愿服务,弘扬爱心文化,在对孤困儿童、孤寡、特困、独居老人、残疾人、易肇事肇祸精神障碍患者等的爱心帮扶中,注重发现问题隐患、排查化解矛盾、解决民生难题,结合疫情防控、安全自护、禁毒、中高考减压等开展"爱心法律援助和心理援助",让每一位最需要帮助的群众都能感受到爱的温暖。截至 2020 年年底,全市 7762 名党员干部和 3913 个党支部、133 个非公企业和社会组织参与爱心结对,46 个"爱心屋"、287 个爱心驿站实现全覆盖,通过帮贫解困、心理疏导和爱心关怀,打通党群联系"最后一米",在全市涵养向上向善的爱心风尚。

(六)法治框架对市域社会治理的保障作用更加稳固

市域社会治理的现代化离不开法治的力量、法治的保障。厦门市注重用足特区和设区市立法权,聚焦市域社会治理重点领域,以法治思维、法治方式、法治手段协同社会关系、调处社会矛盾、维护群众利益。推动《厦门经济特区公共法律服务促进条例》立法工作,修订《厦门经济特区法律援助条例》,出台《厦门市法律服务行业信用等级评定办法》,实施《关于加快推进公共法律服务体系建设实施意义》，紧紧抓住事关市域治理现代化的重大问题，加快立法步伐，充分发挥法律制度的引领和推动作用。强化纠纷化解联动体系，完善人民调解、行政调解、司法调解联动工作体系，推动"诉调对接""检调对接""警民联调"。扎实推进《民法典》实施，高效审判各类民商纠纷，加大人身、人格、产权等领域执法司法保障力度，做大做优厦门知识产权法庭、破产法庭等审判品牌，加快新兴领域和新业态知识产权保护机制建设，努力营造法治化营商环境。

第三节　市域社会治理现代化的借鉴模式

当前，我国各地加快市域社会治理现代化示范性建设，取得了积极的成效。青岛、宁波、广州、苏州、南昌等城市提出了打造市域社会治理现代化"示范城市"的行动目标，各地加快推进体制机制创新，力争走在全国前列。此外，发达国家和发达地区也根据时代发展要求，持续提升城市社会治理水平，具有诸多可供借鉴的模式。

一、国内实践模式

（一）杭州模式

近年来，杭州在推动市域社会治理方面积极探索党建领和、政府主和、社会协和、智慧促和、法治守和、文化育和的"六和"社会治理机制，在推动市域社会治理现代化方面取得了显著成效。2019年，杭州市提出重点推进统筹之治、科技之治、良法之治、协商之治、人文之治、开放之治等"善治六策"。杭州市在市域社会治理领域已经有了城市大脑、互联网法院、礼让斑马线等先发优势，正在推进从"全国数字经济第一城"到"全国数字治理第一城"的城市建设，强调做强做优城市大脑，打造城市运行数字化最优解决方案，做深做细"移动办事之城"，打造政务服务最优解决方案。为有效实现"六和"社会治理，杭州市完善横向的系统结构，组建了六个专项工作组，明确各部门责任和职能。其中，"党建领和"由市委组织部牵头，重在加强党对政法工作的绝对领导；"政府主和"由市安委办牵头，重在完善应急管理机制；"社会协和"由市民政局牵头，重在鼓励社会参与；"智慧促和"由市数据局牵头，重在深化数字赋能；"法治守和"由市司法局牵头，重在推进法治保障；"文化育和"由市委宣传部牵头，重在营造平安文化氛围。

近年来，杭州市旨在构建"一基两擎三集"市域社会治理数字化协同系统，"一基"指智能塔基，基于统一全市地址库建设成果，在同一地址下归集人、房、企、事、物及通讯六维数据;"两擎"指智能搜索引擎和综合评估引擎,前者包含风险数据预警信息抓取、突发事件场景仿真、重点人员高危事件预判预警、社会态势深度分析功能,后者包含日常分析、社会治理单元、市域治理现代化评估模块;"三集"指以指挥集成联动应用集成和数据集成。杭州市通过理念、制度、组织和工具的协同创新,不断提升市域社会治理效能。在理念层面,牢固树立起以人民为中心的发展理念——为了人民,依靠人民,人人参与,人人共享;充分发挥民力民智,解决民困民忧。在制度和组织层面,着力构建出党建统领、分工明确、运行高效的组织领导体系,有效破解体制建设与组织领导问题。在工具层面,充分运用现代信息技术,以"城市大脑"为社会治理的智能中枢和主要抓手,实现数字治理。

(二)上海模式

上海注重发挥传统的精细化管理的优势,运用科技手段,特别是在大数据、云计算的应用,支撑一网统管工作。近年来,上海加快基层治理与社会经济发展同频共振,探索在更加整体性的层面推动市域社会治理现代化。2020年2月10日,上海公布了《关于进一步加快智慧城市建设的若干意见》,明确提出要更多运用互联网、大数据、人工智能等信息技术手段,实现"城市大脑"建设、政务服务"一网通办"、城市运行"一网统管"等目标。疫情防控期间,面对史无前例的公共卫生事件考验,"两张网"接连发力。截至2020年4月14日,"一网通办"为群众提供零接触、不见面的政务服务,办事率提升至38.69%,"随申办"的使用人数翻倍,激增至2186万,实现了跨部门、跨层级、跨区域的城市管理;"一网通管"整合接入水、电、气、气象、住建、交通等22家单位,围绕城市动态、环境、保障供应、基础设施等方面呈现城市态势,以实时数据支撑城市管理,实现在最早的时间以最小的成本在最低的层级解决最关键的问题。

此外,上海浦东新区构建了"区中心+街道分中心+居村联勤联动站"的三级管理体系,建设三级城市运行综合管理平台和专业智能综合管理平台、迭代拓展专项应用场景,探索城市常态化运行和应急管理相融合的指挥机制,提高城市科学化、精细化、智能化管理水平,以实现全天候、全覆盖、全过程的城市现代化管理。2020年4月7日,上海出台了《关于完善重大疫情防控体制、健全公共卫生应急管理体系的若干意见》,明确提出要建设五大体系,包括公共卫生的应急指挥体系、监测预警体系、社会治理体系、现代化疾病预防控制体系、应急医疗救治体系,率先探索"平安+健康"的社会治理新局面。2021年1月,上海发布了《社区新型基础设施建设行动计划》并提出,到2022年,5G、人工智能、物联网、大数据等新技术全面融入社区生活。上海市社区新型基础设施建设不断夯实,运营服务体系日益完善,智慧社区支持体系更加优化,社区治理更加智慧、社区生活更有品质。2021年10月，上海颁布了《上海市全面推进城市数字化转型"十四五"规划》，以数字化带动社会治理新模式，打造面向未来的数字城市底座，实现经济、生活、治理数字化转型。

（三）珠海模式

2014年11月1日，珠海正式推出平安指数，成为全国首个每日发布镇街平安状况量化指数的城市。2019年11月27日，在平安指数发布五周年之际，珠海再下先手棋，在全国首创推出珠海"平安＋"市域社会治理指数，推动平安建设再升级，社会治理再创新，在营造共建共治共享社会治理格局上，打造了"平安珠海"闪亮新名片。珠海的群众安全感持续位居广东省前列，持续作为"中国最安全城市"和"中国最具幸福感城市"之一。"平安＋"为市域社会治理提供了有效抓手，例如，新指数将民生最为关切的命案发案数、电信诈骗警情数两类指标纳入指数体系，引导各级政府职能部门有针对性地开展专项打击整治。

2014年，珠海市高栏港公安分局借鉴国外"志愿警察"的治理经验，在全国率先建立"志愿警察"队伍。来自医生、律师、教师等不同行业的"志愿警察"有效缓解了基层警力不足的压力，弥补了基层公安机关对特殊专业知识的需求，进一步推动了平安珠海建设，提高了社会治理精细化水平。截至2017年，"志愿警察"累计参与纠纷调处、安保巡逻、服务群众等各类勤务9492人次，累计出勤近6万小时，人均服务近230小时。为确保志愿警察队伍的规范化和制度化，塑造平安珠海"志愿警察"品牌，珠海市相继出台《志愿警察章程》《志愿警察队伍管理暂行规定》等一系列规章制度，形成了可推广、可复制的经验。

2018年4月18日，珠海横琴新区首次提出并实施"物业城市"治理模式，在社会治理领域引入市场机制，鼓励社会力量承接政府部分职能，共同参与市域社会治理过程。"物业城市"将城市作为一个"大物业"，通过城市公共服务的整体外包、对城市公共空间与公共资源、公共项目的协同治理，从而提高城市治理水平和服务品质。2018年5月24日，珠海大横琴投资有限公司与万科物业发展股份有限公司正式签署战略合作框架协议，通过"专业服务＋智慧平台＋行政力量"相融合的方式，对城市公共空间与资源实行全流程"管理＋服务＋运营"，推动横琴打造"物业城市"样板，加快实现市域社会治理现代化。

（四）青岛模式

青岛强化市域社会治理现代化的特色培养和品牌推广，加快打造具有时代特征、青岛特色的市域社会治理现代化品牌矩阵。作为山东省首批市域社会治理现代化试点城市，青岛在社会服务层面瞄准"最安全、最安定、最安宁"的城市总目标，建设更高水平的平安青岛、法治青岛。

为此,青岛着力高标准建设市社会治安综合治理中心,为市域社会治理提供技术支撑,按照"综治中心＋综治信息系统＋N"的模式,打造集治安防控、矛盾化解、平安创建、维护稳定、网格管理于一体的市级社会治理指挥平台,并进一步明确市、区、镇街、村居、网格五级职责,着重发挥镇村在社会治理中的基础性作用。同时,重点抓"网格"以及智防、心防、共防"三防"建设,不断优化基层社会治理格局。在培育发展社区社会组织方面,2021年6月11日,青岛市城乡社区治理工作领导小组印发的《党建引领社区社会组织参与基层社会治理专项行动方案(2021—2023年)》指出,到2023年年底,要实现各城市社区和农村社区平均拥有分别不少于12个和6个社区社会组织,进一步打造社会组织服务城乡社区、参与社会治理的"青岛范本"。为了听民声、解民忧、纾民怨、汇民智,青岛深入开展"我爱青岛·我有不满·我要说话"民声倾听主题活动(简称"三我"活动),各部门设立了诸如"分管市长直通车""局长直通车"信箱,"星期三问城管"处长接线活动和"找碴窗口"等民意传达渠道。"三我"活动已成为青岛社会治理的重要载体,引领了"有意见随时提、有想法尽管讲、有不满大胆说"的城市新风尚,让全市呈现出民主协商、民生改善、民智汇集的良好态势,打造了践行新时代群众路线的"青岛名片"。同时,为了加强惠企便民政策的宣传力度,全市广泛张贴"公共政策二维码"海报,让群众知晓更便利、查询更快捷,其中重大事项在决策前还必须通过"三我"平台听取群众意见建议。可以看出,青岛统筹调动各类资源力量,为群众提供精准化精细化服务,努力打通服务市民群众的"最后一公里",并倡导青岛的问题就在青岛本地解决,打造新时代"枫桥经验"的"青岛版"。

(五)南京模式

作为全国首批市域社会治理现代化试点城市,南京践行了江苏省特有的"大数据＋网格化＋铁脚板"治理机制,以大数据为支撑、以网格化为载体、以铁脚板为力量,走出了市域社会治理的新道路。南京市创新数据采集模式、汇聚模式、研判模式,以社区治理一体化平台为"末梢",以市区街联动指挥平台为"中枢",构建大数据平台体系,夯实治理信息基础,赋能网格治理,同时推进相关部门数据同步、共享,打通数据壁垒,提高治理效能。网格化建设中,在划分全市12545个网格基础上,南京市还创新了"网格＋党建"来强化引领基层组织。其中栖霞区作为先进典型,建设有130多个党群之家、党群驿站等基层"红色阵地",建立"网格＋警格"机制,整合社区民警与网格员力量,浦口公安分局汤泉派出所甚至研发了"汤泉联勤智能巡更系统",连接网格巡防员手机客户端,网格员一旦发现问题便能汇集到指挥中心,安排职能人员前去处理。还有"网格＋安全生产"等社会治理新形态,在各个领域真正构建社会治理共同体。铁脚板则是推动"我为群众办实事"实践活动的重要手段,指的是为人民办事要走深走心走实,让各方治理力量沉到一线。为培训与打造专业网格员队伍,2018年南京市在全国首创了网格学院,提升人才队伍服务能力,以不断完善"铁脚板"服务一线机制。

2021年3月10日,《南京市社会治理促进条例》正式施行,这是我国首部以促进市域社会治理为主题的地方性法规,标志着南京市市域社会治理现代化进入法治化发展的新阶段。条例确立了南京市社会治理各方面的格局与制度,明确了政府、社会与公民在社会治理中的职责与权力边界,在政治安全维护、矛盾纠纷化解、社会治安防控、公共安全保障、基层社会治理五大方面作出制度安排,并辅之以促进措施与监督管理,如要求供水、供电、供气、通信、民航、铁路、水运、公路客运、轨道交通、公共交通等经营管理单位和各类互联网企业、社会数据所有方应当为紧急救援提供实时数据支撑,为市域社会治理现代化提供了坚实的法律支撑。

(六)深圳模式

深圳龙岗区推出"我的实事我做主"把社区层面一部分公共产品和服务项目的选择权,交给需求者即居民自身。实施社区网格管理,让居民参与自治。居民、业主以及实际的管理受益人在享受权利的同时要履行相应的义务责任,通过《村民约定》来规范村民行为,村民自主配合全方位的城中村、社区安全隐患排查,打造良好健康的居住环境,提升整体的商业价值。深圳是全国较早出台加强社工队伍建设的"1+7"文件,率先建立起较完善的制度体系。2018年,深圳龙华区创建全国首个"社工村",构建1个社工服务枢纽平台、3个基地(参与式社区服务示范基地、人才培养基地、社会工作实践与实训基地)、多项社区治理服务(文化服务、人才培养、公共服务等)的专业社工参与基层社区治理格局。

城市的国际化是多层次、多维度的,随着国际化理念逐渐融入城市的整体发展建设,深圳在成为国际大都市的进程中飞速前进。2014年,深圳颁布《深圳市国际化城市建设重点工作计划(2014—2015年)》,建设8个试点国际化社区,到2015年,建立40个多元的"社区英语角",组建国际化城市志愿队伍。2019年,《关于推进国际化街区建设提升城市国际化水平的实施意见》描绘出深圳国际化建设清晰的路线图。深圳市通过推动社会组织发展,激发社会组织活力,积极促进社会组织参与社会治理,例如,为了解决医患纠纷问题,深圳成立首个深圳市谐和医患关系协调中心,为医疗机构及患者提供无偿调解服务。为了调节社会矛盾,构建人民调解、行政调解、司法调解联动的"大调解"工作机制,全市共建立2275个人民调解委员会和736个人民调解室。如今,社会组织在心理健康、矫治安帮、法律援助、纠纷调处等社会治理重点领域,发挥着不可替代的功能和作用。同时,为了应对智能时代社会治理复杂化、专业化的问题,深圳市委政法委通过加强人才培养、组织专业化等措施提升社会治理专业化水平。此外,深圳首创建筑物的"身份号码",结合"人口、法人、房屋、通讯、事件"数据,构建"一基五柱、百平台、千应用"社会治理智能化支撑体系,实现信息共享、多方联动、底数下沉、工作留痕,形成有效社会治理,提升市域社会治理现代化水平。

(七)台北模式

根据英国经济学人智库2021年全球安全城市指数(Safe Cities Index)排行榜,中国台北排名全球第24名。SCI主要由数字安全、健康医疗、基础建设与人身安全四大指标构成。数字安全方面,台北市在特定业务领域已有成熟的智能运管中心(IOC),且2020年7月,台北"市政府咨讯局"成立了台北大数据中心(TUIC),进一步实现各智能运管中心的联结,形成联合运营新架构,负责"跨域数据整合"与"市政议题分析"两项核心任务,研发了视觉化仪表板以同步呈现资料的时间、空间及统计趋势等多维度视野,如城市运营联合仪表板,以串流的技术实现信息到每个行动决策点的流动。为确保数据应用的安全性与合法性,台北市于2020年12月配套建立"资料治理委员会",通过个人资料保护、整合应用、空间资讯工作小组,推动资料传输协定与资料应用规范。健康医疗方面,台北市已具备医疗资源丰沛且优质的基础,近年正进一步推动"智慧病房场域实验试办计划",即让临床医师与ICT研发人员共同盘点现有资源,针对不同院区建设重点特色医疗,规划设计出最合适的智能解决方案,如个人健康记录(PHR)、社区照护整合平台(CCIP)等。而基础建设方面,针对台北城市地形与气候特点,政府以"海绵城市"作为治理核心,致力于做好城市防洪排水与河川整治,如人行道透水性砖面设计、公园广场雨水回收系统等。

此外,台北市政府也积极汇聚社区与各类力量的协调融合,共同推进社区治理。如为缓解少子高龄化社会问题,学校与社区协力合作、校园空间与课程资源协调运用,让学生走入社区,促进代际沟通交流,逐步实现学校社区化与社区学校化,营造协调美好的社会氛围。

(八)香港模式

香港作为全球人口密度最高的城市之一,配备有世界领先的资讯与通讯科技基建和互联网连接,是智慧城市应用技术的理想试验地。香港特区政府于2017年开始建立智慧城市,2017年公布"香港智慧城市蓝图",2020年进阶到"香港智慧城市蓝图2.0",已推出与完成多项主要措施,包括政府数据的开放、有利创新的政府采购政策等。通过香港智慧城市蓝图网站,能够及时了解到当前香港智慧城市建设进度与未来发展规划。

早在2006年9月,香港特区政府就推出了一站式入门网站"香港政府一站通",为市民提供全面的网上政府咨询和服务,并不断根据实际发展进行优化设计与内容更新,以本港居民、商业及贸易与非本港居民的需要进行服务分类,目前共计约有 850 项电子服务,且多项网上政府服务具有个人化功能,如建立市民个人档案、设定个人喜好、按兴趣订阅电邮咨询等。在 2010 年 10 月就完成了首阶段电子资料管理策略研究。2018—2019 年度政府的信息及通讯科技开支预算达 100 亿港元。2019 年 5 月,香港特别行政区智慧政府创新实验室成立,该平台将政府部门与创新科技业界相联系,陆续合作开发了多功能智能灯柱、树木摇动检测系统等提升公共服务质量的创新技术。2020 年 9 月推出大数据分析平台,利用该平台优化公共服务和各局/部门的运作。同时将网络安全资讯共享伙伴计划常态化,与香港互联网注册有限公司共同管理,发布《政府资讯科技保安政策及指引》,目前已有超 700 家机构(包括金融与保险、公用事业、运输、医疗等)加入该计划。同时,香港特区政府推出的"资料一线通"网站用于发放由政府部门及公营/私营机构提供的各种公共资料,免费供市民商业及非商业再用。当前该网站已有超过 4820 个数据集,1800 个应用程序编程接口。2020 年 12 月香港特区正式启用"智方便"平台,作为个人与企业可信的数码身份,市民可以登入网上户口,使用各项政府和商业网上服务,进行网上交易,以及作出具有法律效力的数码签署等。截至 2021 年 5 月,已有超过 38 万人登记,约 280 万人次通过此平台使用服务,如医健通、税务易和新冠病毒"电子针卡"等。

二、国外实践模式

(一)新加坡模式

新加坡是全球智慧城市建设的标杆国家。新加坡在信息科技发展和应用方面长期处于世界领先地位,是全球资讯通信业最为发达的国家之一。历年来,新加坡位居全球电子政府排名前列,同时一直占据着各种智慧城市榜、清洁城市榜、宜居城市榜。新加坡的市域社会治理,背后实际上是一套以数据为支撑的科学治理系统。新加坡曾在 2006 年推出"智慧国 2015 计划(iN2015)",确立"智慧化立国"发展理念,全面实施"从传统城市国家向'智慧国'转型"的发展战略。该计划的愿景是将国家打造成为无缝整合 IT、网络和数据的智慧国,从而在根本上改变人们的生活、社区和未来。iN2015 的升级版是新加坡政府 2014 年公布的"智慧国家 2025"计划,该计划聚焦于数字政府、数字经济、数字社会三大战略重点,力图打造领先的智能化国家、全球化城市。这是全球第一个构建智慧国家的蓝图,也意味着新加坡有望建成世界首个智慧国。

基于此,新加坡政府致力于构建"智慧国平台",建设覆盖全岛的数据收集、连接和分析的基础设施与操作系统,根据所获数据预测公民需求,以提供更好更精准的公共服务。在平台建成之前,新加坡管理层是通过"民意处理组""议员接待日""人民协会的基层网络"以及向私人调查公司购买服务等多种渠道,广泛收集公众对公共政策的反馈意见和对公共服务的期望,根据居民的需求超前预判城市公共服务供给的变化趋势,提前进行政策调整。由于新加坡传感器遍布全国各地,管理数据众多,难免涉及个人隐私,而个人隐私保护又至关重要。新加坡 2012 年出台的《个人信息保护法》就是构建"智慧国"战略的基础之一,与"智慧国"相关的信息安全法律法规也在一直在完善中。2015 年,新加坡政府启动了"虚拟新加坡"项目。"虚拟新加坡"是一款配备丰富数据环境和可视化技术的协作平台,该平台于 2018 年面向社会开放,广泛应用于城市环境模拟仿真、城市服务分析、城市规划与管理决策、科学研究等领域,并促成社区协作。在社区治理上,新加坡基层社区的治理模式是典型的政府主导下的居民自治,人民协会的基层组织在其中扮演着重要角色,而且不同层次的社会组织可以让不同需求、不同能力的居民都能找到参与基层社会治理的渠道和平台。结合数字技术的社区治理典型之一便是新加坡的"适老"机制,如新加坡过去几年里一直在试验的"老年人监测系统"(EMS)。该系统通过在门上及室内安装传感器来监测老年人活动,一旦系统监测到发生事故,如被监测者缺乏活动迹象,系统将会立即向其家人或者专业人员发出警报。总的来说,新加坡政府广泛应用数字和智能技术,正在加快迈进"数字化生活",并走出了一条特色的数字化发展道路。

(二)波士顿模式

波士顿(Boston)位于美国东北部大西洋沿岸,是美国马萨诸塞州的首府,是美国东部高等教育和医疗保健中心,被称为"智慧之城""韧性城市"。波士顿利用数据与合作促进创新,为城市社会治理创新提供源源不断的方案和创意。早在 2006 年,波士顿聘任了首位首席信息官,随后又以首席信息官为领导核心,成立了"新城市力学办公室"(Mayors Office of New Urban Mechanics),坚持以人为本,构建私人部门、公共部门、公民的多元治理格局,通过技术呼吁市民参与,唤醒人们的公民意识,在"设计思维理论"的指导下持续探索城市集体福祉,通过项目试点开展了一系列系统的社会创新实验,以开放式创新的精神进行数字化转型。例如,新城市力学创新办公室发布了名为"Citizens Connect"的政民互动数字化平台,让市民通过数字化手段便捷地、积极地参与市域社会治理的公共事务。该平台实现了让市民在日常生活中通过报告问题、获取信息两个途径与城市互动,不仅如此,该平台还将"社群""助推""公民设计"等概念引入政民互动平台开发中,其独特功能在于市民用户能够通过附近视图界面了解其他市民用户对城市社会治理提出的反馈。除了与市民合作,波士顿还积极与当地高校师生团队开展社会创新项目,如与哈佛大学合作设计确定城市公共数据收集和管理原则以推进数据赋能城市公共服务。波士顿利用数据促进城市公平。波士顿311是一个全城电话服务,帮助居民请求非紧急城市服务及其信息。波士顿政府收集、分析和共享311数据,了解特定社区的风险与需求,识别公共服务水平社区差异,旨在帮助所有居民获得城市基本公共服务。波士顿鼓励社区和企业宣传与气候有关的风险,共同确定突发事件场景下的邻里资源,并开发社区资产地图。波士顿还充分利用数据促进安全。为了维护城市安全减少暴力犯罪,在执法资源有限的情况下,波士顿警察局积极联合社区推进警务协作,并通过技术促进公共安全保障。例如,通过犯罪记录数据确定犯罪热点地区,并标记每个微地点暴力犯罪的特点,由此增派街道安全保卫队伍的警力资源来预防暴力事件。

(三)东京模式

在经济学人智库发布的全球城市安全排名中,东京多次位居榜首,无疑是全球最安全的城市之一。东京优异的城市安全表现,与其社会凝聚力、人口包容度和社会信任密不可分。

社区邻里间相互"守望"成为东京应对自然灾害、保护儿童安全、维护环境等社会目标的重要形式,例如引导居民参与监督运营垃圾处置,由垃圾处置厂、居民代表、区政府三方组成"运营协议会"日常监督垃圾处置,同时在街道清扫方面组织"梦想的街道"等活动广泛动员居民参与。2017年东京发布最新城市总体规划,序言中指出面对2040年东京日趋严峻的少子化、高龄化、人口减少等问题,将推进"新东京"实现三个愿景:"安全城市""多彩城市""智慧城市"。城市发展愿景蕴含了三个层面的人本需求:保障安全、安全的生活、自由而充满活力的生活。面对城市"少子高龄、人口减少"的人口困境,东京着重强调了重塑不同社会群体的社会价值,促进不同人类群体的交流,例如,老年人和育儿群体将更多地参与社会生活、参与社会筹划,增加城市创造性艺术文化活动。老年人在健康寿命进一步延长,科学技术不断进步的过程中,可活用自己的经验与知识,通过参加志愿者活动等,为社会作出广泛的贡献。为帮助育儿群体在出生、育儿、护理等生命阶段选择多种灵活的生活方式,东京将进一步完善协助育儿、护理的公共政策、公共服务和基础设施,旨在促成各个市民都可以活跃地发挥各自能力的社会。并且,儿童安全和健康也成为东京都长期以来的城市发展目标,旨在创造一个儿童友好型社会,例如"无等待的儿童"是东京政府旨在让每个家庭都能得到育儿支持公共服务的政策目标。2020年日本东京都制定了《"智慧东京"实施战略》,在"安全城市、多元城市、智慧城市"的建设过程中,也将全面应用数字化技术,其社会应用场景主要包括灾害应对、医疗现场、智慧校园、无障碍设施、公共出行、新型医疗及防疫。

（四）丹麦模式

根据华东政法大学政治学研究院发布的《国家治理指数报告 2016》，丹麦在全球 192 个国家中位列榜首。国家治理指数分为"基础性指标""价值性指标""持续性指标"三个部分，分别从基础设施建设、公民价值实现、可持续性发展等多个方面的治理数据进行采集与分析，量化评估国家治理能力与治理水平。丹麦通常被认为是世界上最幸福的国家之一，2020 年 3 月 20 日，联合国发布《2020 世界幸福指数报告》，丹麦位列第二。

丹麦人的幸福感得益于不断提高的公共安全水平。2020 年秋，丹麦政府提出"所有丹麦人的安全"倡议，以减少夜间犯罪的发生。2021 年 11 月，丹麦政府提出"更安全的丹麦"行动，计划采取 12 项新措施，包括夜间生活安全、车站安全、预防青少年犯罪等方面内容。例如，为保障夜生活安全，丹麦政府将禁止在夜生活区零售酒类饮品；在夜间，父母有义务确保孩子待在家中，否则将被取消儿童和青少年福利。

丹麦还拥有卓越的数字化治理水平。2020 年 7 月 10 日，联合国发布《2020 年电子政务调查报告》，在 193 个联合国成员国的数字政府排名中，丹麦位列第一。1994 年，丹麦政府提出"信息社会 2020"战略，开启数字丹麦的建设进程。作为基本数字基础设施之一的安全数字密钥"NemID"（英语称为"Easy-ID"），是丹麦数字战略得以成功的关键。丹麦居民通过专属的数字密钥，可以安全地访问 100 多种不同的公共服务平台，并定制和获得从摇篮到坟墓的全生命周期个性化服务。

此外，丹麦的自行车文化为其社会治理增添了别致的风味。1970 年，哥本哈根提出"无车星期日"活动，并迅速得到了城市居民的支持。为了确保自行车骑行安全，丹麦政府在城市规划中有意识地设计了宽阔的自行车道、自行车桥，以及设有打气泵、脚踏板、信号灯等基础设施的"自行车高速公路"，为居民创造更加安全和便利的骑行条件。在丹麦，有超过 12000 千米的自行车道。自行车文化为城市和居民带来了可见的利处，据统计，每增加 10% 骑自行车的丹麦居民，每年将减少 267000 天的病假、6% 的城市交通拥堵，为公共医疗保健系统节约 11 亿丹麦克朗。

（五）多伦多模式

2021 年 12 月 30 日，全球城市实验室（Global City Lab）发布《2021 全球城市 500 强》分析报告，从经济能力、文化旅游、行政管理、居住生活、城市声誉和人才创新等六个指标衡量城市品牌价值，多伦多在榜单中位列第八。

多伦多市域社会治理的重心在社区。21 世纪初，为了破解大城区的空间治理难题,多伦多政府提出"优先邻里"战略。2014年3月,多伦多政府制定"2020多伦多强邻里战略",确定了31个"邻里改善区",市政府与居民、社区和企业共同制订邻里规划表并实施邻里行动计划,从经济机会、社会发展、参与决策、健康生活、物质环境等五个维度促进社区与居民的发展和机会公平。例如,斯卡伯勒规划表的经济机会维度目录下,制订了七项行动计划,"托儿服务信息会议"行动计划是其中之一,旨在为单亲家庭提供关于家庭托儿服务的信息讲座和培训机会。2021年7月14日,多伦多市议会通过了"多伦多的十年社区安全和福祉计划",从心理健康、预防暴力、促进信任、强化司法、家庭支持、社区发展、加强协作等七个目标为进一步提高社区服务和城市治理水平擘画了图景。

多伦多警方与社区保持紧密合作的关系。2013年,多伦多警察局首次推出"邻里社区警员计划",邻里社区警员与社区居民和社区组织展开合作,共同制订可持续的社区安全方案,确保社区安全并及时解决邻里问题。多伦多警方还开展辅警、成人和青年志愿者、受害者服务志愿者、社区咨询委员会志愿者、学生志愿者、牧师等六个志愿者项目,有助于补充基层警力,培育社区居民的志愿精神,改善社区安全和生活质量,与社区建立良好的伙伴关系。2017年1月,多伦多警察局提出"多伦多社区安全现代化之路"行动计划,提出"以社区为中心"的理念,优化了"邻里社区警员"制度,为每一位社区警员配备智能移动设备,确立优先响应级别以缓解警务压力,建立公共安全响应队伍并加强对公共安全的监管。同时,将非警务电话转移至职能部门,以及将可交由社会组织承接的警务职能外包,实现资源优化配置,提高行政效率。

第四节 建设市域社会治理现代化先行区

党的二十大报告强调,完善社会治理体系,加快推进市域社会治理现代化,提高市域社会治理能力。厦门市承担着全国市域社会治理现代化试点建设的使命,努力跳起摸高、争先进位,扎实推进争创示范市活动,积极探索创新具有厦门特色的"特区版"市域社会治理模式,措施有力、开局良好。思明区作为中心城区,聚焦市域社会治理现代化示范市先行区的目标定位,构建新型社会矛盾解决机制,挖掘近邻理念打造社会治理共同体,坚持主动创稳、五治并举、平安创建,培育发展思明模式。

一、近邻共治,打造社会治理共同体

党的十九届四中全会明确提出,建设人人有责、人人尽责、人人享有的社会

治共同体。思明区秉承习近平总书记在厦门工作生活期间提出的"远亲不如近邻"的理念,挖掘近邻内涵,打造近邻模式,让社会组织、公众能够更加积极地通过各种方式参与社会治理。

（一）实践探索

1. 深田经验

开元街道深田社区是近邻模式的发源地,为就地就近实现居民与居民、居民与组织、组织与组织之间融合共建、联动共治、资源共享,充分发挥社会治理共同体的合力,深田社区秉承习近平总书记"远亲不如近邻"的理念,于实践中形成"千户访、百事帮、万家和"的群众工作法。"千百万"群众工作法的本质是构建多主体合作互动的社会治理形态,特色鲜明,内容丰富。

一是搭建协作平台。深田社区以小区党组织为依托,小区调解骨干、社区网格员、调解员、派出所、司法所、开元公证处、律师事务所相互配合,打造"万家和纠纷调解云平台""重点人群的监管、教育、转化的一体式平台""12345平台"等,确保及时收集反馈邻里动态,参与调处矛盾纠纷,努力把社区居民矛盾化解在基层、解决在日常。

二是拓宽协作渠道。深田社区将传统方式与新媒体结合,在社区网格员与群众面对面、心贴心、拉家常、交朋友、入户宣传平安建设的基础上,充分利用"深田社区"微信公众号、电子显示屏等工具,主动延伸群众获取信息的触角。建设"守望驿站",完善街道综治中心,打造融人民调解、司法调解、劳务纠纷调解为一体的街道多元化矛盾调解中心,全方位拓宽社会各界参与社区治理的渠道。

三是创新协作方式。深田社区推动完善从网格员到网格长,再到"万家和"纠纷调解平台的逐级分流调解机制,确保第一时间对辖区内矛盾纠纷进行派单、接单处理,积极与住户、商户沟通协调,共同出资出力,以改促和,从而形成优势互补、资源共享、协同互益的社会治理格局。

2. 仁安经验

中华街道仁安社区是一个传统历史文化社区,社区响应思明区"远亲不如近邻"的文化号召,积极倡导"睦邻互助",小巷"家和人安",凝心聚力,基于社区空间与资源,调动近邻力量,打造仁安社区的近邻治理共同体。

一是打造近邻服务品牌。仁安社区主推"近邻厝边、家和人安"的社区治理工作品牌,在此基础上,打造"小巷和事佬""治安巡逻小组"等特色自治小组,探索邻里"搭把手"模式,由社区党委牵头,苏厝街小巷党支部和居民自治小组联合推出"最美系列评选"的和谐邻里品牌活动,同时充分利用街头巷尾空间资源,在社区党群服务站内开设"红色讲堂""幼小衔接""幸福妈妈驿站"等品牌项目,提供音乐、讲古、科普、亲子阅读、心理健康咨询等特色服务。

二是盘活社区近邻文化资源。仁安社区有名人故居13处、文化街巷18条、历史风貌建筑28处，依托社区深厚的人文积淀，街巷党小组牵头建立"历史文化保护小组"，吸纳本地文史专家、热心党员、社区居民、故居业主、群惠小学等多方力量，打造"守护＋传播"新模式，传承"近邻"好家风。此外，仁安社区还组织台湾地区大学生开展海峡两岸"文物寻根团"研学活动，维系与发展两地的近邻情缘，为打造市域社会治理现代化"特区样板"筑起安全屏障。

（二）路径启示

党委、政府、社会、公众是社会治理共同体的重要构成部分，"民主协商"和"科技支撑"是进一步增强社会治理共同体建设的关键路径。

一是加强民主协商。民主协商是将坚持党的集中统一领导和坚持人民当家作主、坚持以人民为中心的发展思想等多个制度优势转化为治理效能的重要渠道和手段。实现社区民主协商，激发社会治理共同体的效能，首先，要给予各个治理主体平等发言、表达偏好和想法的权利，提高社会治理的包容性，兼顾培育社会治理共同体的参与意识、主体意识。其次，要充分挖掘社会治理共同体的治理知识和治理智慧，发挥社会组织和公众的信息优势，利用基层源于实践的治理技术，进一步提高社会治理政策的科学性、合理性、操作性。最后，要搭建社会治理共同体的沟通平台，通过个体之间、组织之间、个体与组织之间的充分对话、协商，调适个体需求的无限性与客观资源的有效性之间的张力，以有限的客观资源创造最大的社会治理价值。

二是加强科技支撑。打造社会治理共同体离不开科技支撑，尤其是科技中的信息通信技术、大数据计算大大改变了治理主体之间的互动关系和互动模式。坚持科技为社会治理赋能，向科技要战斗力，一方面要进一步提高信息通信技术在公共部门间的广覆盖程度，不断打破治理主体之间的时空屏障，以跨时空的互动交流降低沟通成本。另一方面要将大数据引入社会治理，借助云端打通"数据孤岛"，推动部门"分头办"转向跨部门"联动办"，同时进一步探测、挖掘潜在的或主观难以察觉的个体特征和集体偏好，更好地、实时地揭示社会治理共同体真实需求与强度，进而及时作出回应以激发治理主体的积极性。

三是加强有效激励。"建设人人有责、人人尽责、人人享有的社会治理共同体"需要有效激励社会组织、广大人民群众积极参与。有效激励的本质是科学划分公共服务责任。因此，政府既要采取策略性行为，比如补贴或提升社会资本，动员社会组织和热心公共事务的公众，形成充满社会活力的治理局面，也要合理引入数字技术，细分社会治理内容和行为，科学对应治理责任与治理主体，以归属清晰、权责明确的工作制度有效激励社会治理主体的积极性。

二、矛盾化解：创造"无需法律的秩序"

科学认识新时代社会矛盾纠纷的特点，构建新型社会矛盾解决机制，是当前加强和创新社会治理的重要内容之一。厦门市思明区积极构建新型社会矛盾解决机制，探索基层社会治理新路径，全力打造市域社会治理现代化示范市先行区。

（一）发展现状

1. 构建综合调处机制，推动矛盾纠纷的精细治理

思明区政法委针对社会治理中的矛盾和问题，积极采取措施，有效化解纠纷，并于实践中探索形成"横向到边，纵向到底"的精细化、无缝隙纠纷解决网络体系。

从纵向看，思明区持续推进综治中心标准化建设，做专做实做强区、街、居"三级五室"——区级综治中心、街道综治中心、社区综治室、矛盾纠纷调解室、视频监控研判室、心理咨询室、信访评理室、法律服务室，理顺全区社会治理组织体系，打破部门壁垒，强化层级联系，确保"小事不出社区、较大事不出街道、大事不出思明区"，切实解决群众最关心、最直接、最现实的利益问题。

从横向看，思明区人民法院成立厦门市首个诉源治理中心，与厦门市文化市场综合执法支队、厦门市物业管理协会等涵盖行政单位、行业协会、公证机构、律师工作室、商业调解组织等 24 家非诉调解组织积极配合，加强同司法所、综治办、派出所、调委会的横向互动，向厦门大学等高校聘请调解员，与共建单位建立联动化解机制，实现纠纷调处"横向到边"。

2. 完善多元调解机制，实现矛盾纠纷的主动治理

思明区坚持和发展新时代"枫桥经验"，健全大调解联动工作体系，完善矛盾纠纷多元调解机制，努力将矛盾纠纷化解在基层，消灭在萌芽状态。

一是探索创新，推动"枫桥经验"本土化。嘉莲街道联合派出所、司法所，针对辖区纠纷形式，开展分析、研判、调处，通过购买服务引入思明区公证处和律师事务所资源，探索"人民调解＋治安调解＋公证辅助"的特色新型调解模式，明确重点——以 110 报警为重点，以派出所为中心，确保民间纠纷科学分流、就地化解，同时协助调解治安案件，努力打造矛盾纠纷调解的"嘉莲样板"。

二是多元互动，确保调解效能最大化。依托多元调解中心，整合公安、综治、司法、市场监督、劳动保障等部门力量，完善律师调解、商事调解制度；在思明区人民法院的司法推动下，集人民调解、行政调解、司法调解、行业调解、民间调解和仲裁的优势，注重发挥多元主体的联动作用，发挥公证、调解、仲裁、行政仲裁、行政复议、信访等多种方式在纠纷化解中的综合作用。

三是规范运作，实现调解流程专业化。首先，投入专项经费，规范设置调解场所，确保调解中心实体化，如嘉莲街道携手思明公证处、律师事务所的专业力量打造了"嘉和警民联调工作室"，鹭江公证处携手筼筜派出所、碧山派出所分别建立筼筜街道近邻矛盾纠纷调解中心、厦港街道多元纠纷调解工作室。其次，明确驻点调解员工作要求，规范工作流程。以碧山派出所的多元调解室为例，公证调解员收到纠纷调解指令后，对属于人民调解范围的矛盾纠纷，第一时间开展调解工作。调解员单独调解不成的案件，则联合各部门多元主体参与联合调解，若调解不成，则建议当事人走诉讼程序。最后，建立健全业务培训、工作台账等制度，司法所对专职调解员统一进行调解文书制作等岗前培训和业务指导，公证员、律师直接参与，加强专业支撑，保障调解规范化、专业化运行。

（二）未来展望

一是强化组织领导，健全矛盾纠纷多元化解工作格局。首先，要坚定不移地坚持党委领导、政府主导地位。各级的党委和政府应实事求是地健全组织领导，改进和完善现存的新型社会矛盾解决机制，制定科学适宜的应对举措和办法。其次，要全面有效地推动综治部门发挥协调作用。在党的领导下，加强监督，明确部门职责，完善考评体系，确保稳定有序地开展各项工作，及时研究与判定矛盾纠纷，为妥善应对问题提出合理化的处理建议，切实将矛盾纠纷处理的各项工作落到实处。最后，引导和激励更多社会主体更加主动地参与矛盾纠纷化解的实践。各个主体相互协作、优势互补，激发活力，形成合力，打造高效能的新型社会矛盾解决机制。

二是深化制度建设，完善矛盾纠纷多元化解长效机制。首先，改进和优化已经建立的矛盾纠纷滚动排查机制，健全和完善矛盾纠纷分层分级化解机制，探索和发展司法确认保障制度。其次，重视和建立纠纷排查调处联动机制，运用制度保障"专业性调解平台""诉调、检调等对接平台""行政调解平台""公证、仲裁等各种纠纷化解平台"的发展建设，推动四级调解平台和综合性指挥平台的有效联动，保证稳定有序地开展纠纷矛盾处理工作。最后，建立健全配套保障机制。完善优秀人才保障机制，切实提升调解人员的专业技能水平，保证各项调解工作顺利开展；健全经费保障机制，政府部门可借助以奖代补等形式，引导更多社会主体积极参与帮扶工作，逐步形成科学完善的矛盾纠纷多元化解经费保障体系。

三是优化预防机制，探索矛盾纠纷多元化解新模式。首先，制定和完善矛盾预防规范，以文字形式明确矛盾预防的具体标准、具体举措，确保矛盾预防和化解的相关工作人员执法有据。其次，加强矛盾预防专业队伍建设，定期培训，提高矛盾预防机制中工作人员的执业水平。最后，落实具体矛盾排查工作，完善实名登记、信用信息登记等基础信息收集机制,利用"城市大脑"、志愿巡逻队及大数据分析研判系统等,定期排查,推动矛盾纠纷从"被动化解"向"主动查缺补漏"转变,从维护稳定向创造稳定转变。

三、主动创稳,筑牢城市安全网

(一)发展现状

厦门市以"主动创稳"为主线,以"五治并举"为路径,"平安厦门"建设为载体的市域社会治理新模式,实现建成市域社会治理现代化示范市。基于此,思明区作为中心城区,聚焦聚神聚力市域社会治理现代化示范市先行区的目标定位,努力打造思明模式,彰显思明担当。

1. 坚持以"主动创稳"为主线

主动创稳,就是要牢牢把握推进市域社会治理现代化的主动权,努力实现精准预测、及时预警、有效预防的发展目标。

(1)推进"主动创稳"的系列工程。思明区紧紧围绕房地产、涉众金融等民生热点领域,依托"厦门百姓"(APP),发动社会公众主动上报隐患,积极参与社会治理工作,借力情报动态掌握、形式动态研判、策略动态调整机制,逐步推进"常态创稳""专群结合创稳",有效将矛盾纠纷化解在基层。

(2)建立"主动防控"体系。思明区重视固化、提升"金砖"安保经验,努力构建站卡查控、海域管控、街面巡防、社区安防、单位内保、安保警卫六大立体防护圈,探索应用各类新技术,增强社会治安防控的整体性、协同性、精确性。

(3)实施"主动警务"战略。运用现代技术,延伸工作触角,向区域内流窜作案前科人员和治安高危人员及时发送普法信息,关注活动轨迹,必要时上门查访警示,提高预测预警各类风险能力。

2. 坚持以"五治并举"为路径

思明区坚持以政治强引领、以法治强保障、以德治强教化、以自治强活力、以智治强支撑,不断提升基层社会治理效能。

(1)注重发挥政治引领作用。党建引领是基层社会治理的最大政治优势,坚持以党建带社建,将基层党建政治优势持续转化为基层社会治理工作优势。社区党员带头,结合居民组长、楼户长等群防群治力量实现常态化、有效的入户走访机制;以小区党组织为依托,整合在职党员"双报到"、社会综合治理"片长制"及"两代表"工作室等多重机制。成立党员带队的志愿者服务队,定期巡逻,加强社区居民自我防控能力;推进街道社区与物业、企业建立协调联动机制,健全完善党群联席会议。

(2)注重发挥自治基础作用。基层群众自治是人民当家作主的直接形式,思明区注重调动公众自我管理、自我服务的能力。各社区分别建立网格微信群、楼栋微信群,定期举办小区"邻里节"活动,增进邻里间联系互动,努力构建"无事常联系、有事共商量、困难有人帮、邻里一家亲"的近邻格局。社区党员、热心居民组建"小巷和事佬""治安巡逻小组"等自治小组,化解环境卫生、帮扶救助、邻里纠纷等问题,奏响基层治理"大合唱"。坚持民主决策,积极搭建议事会、会客厅等议事平台,推进基层议事协商制度化。

(3)注重发挥法治保障作用。法治是创新社会治理的基本保障,思明区重视运用法治思维、法治方式,营造深厚的社会治理法治氛围。落实社会公示、公开听证、专家咨询、合法性审查、评估备案等制度,确保社会治理项目的合法性与合规性。思明区法院建立诉源治理中心,首推诉前鉴定机制,持续推进社会稳定风险评估的项目建设,实现法律援助、公证等公共法律服务与诉讼服务、社会服务有机对接,推进落实法律顾问制度。据统计,自诉源治理中心成立以来,引导案件进入多元调解程序实现有效分流,累计通过非诉调解处理案件36500件,有效化解纠纷10000余件。

(4)注重发挥德治教化作用。德治有助于加强道德教化,提高城乡居民的道德修养,促进基层社会的和谐稳定。思明区在发挥德治先导性效能的过程中,重视发挥典型示范作用,社区积极推进"最美庭院""最美家庭""最美邻里""睦邻之家""党员之家"等系列评选活动,健全了道德模范、时代楷模、最美人物等推选宣传机制。前埔北社区以楼栋为单位,标注网格供需信息,构建"公益网格地图",根据分级分层确定的目标对象提供"1+1"或"1+N"的贴心配对服务,编织互助网络,形成多元化的互助服务网格,打造"帮扶有机制、互助在网格"的良好服务机制。挖掘爱心企业的力量,在互联网青年信仰空间设立"爱心微基金"心愿墙,收集汇总居民"微心愿",发动辖区爱心企业认领落实,为改善弱势群体生活条件提供帮助。

(5)注重发挥智治支撑作用。智能化为基层治理提供了有力的技术支撑。创新研发"大数据+扫黑除恶",积极参与建设厦门市统一的涉黑涉恶数据池。运用"互联网+"、物联网和大数据等科技手段,探索搭建思明区社会治理协同平台,整合汇聚多层级、多部门事件,实现全区事件统一受理。参与建立集感知监测、风险预警、联动处置等功能为一体的城市公共安全管理平台。扎实推进以全维感知、智慧应用、网格应用、社会应用为核心的"雪亮工程"建设,持续实施视频监控增点扩面和视频资源整合联网工程,助力社会治安防控。大力推进智慧安防小区、智慧社区警务室、智慧街面警务站等一线支点建设,厦港街道利用互联网企业技术,借助人脸识别,加密街面、社区、人员密集场所及重点区域、重点目标的巡逻防控、安全守护。多元调处中心平台运用信息化手段直接辐射基层,通过零距离"线上问诊"助推服务群众效能。

3. 坚持以"平安创建"为载体

思明区以"平安厦门"为指引,着眼小平安,盯住小需求,以"五安工程"为抓手,坚持一手抓问题整治,一手抓弱项补强,不断提升公共安全水平。

(1)"家安"——深化近邻模式,实行情感式入户、常态化的串门式入户、精准的分类式入户,细分常住户、流动户等类型人员,详细掌握居民户的基本情况与特殊情况,建立多元矛盾纠纷调解平台,组织调解服务队积极介入,及时化解家事与邻里矛盾。组织"幸福妈妈志愿服务队",带领孩子走进社区独居、孤寡老人家,在"一老一少"互动中关注老年人的居家安全情况。加强社区高清探头、电梯智能安防系统,推动小区技防、物防设施升级,联合组织派出所等相关部门定期开展危楼行动,加强对店面、出租房、安置房及外来人口的监管。定期开展防盗、反诈骗等安全防范宣传,全力营造平安和谐的家庭居住环境。

(2)"路安"——加强道路专项治理,增设交通警示牌、交通信号灯和电子监控等交通安全设施。推广智慧交通系统、重点车辆监管系统,开展道路交通安全大整治活动,运用"大数据"分析能力为反扒工作提供信息化支撑。

(3)"食安"——推进食品药品网格监管全覆盖,将婴幼儿配方食品、乳制品、食用植物油、白酒、食品添加剂六类重点产品的生产企业全部纳入追溯系统监管。贯彻落实《厦门市标准化农贸市场溯源体系建设规范》,不断完善农贸市场标准化建设工程。及时排查午托班"小饭桌",推进校外托管班后厨规范化建设。开展"最美邻居"评选活动,鼓励为"老邻居"提供送餐服务,不断推进"三无"老人送餐服务,保障老年人吃得健康、吃得放心。

(4)"业安"——在安全生产网格化监管上下大功夫,通过"小网格"筑牢"大安全",社区网格员定期对辖区内的店面、出租屋消防安全及餐饮店燃气安全等进行大排查,并做好台账记录,通过网格化监管,推动街道安全生产形势持续稳定发展。深化安全生产专项治理,整治重点行业乱点乱象,管好重点领域,把预防和减少安全生产事故作为重点工作。

(5)"心安"——搭建心理咨询服务平台,各级综治中心普遍设立心理咨询室,把心理疏导干预引入基层矛盾纠纷化解,采用"线上线下"方式为公众提供不同需求的心理健康服务。建设心理咨询服务队伍,逐渐发展一支容纳心理健康社工专业队伍、咨询人员队伍、志愿者队伍、医疗队伍的跨部门专家队伍。

(二)政策建议

(1)全力创建市域社会治理现代化试点市先行区。首先,围绕中央全国市域社会治理现代化试点工作指引的总目标、重点任务、基本要求,立足厦门市委政法工作会议暨推进市域社会治理现代化会议作出了率先建成市域社会治理现代化示范市的重要部署，深入细致地开展调研，真正把情况摸清楚，把问题找精确，把症结分析透彻，进而制定工作任务清单和特色工作方案，解决问题，改进工作思路。其次，深入研究习近平同志倡导的"远亲不如近邻"理念，挖掘理念内涵，拓展思想外延，以此为指引，继续推广近邻模式，为市域社会治理现代化"思明模式"添亮点、增活力，培育和打造更多立得起、站得住、叫得响、推得开的"思明治理"品牌。最后，要更加注重市域社会治理法治化水平，在促进市域社会治理科学化、专业化、集约化、高效化的同时，循法推进，依法保障，巩固市域社会治理现代化的发展成果。

(2)增强基层基础建设，夯实治理工作根基。首先，完善网格化服务管理，进一步整合网格信息员队伍、网格督导员队伍，以科学的机构及人员配置助推网格化治理的良好格局。其次，研究制定政法工作现代化急需的制度、各类风险源头防控急需的制度、满足人民群众新期待急需的制度，增强各项制度的耦合性，发挥制度体系的综合效应，从而提高治理工作的制度执行力。再次，融合新一代信息技术、大数据、人工智能，打破部门的"信息孤岛"，加快推进跨部门大数据信息平台建设，充分发挥现代科技在防控风险、服务管理中的高效能，达到更优质、更精准、更具前瞻性、更好满足人民美好生活需求的治理效果。最后，重视舆论引导机制建设，完善治理主题宣传策划机制，丰富宣传内容，创新载体手段，进一步做强做优做响思明治理网络新媒体，牢牢掌握网络舆论的话语权。

第十二章 政治引领：
高质量推进新时代市域社会治理现代化

党的二十大报告强调，"中国式现代化，是中国共产党领导的社会主义现代化"。这为新时代市域社会治理现代化指明了政治方向，提出了政治要求。建立市域社会治理现代化的政治引领战略，确保市域社会治理始终沿着习近平同志指引的方向前进，始终与人民群众所思所想同频共振，具有重要而深刻的意义。

第一节 市域社会治理的政治逻辑

根据马克思主义关于国家和社会关系的理论，国家来自社会，是社会发展到一定阶段后的产物。马克思、恩格斯指出："社会结构和国家总是从一定的个人的生活过程中产生的。"①在这个意义上，政治的运作需要建立社会基础，通过促进社会秩序稳定和谐、有效供给公共物品、维护社会公平正义来提升政治统治的合法性。正如恩格斯指出的，"政治统治到处都是以执行某种社会职能为基础，而且政治统治只有在它执行了它的这种社会职能时才能持续下去"②。

古希腊哲学家亚里士多德也认为，城邦应该为优良的生活而存在③。当然，马克思主义对这种不从根本意义上变更财产制度的改良主义主张和态度进行了深刻的批判，提出了消灭阶级压迫和剥削、消除贫困和两极分化的社会变革思想。从政治的社会性出发，社会主义下政治运作的根本宗旨就是创造更多的社会财富满足人们的需要，使社会财富能够为人们平等地共享，使所有社会成员都能得到自由而全面的发展。

马克思在社会决定国家的立场上，还进一步指出了国家外在于社会的独立性和自主性，将国家界定为"从社会中产生但又自居于社会之上并且日益同社会

---

① 《马克思恩格斯选集》第1卷，人民出版社2012年版，第151页。
② 《马克思恩格斯选集》第3卷，人民出版社2012年版，第559~560页。
③ [古希腊]亚里士多德：《政治学》，吴寿彭译，商务印书馆1997年版，第137页。

相异化的力量"①。在马克思看来,国家和社会的二元化是社会走向成熟和自觉的重要标志,它反映着这样一种特定关系:由于社会经济摆脱政治的强制,国家和社会分化为政治和经济两个主要的独立领域②。近代以来,一些资本主义学者将国家视为过时的概念,没有把政治、政府作为一个独立的行为主体去考虑,实际上对二战以来全球范围内重视国家宏观调控的做法缺乏深入的认识③。如果忽略政治对社会的嵌入、主导和调控及其相应的能力建设,国家就难以有效回应和解决社会发展过程中所出现的复杂问题。

习近平总书记指出:"旗帜鲜明讲政治,既是马克思主义政党的鲜明特征,也是我们党一以贯之的政治优势。"④我国创造社会长期稳定奇迹的一条根本经验就是以敢于担当的政治勇气来发挥政治引领作用。2020年以来,面对来势汹汹的新冠肺炎疫情,以习近平同志为核心的党中央迅速将疫情防控定位为"人民战争",全国上下闻令而动,众志成城,以令世界瞩目的速度初步稳定了局势、扭转了局面。没有巨大的政治勇气和历史担当精神,就不可能作出果断关闭离汉离鄂通道、实施史无前例严格管控的重要决策。正如2020年10月10日习近平总书记在中央党校(国家行政学院)的青年干部培训班开班式上发表的重要讲话指出:"这次抗击新冠肺炎疫情斗争的实践再次证明,中国共产党是风雨来袭时中国人民最可靠的主心骨,我国社会主义制度是抵御风险挑战的最有力制度保证。"⑤

对市域社会治理提出更高政治性要求,是面对日益庞大且错综复杂的城市空间必然。在历史上,城市一直是繁荣与风险交织的地带,面临各种各样的重大风险挑战。19世纪中后期,城市化加速发展,过快的人口增长和滞后的公共卫生设施给传染病的传播制造了温床,天花、黄热病、霍乱等疫情轮番在工业化国家的城市暴发。在城市化浪潮的推动下,连片分布、结构紧凑、功能复合、高度复杂的城市高密度区域形成:各种用地类型高度混合,人口密度大且流动性强,经济社会活动活跃,建筑物、道路、商业网点高度集中,新建商品房、老旧开放式楼宇、城中及城边民房犬牙交错。在这样的背景下,城市安全的脆弱性大大加剧,社会安全的风险不断放大。⑥ 习近平总书记指出:"城市管理搞得好,社会才能

---

① 《马克思恩格斯选集》第4卷,人民出版社2012年版,第187页。
② 王英津:《国家与社会:马克思主义经典作家之阐释》,《江苏行政学院学报》2004年第2期。
③ [美]彼得·埃文斯、[美]迪特里希·鲁施迈耶、[美]西达·斯考克波:《找回国家》,方力维、莫宜端、黄琪轩等译,生活·读书·新知三联书店2009年版,第6~7页。
④ 习近平:《总结党的历史经验 加强党的政治建设》,《求是》2021年第16期。
⑤ 习近平:《总结党的历史经验 加强党的政治建设》,《求是》2021年第16期。
⑥ 单勇:《城市高密度区域的犯罪吸引机制》,《法学研究》2018年第3期。

稳定、经济才能发展。"①可见，市域是统筹发展和安全、推动经济和社会发展、建设更高水平的平安中国的着力点，市域社会治理现代化既是讲政治的体现，也必然要以政治引领的方式来推进。正如2021年中央政法委秘书长陈一新在第三次市域社会治理现代化试点工作交流会上指出的，政治引领既是我们党百年奋斗的重要经验，也是我们党治国理政的重要特色，更是社会治理的重要方式。

政治引领传承了共产党人关于马克思主义中国化的理论成果，必须不断增强政治引领市域社会治理现代化的理论阐释力和思想穿透力，从政治高度、政治立场出发对时代发展提出的新课题、城市治理面临的新挑战进行分析和解答。社会治理需要先进的领导力量。中国特色社会主义社会治理体系，是党的领导制度优势的生动体现，是经过实践检验证明的科学的、高效的治理体系。市域社会治理要强化服务大局意识，从服务保障党和国家事业大局出发去促进社会发展和社会稳定，推动党的路线方针政策落地生根。政治引领市域社会治理是社会主要矛盾变化下的现实需求，是有效解决城市经济社会运行面临的重大问题的根本指导。要将党的全面领导制度体系贯穿于市域社会治理全过程、全层次、全领域，推动市域社会治理制度运行系统的优化；要从人民群众最关心最直接最现实的利益问题入手，动态回应人民群众不断增长的正当利益和合理需求。

市域社会治理的政治引领是一项立体连贯、具体现实的战略，其实践效果是鲜活可感的。陈一新从把握政治方向、完成政治任务、发挥政治优势、凝聚政治力量、净化政治生态、防控政治风险、强化政治担当等七个方面对市域社会治理现代化的政治引领方式作出了全面而深入的阐述。由于城市与民众的生活息息相关，与多样性的地理和社会生态环境更为密切，构建一个战略导向框架，把政治引领贯穿于市域社会治理现代化的全过程，对于城市管理者根据所处的环境来思考和行动，具有重要的意义。

方向决定道路，道路决定命运。战略上判断得准确、谋划得科学、执行得有效，经济社会发展和现代化建设才能沿着正确的方向行稳致远。早在2003年，习近平同志就强调："各级党政'一把手'要站在战略的高度，善于从政治上认识和判断形势，观察和处理问题，善于透过纷繁复杂的表面现象，把握事物的本质和发展的内在规律。"②一般来说，战略包括总体使命和目标、达成目标的管理运作体系、社会支持与合法性等维度。从战略导向出发，市域社会治理的政治引领包括以下几层含义：

第一，政治引领在市域社会治理现代化过程中发挥统摄性作用。政治引领

---

① 《习近平寄语上海：勇创国际一流城市管理水平》，http://jhsjk.people.cn/article/30387071，访问日期：2021年11月3日。
② 习近平：《之江新语》，浙江人民出版社2007年版，第20页。

是社会治理的前提和基础,只有把政治引领扩展到社会领域,多元主体参与解决社会生产和社会生活各个领域的公共问题,政治发展和社会发展才能实现有机统一。习近平总书记在庆祝中国共产党成立100周年大会上的重要讲话中指出:中国共产党领导是中国特色社会主义最本质的特征,是中国特色社会主义制度的最大优势。市域社会治理要强化服务大局意识,坚持人民立场,从服务保障党和国家事业大局出发去促进社会发展和社会稳定,推动党的路线方针政策落地生根。市域社会治理是关系人民安全和社会稳定的大事,必须有一个坚强统一的领导核心,必须维护党中央权威和集中统一领导。党的十八大以来,在以习近平同志为核心的党中央坚强领导下,我国社会治理体系不断完善,社会安全稳定形势持续向好,广大人民群众的安全感和满意度不断增强。实践证明,只有坚定不移走中国特色社会主义社会治理之路,善于把党的领导转化为社会治理优势,才能确保人民安居乐业、社会安定有序。

第二,政治引领在市域社会治理现代化过程中具有运作和管理上的可行性。政治引领不是抽象、模糊的政治口号,而是实实在在的行动。在实践过程中,政治引领以一定的标准以及制度、组织形式出现,对市域社会治理能否达成特定政治目标、发挥特定的政治功能具有客观评价和刚性约束的作用。要将党的全面领导制度体系贯穿于市域社会治理全过程、全层次、全领域,推动市域社会治理制度运行系统的优化。要将顶层设计和基层实践联系起来,从纵向层面将党的全面领导制度贯彻到基层,体现在基层。要在市域社会治理的不同层面探索党政组织融合形式,推动党建与中心工作、事业发展乃至公司治理有机融合,促进各基层党组织的战斗堡垒作用。领导干部要牢牢把握正确的政治方向,炼成过硬的政治能力,在社会治理过程中切实担负起党和人民赋予的政治责任。要充分利用大数据、云计算、互联网、区块链、人工智能为主体的智能科技提升政治引领的可操作性水平,将政治引领原则嵌入智能社会治理体系之中。

第三,政治引领在市域社会治理现代化过程中彰显以人民为中心的实质性价值。坚持一切为了人民,是中国共产党一以贯之的价值追求。习近平总书记指出,创新社会治理,要以最广大人民根本利益为根本坐标,从人民群众最关心最直接最现实的利益问题入手。① 习近平同志在福建工作时期,就积极倡导开展"四下基层",要求干部"进万家门、知万家情、解万家忧、办万家事",把群众的事情在基层解决好。政治引领市域社会治理的根本意义,就是以人民为中心,推动生产对社会具有实质性价值的公共物品和公共服务,人民群众反映强烈的突出问题得以解决,让群众生活和办事更加便捷,让社会诉求表达渠道更加畅通,

---

① 《习近平:上海要继续当好改革开放排头兵、创新发展先行者》,http://jhsjk.people.cn/article/26644528,访问日期:2021年11月5日。

让获得感、幸福感和安全感更加充实、更有保障。在市域社会治理过程中,要把以人民为中心作为价值基准推动组织优化、制度优化和流程优化,将人民群众的利益诉求及时纳入决策议程之中,动态回应人民群众不断增长的正当利益和合理需求。

第四,政治引领在市域社会治理现代化过程中能够获取社会广泛而持续的支持。政治的社会性和社会的政治性是有机的统一,两者不可单独运行。市域社会治理是一项复杂的系统工程,需要国家、行业、社会组织、企业、公民等主体的共同参与,构建党委统一领导下的多元主体协同共治局面。政治引领市域社会治理需要激发广大社会力量的积极配合,能够通过必要的政治动员使党的权威资源得到有效利用和充分尊重。《中共中央关于党的百年奋斗重大成就和历史经验的决议》指出:"建设共建共治共享的社会治理制度,建设人人有责、人人尽责、人人享有的社会治理共同体。"政治引领是全方位的工作,需要发挥党总揽全局、协调各方的作用,调动各个方面、各个领域、各条战线的力量,获取社会的广泛认可、支持和合作。由此出发,评价市域社会治理的政治引领效能,一个重要标准就是社会共同体成员能否公平合理地参与社会治理,分享社会治理进步所带来的各种权益,形成共建共治共享的强大治理合力。

第五,政治引领市域社会治理现代化是习近平新时代中国特色社会主义思想的实际运用,在全国各地的生动实践中不断丰富和发展,展示出强大生命力和巨大优越性。实践充分证明,政治引领市域社会治理现代化既是科学的指导思想,又是有效的推动形式,起着先导性、根本性和决定性的作用。政治引领规定了中国特色市域社会治理的性质、任务和前进方向,对于政法队伍统一思想、凝心铸魂具有先导性作用。各地的实践表明,只有深入学习贯彻习近平新时代中国特色社会主义思想,不断增强政治自觉、思想自觉和行动自觉,才能以更强烈的责任感、使命感破解社会治理中的矛盾问题,推动市域社会治理取得新突破、新成效。面对市域社会治理的情况、短板和薄弱环节,面对人民群众不断增加的诉求和期盼,必须充分发挥党的领导政治优势,以更大力度统筹治理资源,凝聚起人民的智慧和力量。实践表明,政治引领是凝聚全党全社会智慧的重要方式,是社会治理更加符合人民群众诉求和期盼的重要保障,是共建共治共享拓展社会发展新局面的重要力量。

党的集中统一领导,使中国社会具有强大定力。在推动市域社会治理现代化的过程中,必须发挥正确政治路线引领方向的决定性作用,自觉同党的路线方针政策对标对表,把加强党的建设、巩固党的执政基础作为贯穿市域社会治理的一条红线。新时代市域社会治理现代化取得的一系列成就充分证明,党的领导坚持得越好,中国特色社会主义制度优势就越能转化为社会治理强大效能,就越能推动建设更高水平的平安中国。

第二节　充分发挥市域社会治理的
　　　　政治引领作用

市域社会治理现代化是夯实"中国之治"的重要基石。党的十八大以来,以习近平同志为核心的党中央从推进国家治理体系和治理能力现代化的战略高度谋划市域社会治理现代化工作。我们要坚持以习近平新时代中国特色社会主义思想为指导,把握正确的政治方向,将政治引领放在市域社会治理现代化过程的战略性位置。充分发挥市域社会治理的政治引领作用,需要从以下几个方面协同发力:

一、把握政治方向

把握政治方向,是市域社会治理现代化的根本前提。坚守政治方向,就是要明确社会治理的根本价值、道路选择、长远目标等,用政治的眼光看待社会治理问题,并作为衡量选择社会治理道路的基本标尺。习近平新时代中国特色社会主义思想科学为市域社会治理现代化提供了理论依据和实践标准,指明了正确的政治方向。

1. 把握政治方向,必须坚持党对社会治理的全面领导

坚持党的全面领导是市域社会治理现代化的根本保证,是中国特色市域社会治理和西方国家市域社会治理的最大区别,是首要的政治方向。各地的实践勾勒了一种新型的党社关系,丰富完善了党社一体的理论体系。实践证明,没有脱离政治的社会,也不能有脱离社会的抽象政治,党的全面领导和社会治理现代化是高度统一的。

2. 把握政治方向,必须坚持以人民为中心

以人民为中心的社会治理,是由人民在我国所处的主体地位决定的,是习近平新时代中国特色社会主义思想的鲜明特征和根本政治立场,体现了对人民的深厚感情。各地的探索和成功经验说明,只有以人民为中心,以人民获得感为标准制定社会治理方案和政策,努力解决好与人民群众切身利益密切相关的现实问题,市域社会治理的根本价值才能得到充分体现。

3. 把握政治方向,必须坚定不移走中国特色社会主义社会治理道路

全面推进市域社会治理现代化必须解决好道路问题,立足自身的制度优势,探寻适合中国国情的发展模式。实践充分证明,中国特色社会主义社会治理体系是科学、高效的治理体系,是能给广大人民带来广泛利益与好处的治理体系。

广大党员干部尤其是政法队伍作为社会治理的执行者、维护者和推进者,要担负起政治责任,奋力争先,担当作为,在更高起点、更高标准、更高水平上推动市域社会治理现代化。

二、完成政治任务

完成政治任务,是市域社会治理现代化的本质要求。市域社会治理现代化是我们党立足新时代、新发展阶段实际,着眼于实现第二个百年奋斗目标作出的重大战略部署,是推进国家治理体系和治理能力现代化、加强和创新社会治理的重大战略举措。推动市域社会治理现代化,要坚定以习近平新时代中国特色社会主义思想为根本遵循,精准把握党中央关于社会治理的战略谋划和部署要求,确保党中央大政方针和各项部署落地落实。

1. 完成政治任务,必须维护国家政治安全

坚持总体国家安全观,是新时代坚持和发展中国特色社会主义的基本方略之一。市域社会治理要始终把防范政治安全风险置于完成政治任务的首位,增强忧患意识,强化底线思维,做到居安思危,切实做好维护国家安全的各项工作。

2. 完成政治任务,必须确保社会大局稳定

受疫情等因素的冲击,现阶段我国社会矛盾错综复杂,维护社会大局稳定是压倒性的政治任务。市域社会治理要站稳人民立场,着力解决人民群众的操心事、烦心事和揪心事,促进构建多元化纠纷解决体系,坚持和发展新时代"枫桥经验",为社会大局稳定提供有力保障。

3. 完成政治任务,必须促进社会公平正义

社会公平正义是社会主义的一个基本目标,是现代化社会治理体系的衡量标尺之一。习近平总书记指出,促进社会公平正义是政法工作的核心价值追求。[①]实践证明,市域社会治理现代化必须紧紧围绕保障和促进社会公平正义来进行,解决社会领域突出矛盾和问题,推动扫黑除恶常态化,持续整治群众身边腐败和不正之风,让公平正义的阳光照进社会的每一个角落。

4. 完成政治任务,必须保障人民安居乐业

正如古人云,"甘其食,美其服,安其居,乐其俗",安居乐业是中华民族自古以来追求的理想。实践充分说明,市域社会治理现代化必须积极回应人民群众新要求和新期待,在教育、劳动就业、收入分配、社会保障、医疗卫生、食品药品安全、安全生产、道路交通、扶贫、慈善、社会救助等广阔的社会领域发挥法治保障作用。

---

① 《习近平出席中央政法工作会议并发表重要讲话》,《人民日报》2014年1月9日第1版。

三、发挥政治优势

强大的政治执行力是中国共产党的政治优势。发挥市域社会治理的政治优势,最为关键的就是加强党的集中统一领导,确保党中央政令畅通,把每一项政策落实到位。

1. 发挥政治优势,必须重视战略谋划

战略问题是一个政党、一个国家的根本性问题。要注重运用战略思维统筹推进市域社会治理现代化的各项事业,发挥党总揽全局、协调各方的作用,用强大的政治执行力把战略目标转化为自觉行动。

2. 发挥政治优势,必须提高制度执行力

市域社会治理现代化的一切工作和活动都围绕中国特色社会主义社会治理制度展开,在这一过程中,必须严格遵守社会治理制度、执行社会治理制度、维护社会治理制度,切实把制度优势转化为治理效能。

3. 发挥政治优势,必须强化责任担当

市域社会治理是检验和锻炼领导干部的前沿阵地,只有毫不动摇地坚持党的领导,主动担当、敢打头阵,关键时刻站得出来、冲得上去、办得成事,才能把党中央决策部署的任务落实落地。

总之,要充分发挥政治引领在市域社会治理中的战略性导向作用,推动社会治理各要素在市域层面上全面整合和系统集成,把党委领导、政府负责、民主协商、社会协同、公众参与、法治保障、科技支撑等社会治理方式凝聚为整体性的市域社会治理生态系统。当前,市域社会治理现代化试点建设已经进入攻坚阶段,也存在一些亟待解决的短板和问题,需要始终将政治引领放在战略性位置,加强顶层设计、战略凝练、政策协调和整体效能,以自我革命的勇气推动市域社会治理现代化,为续写社会长期稳定奇迹贡献新的智慧和力量。

第三节 高质量推进市域社会治理现代化

当今世界处于百年未有之大变局,科技革命日新月异,文明冲突逐步升级,社会发展面临前所未有的脆弱性挑战。市域社会治理是城市化水平进一步提升、城市人口进一步集聚的必然要求,是城市范围内防范和化解重大风险的有效途径,是推进社会治理现代化的抓手和切入点。聚焦市域社会治理现代化,构建稳定高效的社会治理制度体系,是提升城市承载力、聚集力、包容力和吸引力的重要途径。

一、加强市域社会治理现代化的整体谋划,打造高质量"市域生活圈"和"市域共同体"

要根据市域的特点制定系统性的社会治理制度体系,构建市域统一又体现地方特色的市域制度优势。在区域产业分工的基础上,突破行政管辖边界壁垒进行社会治理和公共服务设施共享,扩展城市的生活圈,打造新型的通勤生活圈、协同生活圈,形成若干个次级区域地方生活圈,构建区域多领域协同配合的市域治理制度体系。

要以党建为引领,打造市域社会治理共同体。市域社会治理相关部门要成为"战略者",坚持党建先行,从问题出发寻找各种机遇,整合各种资源来创造公共价值,为社会作出更大的贡献。要坚持推动社会治理各要素在市域层面上全面整合、系统集成,把党委领导、政府负责、民主协商、社会协同、公众参与、法治保障、科技支撑等社会治理方式凝聚为一个既有整体规划又有典型亮点的市域社会治理生态系统。党委政府要把推进市域社会治理现代化摆上重要议事日程,及时研究解决有关重大问题。要充分发挥党总揽全局、协调各方的领导作用,通过党建引领将市域内的党政机关、企事业单位、非公有制经济组织、社会组织等有效整合起来,最大限度调动各种力量和资源共同参与社会治理。坚持共建共治共享,构建党委领导、群团助推、社会协同、公众参与的市域社会共治格局,构建权责明确、高效联动、上下贯通、运转灵活的市域社会治理智慧体系。要以政法系统为"主笔人",加强与其他部门、组织之间的合作与协调,强化联合战略规划行动,把市域社会治理现代化过程与解决城市治理棘手难题、深层次矛盾结合起来,推动市域社会治理由"碎片化"向"系统化"转型。

二、以人民为中心,展现市域社会治理新效能

市域社会治理的效果如何,归根结底看城市居民满意不满意。当前,市域社会治理还存在许多短板和弱项,社会治理共同体的打造要围绕市域社会治理领域重点难点问题,着力防风险、解难题、补短板,提升市域社会治理效能。要深入把握社会治理"善治"的价值维度,把社会治理"善治"打造为厦门城市治理的烫金名片。

一是建设"有序社会",使社会结构更加合理,社会运行更加规范,社会安全感更加充实。要强化对重大风险的研究,不断健全公共安全隐患排查和安全预防控制体系。要建设更高水平的平安厦门,加快建立问题联治、工作联动、平安联动的社会治安防控工作机制。

二是建设"有机社会",在维持社会稳定和激发社会活力间达成有效平衡,构建和谐有序又充满活力的社会。要围绕社会关切、群众关切的事项,广泛开展基层协商和社会组织协商,实现政府治理和社会调节、居民自治的良性互动。要健全党组织领导的基层群众自治机制,完善群众参与治理的制度化渠道,充分发挥城市居民的自主性、积极性和创造性,依靠广大人民群众的智慧和力量,编织更高密度的社会治理共同体。

三是建设"有信社会",让人民生活更加美好、更有尊严。要增强居民参与的积极性,积极培育公共精神,提高群众的社区意识和认同感。

四是建立"韧性社会",有机连接城市的韧性安全和社区更新。城市的韧性安全指一个社会系统在应对多重叠加的风险时能够自我调适,保持城市功能。要赋予安全更广泛的社会意义,把安全融入城市的各个细小空间和运行环节之中,在改善区域城市空间形象的同时提升城市的安全功能。例如,可以借鉴、推广厦门"猫街"社会治理的经验,深度提炼城市街巷中的历史文化、市井文化,营造特色鲜明的"街道眼",使之成为城市的公共安全之眼。

三、以社区为依托,打造共建共享共治的"大邻里"社会治理格局

快速城镇化过程中的"都市乡村"及"城市移民",对邻里的组织结构乃至地方认同的历史传承带来了巨大的冲击。邻里或者近邻是一个兼具本土化和国际化意涵的社会治理形式。东京、新加坡等对邻里的重塑有成功的经验,福建省亦有丰富的邻里思想和实践资源。在城市基层社会治理方面,要着重以"邻里"为切入点,构建以社区基层党组织为主导,整合社区自治组织、社区商业资源的"大邻里"社会治理格局,导入并激活本土性、地方性的历史记忆和文化传统,在社区邻里层面改善居民生活品质,提升城市魅力。

在都市化发展过程中,城市治理碎片化、邻居街坊陌生化等"城市病"接踵而至,以社区为依托,构建近邻共生的基层社会治理格局是治好"城市病"的有效药方。要加强党对基层治理的全面领导,不断完善上下贯通、执行有力的党组织体系,建设好社区党组织这个党建"肌体",抓牢社区党的工作这个党建"末梢",让党的各项决策部署在社区畅通无阻、执行高效。在近邻模式基础上,积极探讨近邻共生的基层社会治理新格局,推动基层党组织这个"有机体"在社区层面上与外部环境互动演化,引导社区互助组织、公益组织、企业组织、社会组织等多元组织破除壁垒,在社区运转起来。完善基层民主治理,把社会治理触角延伸到每栋楼宇、每户家庭,让"微治理"释放出大能量。利用社区得天独厚的邻里组织关系,聚合社会网络资源,将社区的多元治理主体有效动员和组织起来,推动居民参与社区问题解决和社区事务管理,搭建需求表达和协商议事的平台,将基层的

问题解决在基层。对社区居民的需求进行深入分析,推动党建、公安、综治、城管、医院等部门之间数据信息共享,精准对接邻里服务意愿与邻里服务需求,实现便民代办、矛盾调解一站式服务。

四、以法治为轨道,创设市域社会治理新秩序

社会治理的长远目标,是创设一个"善治"的社会秩序。只有以良法善治为追求,才能为社会建设提供指导,才能凝聚社会治理共识,才能为人民群众过上美好生活提供制度保障。要探索利用特区立法直接解决市域社会治理中的顽症难题,构建市域社会治理法规规范体系,为处理各类社会问题提供明晰的法律依据,为解决社会治理顽疾提供有效的正式制度工具。按照"分工协作、统一高效、责权对称"的原则精简政府职能,推进严格规范公正文明执法司法,运用法治思维和法治方式行使公权、保障权利、化解矛盾、防控风险。应发挥好市场与社会自查自纠的调节作用,建立健全市场规则以及社会的多元纠纷解决机制,推进多层次多领域多渠道依法自治,实现社会问题从源头上得以防控与解决,如社区的评理员以及法律顾问的设置、社区调委会的成立等。建成覆盖全域、便捷高效、普惠均等的市域公共法律服务网络,增强人民群众法治获得感。要健全市域社会矛盾多元化解体系,构建完备的矛盾纠纷化解网络,持续开展解难题化积案行动,大力推进"四下基层""四门四访""信访评理",把市域各类重大矛盾风险防范化解在市域范围,引导社会成员养成在法治轨道上主张权利、解决纷争的习惯,构筑市域社会治理的法治思维、法治习惯和法治文化。

五、以科技为支撑,提升市域社会治理敏捷力

在面对各种层出不穷的风险之时,城市要变得更加有韧性,就必须充分利用现代科技提高社会治理的敏捷力,超越层级和信息烟囱去解决问题,适应不断变化的环境和社会需求。把智慧城市和安全城市结合起来,以智能化为支撑加快推进市域社会治理现代化,对于统筹市域安全与发展,强化城市发展韧性和提升人民群众的获得感具有重要意义。要通过市域社会治理智能化打造一个面向高风险社会的智慧敏捷城市,即在风险感知、决策分析、组织协同、合作治理、社区动员与科技赋能的敏捷反应过程中,不断提升政府回应公共问题与民众需求的能力。要积极探索数据分析、人工智能、情景模拟等技术的应用,使得政府在问题爆发之前就可以开展有效的预防性治理工作,实现从末端治理转向源头治理。利用大数据技术有效集成面向舆情监测、应急事件响应、公共服务、政府事务等各个治理维度的数据,强化治理决策的科学性。打造纵向贯通、横向联通的社会

治理"一张网",推动社会治理跨部门和跨层次的信息共享、数据同步和业务协作。推动现代科技与市域社会治理深度融合,加快推进"智慧城市""雪亮工程"建设,加强智慧法院、智慧检务、智慧公安、智慧司法、智慧海防等建设,建设大整合、高共享、深应用的社会治理智能化平台。

同时,要基于区位特点和智慧城市建设的良好条件,充分运用大数据、人工智能等技术,建立市域层面的重大风险监测和预警平台,提高对各类风险的发现、研判、响应和处置能力。充分利用数据挖掘、深度学习、政民互动系统来掌握民众的需求,引导群众有序表达利益诉求,引导群众积极参与社会治理。构建基于大数据网络的应急治理和公共服务平台,把物资储备、疾病防控、社会救助等新型社会治理"基础设施"纳入智慧城市建设体系,提升应对突发事件的保障能力,增强城市的韧性和预见性。

附 录

附录1 "平安思明"建设满意度调查报告

一、引言

2020年6月,厦门市思明区政法委与厦门大学公共事务学院民意调查中心联合进行了"思明区'平安思明'建设满意度调查"电话调查。访问时间大约持续1周。鉴于思明区10个街道的规模差距较大,在选取样本时根据居民数的比例对各个街道进行随机抽样。各街道的样本分布见表1。

表1 电话调查样本的街道分布

街道	居民数	样本数
厦港	38044	19
中华	43278	21
鹭江	63275	31
筼筜	166737	82
嘉莲	104393	51
梧村	105795	52
滨海	39529	20
开元	90978	45
莲前	147982	73
鼓浪屿	12777	6
合计	812788	400

"思明区'平安思明'建设满意度调查"由7~10题构成(见表2),调查的问

题包括:(1)您感觉目前居住的地方,社会治安环境安全吗?(2)(您感觉不太安全或不安全)您认为当地存在哪些社会治安问题?(3)您夜间在居住地附近单独出行,担心被偷被抢或者人身安全吗?(4)您对正在开展的扫黑除恶专项斗争的成效评价如何?(5)您认为扫黑除恶成效不太好或没有成效,主要有哪些问题?(6)您觉得身边还有黑恶势力吗?(7)您认为还存在哪一类黑恶势力?(8)您家附近出现矛盾纠纷或治安问题时有没有人解决呢?(9)您对当地公安、法院、检察院、司法所等政法队伍的执法工作是否满意?(10)您主要是对哪个执法部门不满意?

表2 平安思明建设群众满意度电话访谈问卷的内容

问题构成		问题选项
社会治安环境评价	Q1 您感觉目前居住的地方,社会治安环境安全吗?	(1)安全 (2)比较安全 (3)不太安全 (4)不安全
	Q2(您感觉不太安全或不安全)您认为当地存在哪些社会治安问题?(多选)	(1)偷窃/抢劫/拐骗 (2)流氓黑恶团伙 (3)非法枪支弹药 (4)卖淫嫖娼 (5)吸毒/贩毒 (6)赌博 (7)电信网络诈骗 (8)危害食品药品环境安全 (9)非法集资/网络传销 (10)其他_____(请注明)
	Q3 您夜间在居住地附近单独出行,担心被偷被抢或者人身安全吗?	(1)担心 (2)比较担心 (3)不太担心 (4)不担心
扫黑除恶成效评价	Q4 您对正在开展的扫黑除恶专项斗争的成效评价如何?	(1)成效好 (2)成效比较好 (3)成效不太好 (4)没有成效 (5)不评价/不了解/不清楚
	Q5 您认为扫黑除恶成效不太好或没有成效,主要有哪些问题?(多选题)	(1)黑恶团伙没打掉 (2)"保护伞"没打掉 (3)黄赌毒问题未有效解决 (4)"套路贷"等问题仍突出 (5)"村霸"没打掉 (6)"砂霸""路霸"等依然存在 (7)其他_____(请注明)

续表

问题构成		问题选项
扫黑除恶成效评价	Q6 您觉得身边还有黑恶势力吗？	(1)有 (2)没有 (3)不知道/不清楚
	Q7 您认为还存在哪一类黑恶势力？（多选）	(1)把持基层政权 (2)利用家族宗教势力横行乡里 (3)煽动闹事 (4)强揽工程 (5)欺行霸市 (6)操纵经营黄赌毒 (7)非法高利贷 (8)插手民间纠纷 (9)其他_____（请注明）
政府社会治安工作评价	Q8 您家附近出现矛盾纠纷或治安问题时有没有人解决呢？	(1)有人解决 (2)无人解决 (3)没纠纷/不了解
	Q9 您对思明区公安、法院、检察院、司法所等政法队伍的执法工作是否满意？	(1)满意 (2)比较满意 (3)不太满意 (4)不满意 (5)不了解/没接触
	Q10 您主要是对哪个执法部门不满意？（多选题）	(1)公安 (2)检察院 (3)法院 (4)司法所（局） (5)其他_____（请注明）

二、思明区"平安思明"建设群众满意度的总体情况

（一）社会治安环境主观感受较好

从社会治安环境安全感受来看，99%受访者表示目前居住的环境"安全"，其中69%表示"安全"，30%表示"比较安全"（见图1）。然而，仍有1%的受访者表示"不太安全"和"不安全"，主要体现为偷窃或抢劫或拐骗、流氓黑恶团体、赌博、危害食品药品环境安全、丢手机以及命案等问题。此外，91.75%的受访者表示在夜间单独出行并不会担心被偷被抢或者人身安全问题，仍然有6.25%和2.00%的受访者分别表示"比较担心"和"担心"（见图2）。

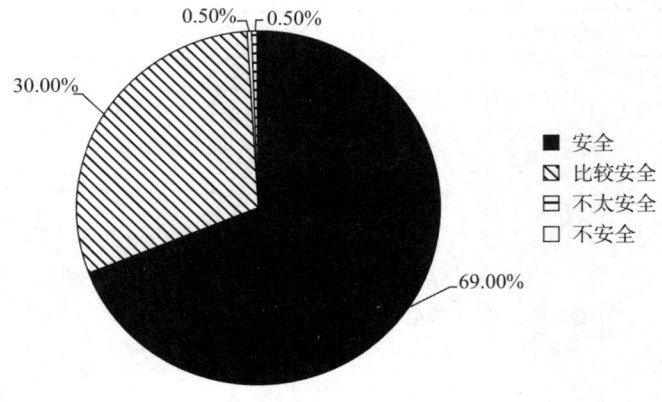

图 1　社会治安环境感受

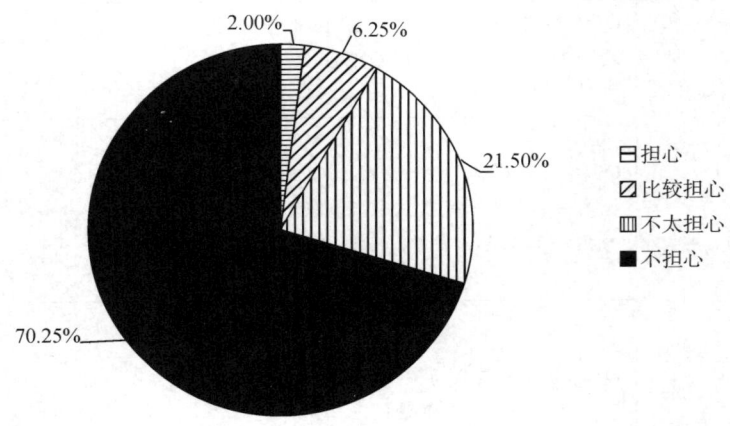

图 2　夜间单独出行感受

（二）扫黑除恶专项斗争总体评价较高，但宣传方面有待进一步加强

在扫黑除恶专项斗争的成效评价方面，69.5%的受访者感知为"成效好""成效比较好"，只有1.5%受访者认为"成效不太好""没有成效"（见图3），回答为"成效不太好"或"没有成效"的受访者认为当前扫黑除恶专项斗争尚存在的问题主要分布在"黑恶团伙没打掉""黄赌毒问题未有效解决"等方面。值得注意的是，有相当大一部分受访者的回答为"不评价""不了解""不清楚"，所占比例高达29.0%。这表明扫黑除恶专项斗争的总体成效是非常明显的，但在宣传方面还存在较大的提升空间。

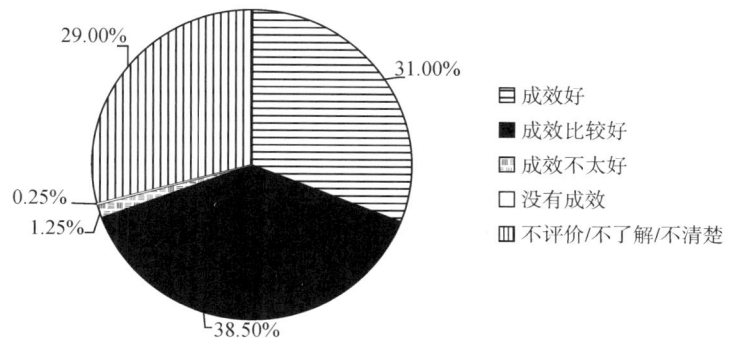

图 3　扫黑除恶专项斗争成效评价

在"身边的黑恶势力"感知方面,70.5%的受访者认为当前自己身边不存在黑恶势力,7.5%受访者认为当前自己身边仍然存在黑恶势力(见图4)。其中黑恶势力主要表现在"欺行霸市""非法高利贷""煽动闹事",以及拆迁、物业、旅游景点宰客等其他方面,还有22.0%的受访者表示"不知道""不清楚"。

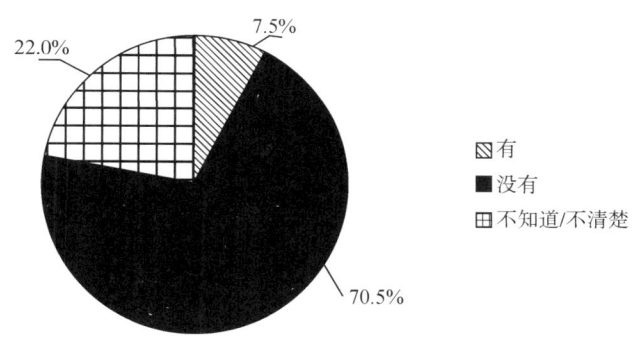

图 4　身边黑恶势力的感知

(三)对政府社会治安工作的评价

关于思明区对矛盾纠纷或治安问题的解决情况,认为"有人解决"的占比为42.5%,认为"无人解决"的占比为4.0%,认为"没纠纷/不了解"的为53.5%(见图5),大部分矛盾纠纷或治安问题都能得到解决。在受访者对当地政法队伍执法工作的满意程度方面,认为"满意"的占比为32.50%,认为"比较满意"的占比也为32.50%,认为"不太满意"和"不满意"的占比分别为2.75%和0.25%,"不了解或没接触"的占比达到32.00%(见图6),说明多数居民对政法队伍的工作持认可态度。

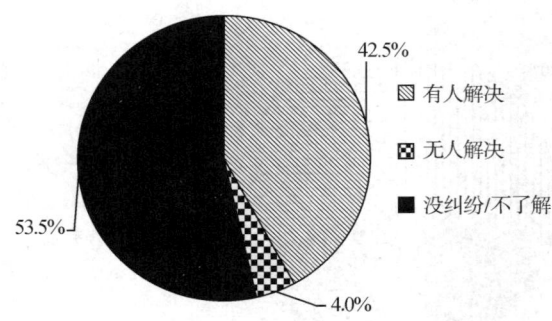

图 5 政府对矛盾纠纷或治安问题的解决情况

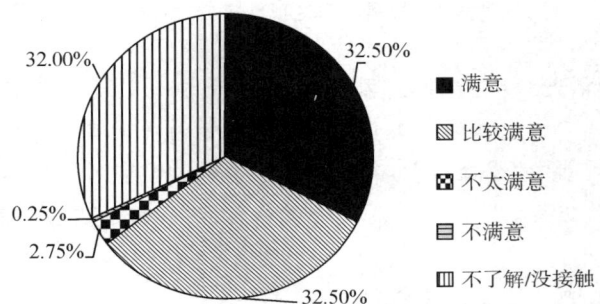

图 6 对当地政法队伍执法工作的满意程度

关于居民对当地公安、法院、检察院、司法所等执法部门不满意的情况,400位受访者中有9位对公安部门不满意,有3位对检察院不满意,有4位对法院不满意,有2位对司法局(所)不满意,还有5位发表了其他看法(见图7),例如"说不清谁的责任,比如小区之间的矛盾解决结果不好""总体都不满意""总体执法不深入""主要对交警工作不太满意,路段、道路规划不合理,小区门口堵车没有及时解决""立案才解决"等。

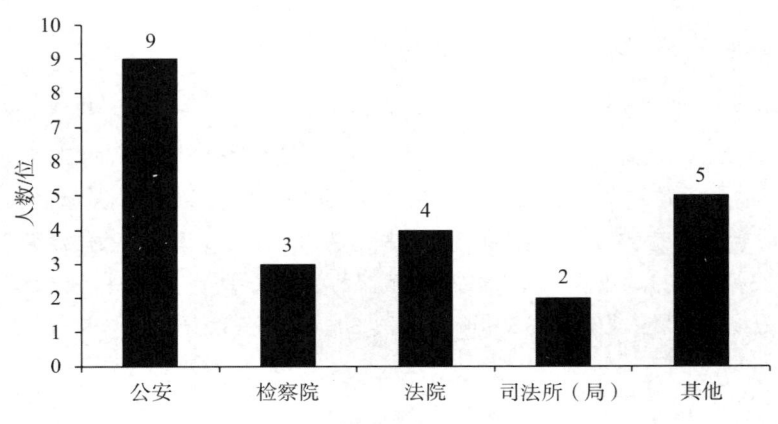

图 7 对执法部门不满意的情况

三、分街道"平安思明"建设满意度情况

(一)就社会治安主观感受来看,厦港街道表现最好

对社会治安环境表示"安全"的占比,厦港街道在 10 个街道中最高,为 94.7%,并且没有受访者表示"不安全"或"不太安全"。在社会治安环境感受相对差的梧村街道和莲前街道分别有 1.9% 和 1.4% 的受访者表示"不太安全",而嘉莲街道和鹭江街道分别有 2.0% 和 3.2% 受访者表示"不安全"(见图8)。其中,梧村街道受访者表示因流氓黑恶团伙感到"不太安全",鹭江街道受访者则因偷窃或抢劫或拐骗、赌博以及危害食品药品环境安全等问题而感到"不安全"。而在夜间单独出行感受方面,厦港街道受访者认为"不担心"的占比为 94.7%,也在 10 个街道中居于首位(见图9)。

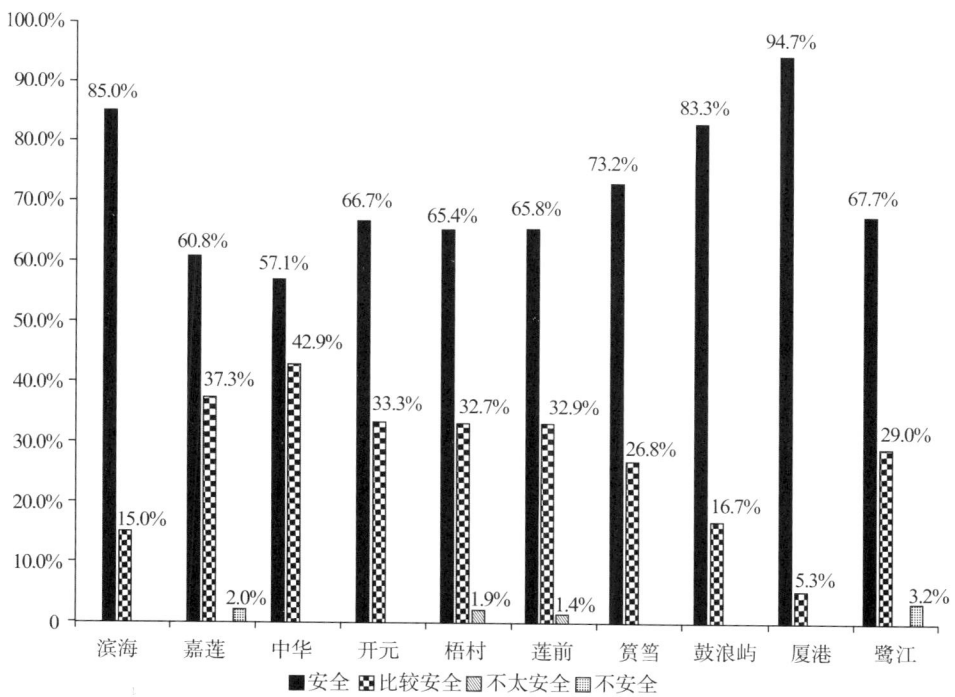

图8 分街道的社会治安环境感受

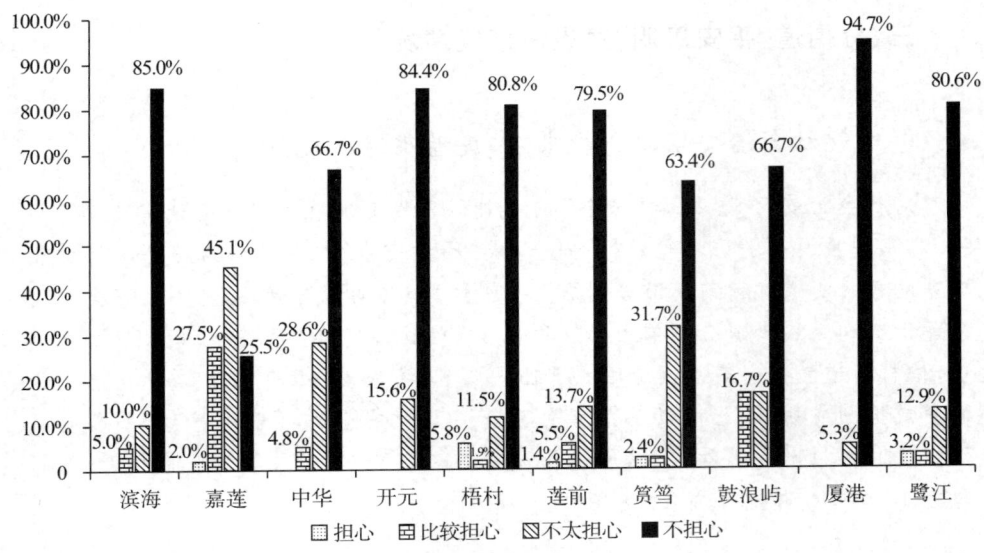

图 9　分街道的夜间单独出行感受

（二）就扫黑除恶专项斗争的成效评价来看，鼓浪屿街道评价最高

鼓浪屿街道的受访者，对扫黑除恶专项斗争的成效评价为"成效好"的人数占比为 66.7%，评价为"成效比较好"的占比 33.3%，两者合计 100%，在 10 个街道中最高。中华街道评价为"成效不太好"和"没有成效"的占比 9.6%，在 10 个街道中最高（见图 10）。

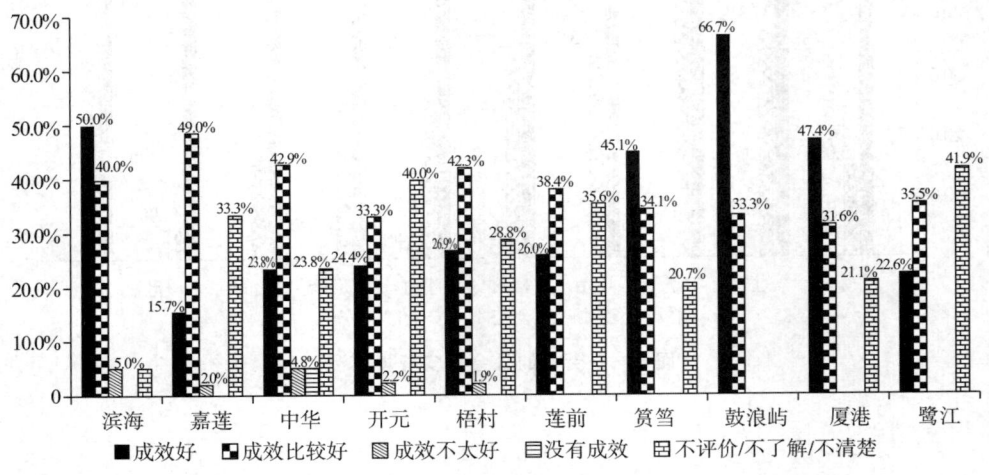

图 10　分街道对扫黑除恶专项斗争成效的评价

就"身边的黑恶势力"感知来看,开元和中华两个街道的表现最好。开元街道受访者中,认为没有"黑恶势力"的受访者占比为84.4%,位居第一;中华街道为81.0%,位居第二(见图11)。

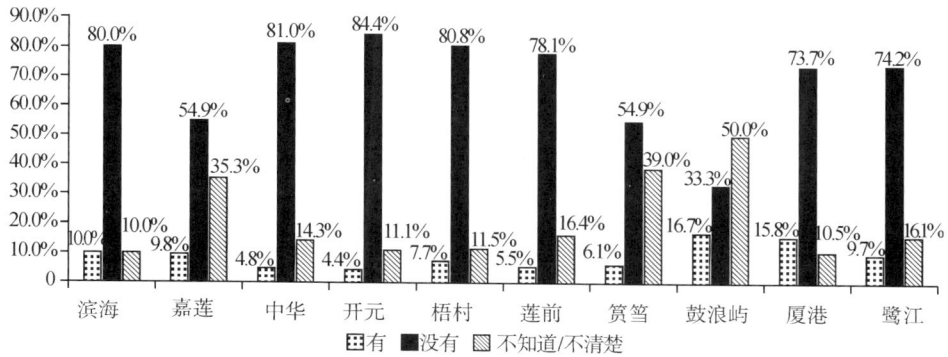

图11 分街道对身边黑恶势力的感知

(三)对政府社会治安工作的评价,各街道的表现不一

关于思明区对矛盾纠纷或治安问题的解决情况,就"有人解决"占比降序排名,鼓浪屿、鹭江、梧村排名前三;就"无人解决"占比降序排名,则滨海、中华、嘉莲排名前三(见图12)。对于对当地政法队伍执法工作的满意程度,就"满意"和"比较满意"二者占比总和降序排名,滨海、厦港、梧村排名前三;就"不太满意"和"不满意"占比总和降序排名,嘉莲、厦港和中华排名前三;厦港街道存在群众评价两极化的问题(见图13)。其中嘉莲街道受访者最不满意的部门是公安局。

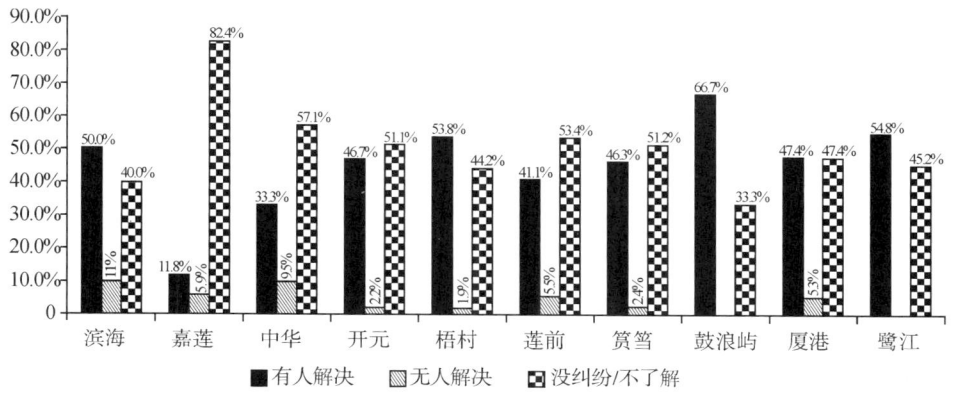

图12 分街道的矛盾纠纷或治安问题解决情况

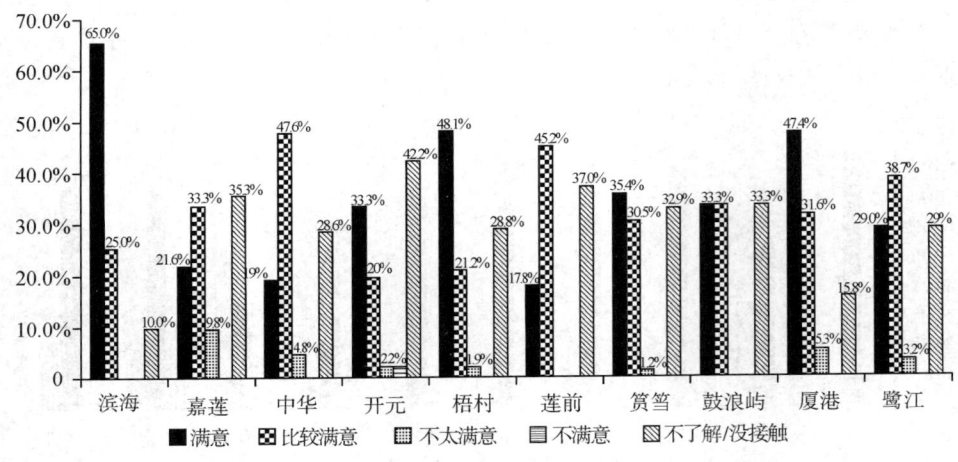

图 13　分街道地对当地政法队伍执法工作满意程度

有些街道的受访者对这两个问题的评价态度较为一致,例如梧村街道两个问题的群众评价都靠前。还有些街道的受访者对两个问题的评价态度不一,例如滨海街道的受访者认为矛盾纠纷或社会治安问题无人解决的比重较大,但无人不满意当地政法队伍的工作。

四、电话访谈中存在的问题

第一,电话访谈的成功受访者(有效样本)有略微的选择偏误,在随机抽样中存在无法控制或者未能控制的抽样误差。比如性别这一变量或许会影响到个体的主观安全感知。同时,不同年龄层或将影响政法工作的评价倾向。

第二,电话访谈问卷有的问题过于宽泛,不能如实反映问题,也发现不了存在的具体问题。例如,"您夜间在居住地附近单独出行,担心被偷被抢或者人身安全吗?"部分持有"不担心""不太担心"态度的受访者表示"我们夜间基本不出门,特别是在疫情期间",或"我们出门也是去人多的地方,不会去不安全的地方"。对于少量的这部分受访者难以识别他们是出于真实的"担心"而不出门或去人多的地方,还是由于个体习惯性的行为选择,其主观感知难以精准测量。"您对正在开展的扫黑除恶专项斗争的成效评价如何?"有的受访者表示黑恶团伙"保护伞"和黄赌毒问题等在近几年都能得到有效治理,但"套路贷"等问题仍突出,难以在"成效比较好"和"成效不太好"的相邻选项间权衡评估扫黑除恶专项行动的治理成效。此外,各项扫黑除恶的问题主观权重不一,会影响总体评价倾向。"您家附近出现矛盾纠纷或治安问题时有没有人解决?"由于问法僵硬,部分受访者可能无法判断何为矛盾纠纷和治安问题,并且即便他们在居住地附近遇到此类事件,也难以知道"后续事件是否有人来解决"。"您对思明区公安、检察院、法院、司法行政等政法机关或政法队伍的执法工作是否满意?"有的受访者表示从未与这些部门打过交道,有的表示只对其中一家不满意,选项设置难以覆盖所有合适的答案。

第三,在此次的满意度调查中,由于满意度调查作为一种内隐态度的测量,其构成要素的各项如个体态度、风险感知、安全距离判断常常会受到社会理性、情感加持、个体风险偏好倾向、注意力配置等多重因素作用,这会导致电话访谈部分问题测不准。此外,在电话访谈中,部分受访者或由于答题时间仓促和部分题目选项过多造成记忆负荷,存在对问卷题目加工深度不足,甚至敷衍答题的情况,电话访谈问卷的题目存在测不出的问题。例如,直接询问受访者对社会治安状况的满意程度,有时受访者自己的态度也游移不定,有时受访者会给出一个从众的答案,从而不能准确测出受访者态度。有受访者提出,对社会治安状况没有具体不满意的地方,但不敢深夜外出,出门怕"被宰""被骗",这要选满意、基本满意还是不满意?

附录2 思明区"社会治安群众满意度调查"分析报告

2013—2015年,思明区综合治理办公室与厦门大学公共事务学院民意调查中心联合进行了4轮"思明区社会治安群众满意度"电话调查。4轮电话访谈的时间分别为:2013年10月,2014年7月,2014年11月,2015年7月,每轮电话访谈的访问时间大约持续2周。每轮电话访谈的样本数均为1000户。鉴于思明区10个街道的规模差距较大,在选举样本时根据居民户数将街道划分为4个等级,10万户以上的街道抽取150个样本;5万~10万户的街道抽取120个样本;1万~5万户的街道抽取80个样本,1万户以下的街道抽取50个样本。各街道的样本分布见表1。

表1 电话调查样本的街道分布

街道	居民户数	样本数
厦港	15466	80
中华	24043	80
鹭江	43455	80
筼筜	104843	150
嘉莲	66640	120
梧村	75050	120
滨海	24001	80
开元	59014	120
莲前	75121	120
鼓浪屿	8825	50
合计	496458	1000

"思明区社会治安群众满意度"调查问卷由6个问题构成:(1)您对思明区的社会治安状况是满意、基本满意还是不满意?(2)您认为今年思明区的社会治安状况与去年相比是好转、差不多还是更差?(3)您认为思明区抓社会治安工作是重视、比较重视还是不够重视?(4)您知道目前思明区正在开展"平安思明"等形式的平安创建工作吗?(5)您是否参加过所在社区或政府组织的平安创建活动?(6)您认为思明区排查化解矛盾纠纷是及时、比较及时还是不够及时?

(见表2)。调查共分为四轮,其中第一轮调查的问题为Q1~Q4,第二轮调查的问题为Q1~Q6,增加了Q2和Q5两个问题。

表2 思明区社会治安群众满意度电话访谈问卷的内容

问题构成		问题选项/赋值
社会治安主观感受	Q1 您对思明区的社会治安状况是满意、基本满意还是不满意?	(1)满意(1) (2)基本满意(2) (3)不满意(3)
	Q2 您认为今年思明区的社会治安状况与去年相比是好转、差不多还是更差?	(1)好转(1) (2)差不多(2) (3)更差(3)
对政府社会治安工作的评价	Q3 您认为思明区抓社会治安工作是重视、比较重视还是不够重视?	(1)重视(1) (2)比较重视(2) (3)不够重视(3)
	Q6 您认为思明区排查化解矛盾纠纷是及时、比较及时还是不够及时?	(1)及时(1) (2)比较及时(2) (3)不够及时(3)
"平安思明"活动的参与度	Q4 您知道思明区正在开展"平安思明"等形式的平安创建工作吗?	(1)知道(1) (2)不知道(2)
	Q5 您是否参加过所在社区或政府组织的平安创建活动?	(1)参加过(1) (2)没参加过(2)

一、思明区社会治安群众满意度的总体情况

(一)社会治安主观感受趋好

从社会治安满意度来看,虽然"不满意"的占比从第一轮的2.7%微升到第四轮的4.0%,但"满意"的占比增长更快,从28.6%上升到57.4%,持中间态度(基本满意)的受访者绝大多数被分化到"满意"组(见图1)。与社会治安满意度

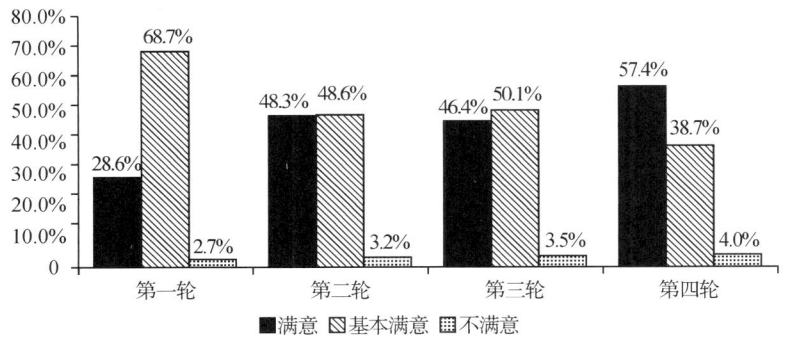

图1 社会治安满意度

相比,被访者对社会治安好转情况的态度变化不大,但可以看出认为"差"的占比下降了2%(见图2)。

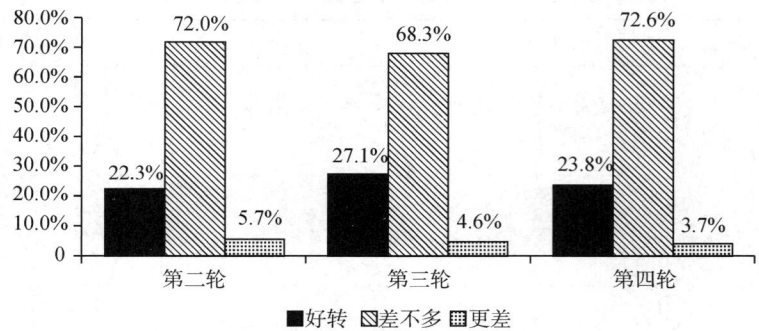

图 2 社会治安的好转程度(与上一年相比)

(二)对政府社会治安工作的评价趋于两极分化

关于思明区政府抓社会治安工作的重视程度,认为"重视"的占比从29.7%增加到41.3%,同时认为"不够重视"的占比也从4.4%增加到9.8%,最高值达到10.1%(见图3)。受访者对于思明区政府化解矛盾纠纷及时程度的评价也表现出类似特征,认为"及时"的占比从19.6%增加到27.4%,最高值达到28.0%;同时认为"不及时"的占比也由11.7%增加到15.5%,最高值达到16.7%(见图4)。

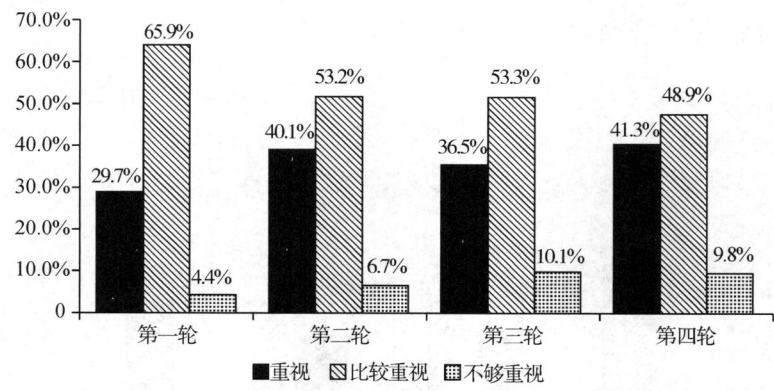

图 3 政府抓社会治安工作的重视程度

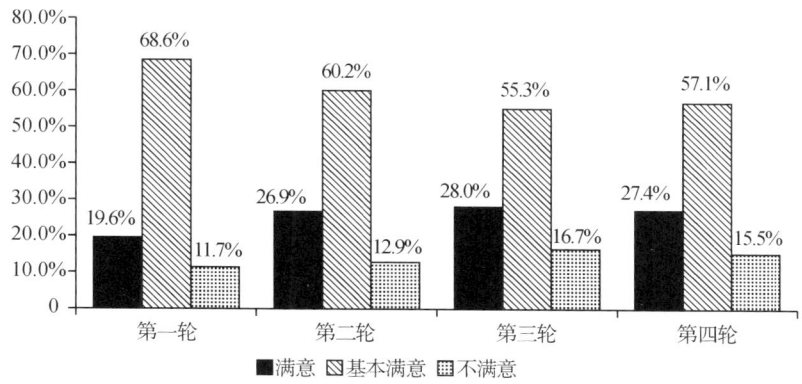

图 4　政府化解矛盾纠纷的及时程度

(三)"平安思明"活动的知晓度和参与度趋降

"平安思明"活动的知晓率下降较为明显,受访者"知道"的占比从64.3%下降到42.2%(见图5)。"平安思明"活动的参与率下降幅度不明显,受访者"参加过"的占比从8.7%下降到7.6%,但一直保持在较低水平(见图6)。

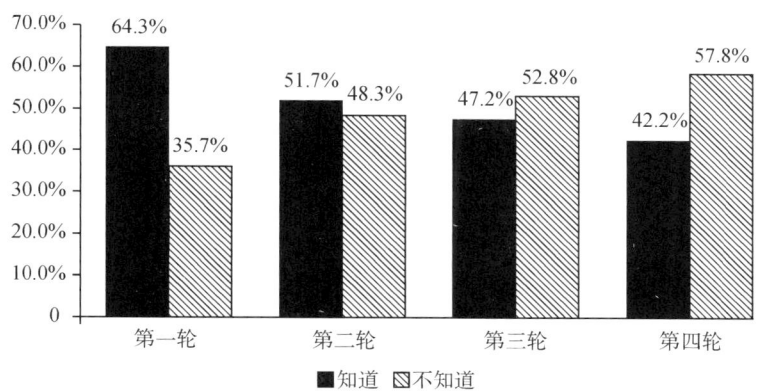

图 5　"平安思明"活动的知晓度

注:第一轮调查该题目的选项为:1知道并了解(一些情况);2听说过,但不了解;3没听说过。在统计时,将1和2合并为"知道",3为"不知道"。

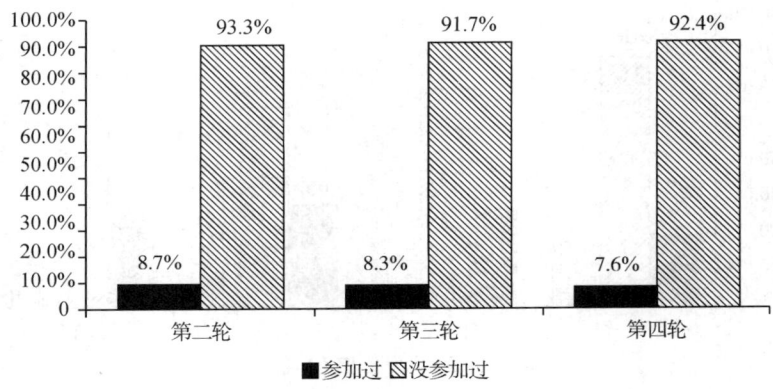

图6 "平安思明"活动的参与度

二、分街道的社会治安群众满意度情况

(一)就社会治安主观感受来看,厦港街道表现最好

社会治安满意度"满意"占比,厦港街道在10个街道中最高,为49.8%,"不满意"占比在10个街道中最低,为2.5%(见图7)。而对于社会治安好转情况,厦港街道受访者认为"好转"的占比为28.2%,也在10个街道中居于首位,认为"更差"的占比为4.1%,在10个街道中居于倒数第三(见图8)。

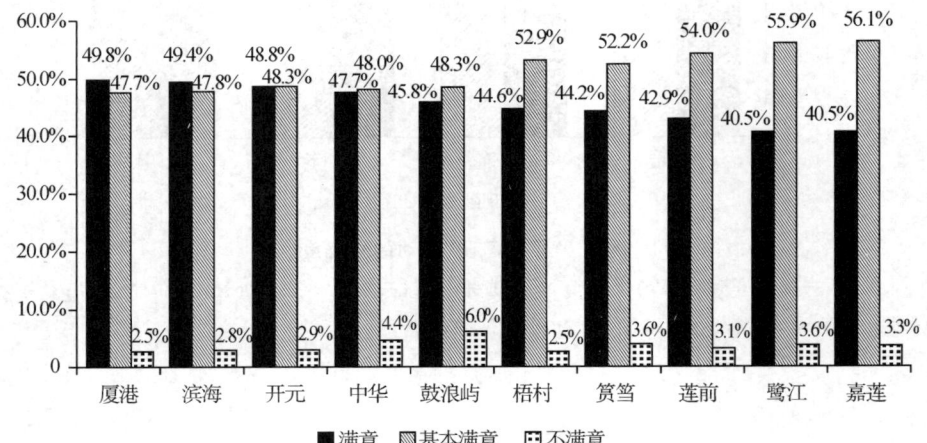

图7 分街道的社会治安满意度

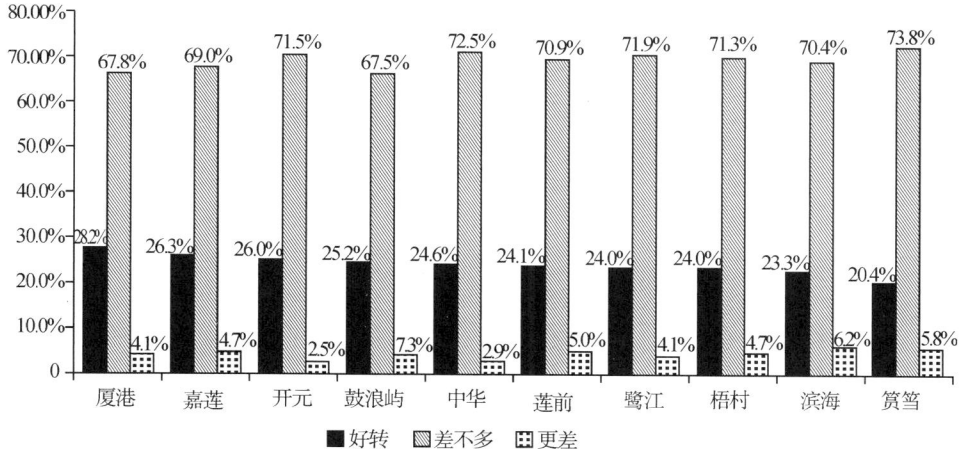

图 8 分街道的社会治安好转程度

(二)对政府社会治安工作的评价,各街道在两个问题上的表现并不统一,且评价结果更加分散

政府社会治安工作重视程度,就"重视"占比降序排名,中华、厦港、鼓浪屿排名前三;就"不重视"占比降序排名,则鼓浪屿、筼筜、梧村排名前三,中华街道以仅低于梧村街道0.1%排名第四,可见鼓浪屿和中华街道都存在群众评价两极化的问题(见图9)。而政府解决矛盾纠纷的及时程度,就"及时"占比降序排名,开元、滨海、厦港排名前三;就"不及时"降序排名,莲前、鹭江和滨海排名前三,滨海街道在这个问题上也存在群众评价两极化的问题(见图10)。有些街道的受

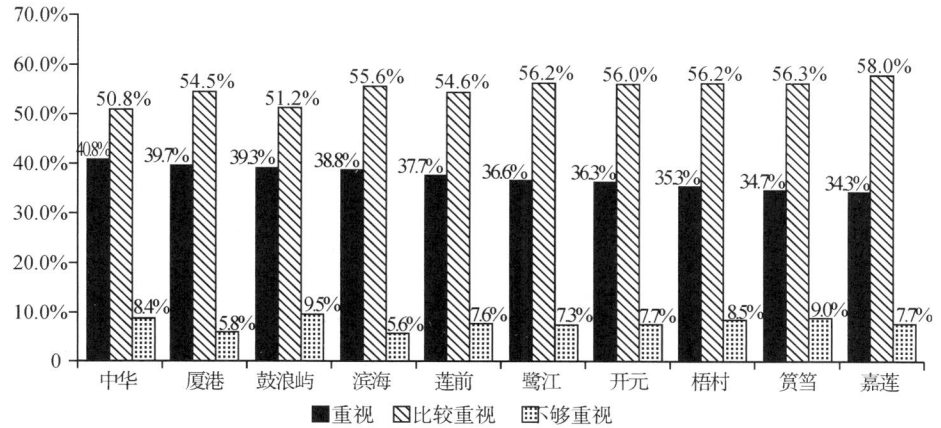

图 9 分街道的政府社会治安工作重视程度

访者对这两个问题的评价态度较为一致,例如厦港街道两个问题的群众评价都靠前,而嘉莲街道两个问题的群众评价都靠后。还有些街道的受访者对两个问题的评价态度不一,例如莲前街道的受访者认为政府比较重视社会治安工作,但政府解决矛盾纠纷不太及时,而开元街道的受访者认为政府不太重视社会治安工作,但解决矛盾纠纷比较及时。

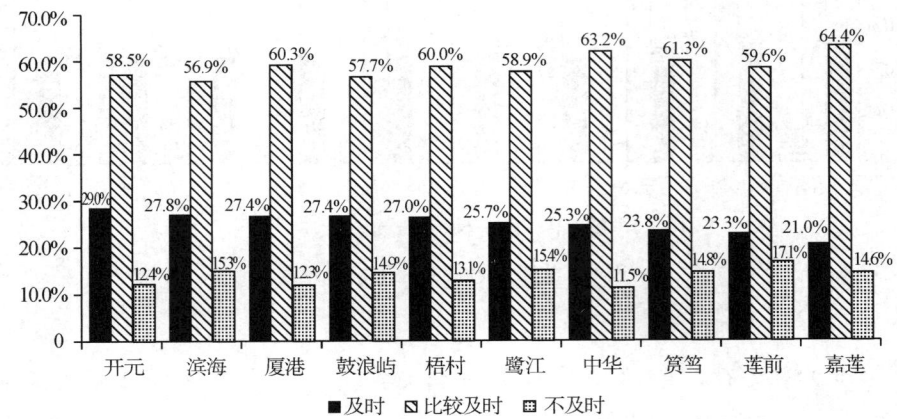

图 10 分街道的政府解决矛盾纠纷的及时程度

(三)就"平安思明"活动的参与度来看,厦港和鼓浪屿两个街道的表现最好

厦港街道知道"平安思明"的受访者占比为 55.1%,位居第一;鼓浪屿街道为 51.7%,位居第二(见图 11)。而鼓浪屿街道参加过"平安思明"的受访者占比为 13.9%,位居第一;厦港街道为 13.1%,位居第二(见图 12)。

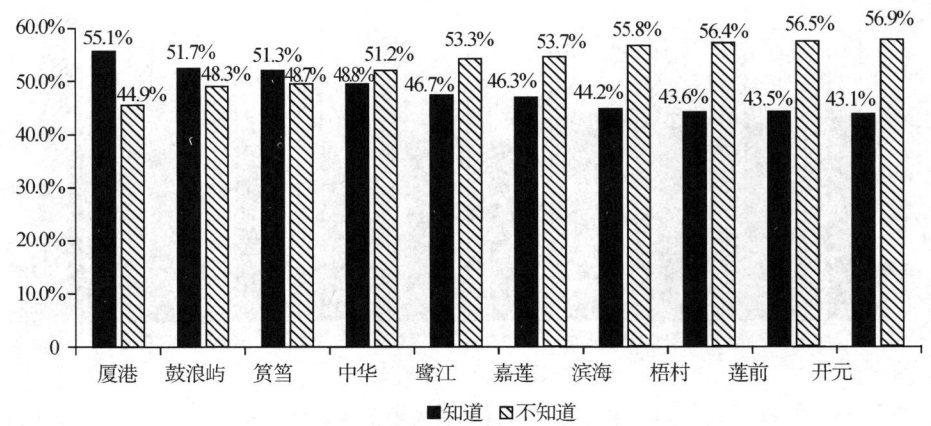

图 11 分街道的"平安思明"活动知晓度

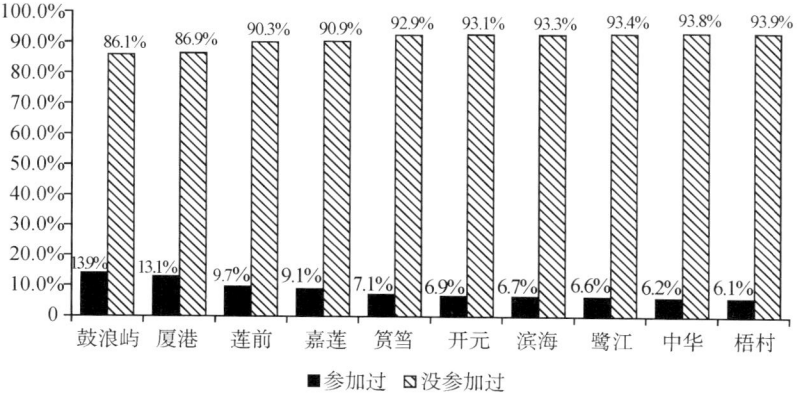

图 12　分街道的"平安思明"活动参与度

(四)从四轮电话访谈的整体情况看,厦港街道各项排名均居首位,且进步最快

鉴于各街道在单项指标上的排名不一,有必要通过合成指数来进行综合评估。对各个问题选项的赋值参见表 2,例如第一题"您对思明区的社会治安状况是满意、基本满意还是不满意","满意"为 1 分,"基本满意"为 2 分,"不满意"为 3 分,即得分越高,越不满意。总指数和三个分指数的计算公式为:社会治安满意度综合指数＝Q1＋Q2＋Q3＋Q4＋Q5＋Q6;主观态度指数＝Q1＋Q2;政府工作认可指数＝Q3＋Q6;"平安思明"参与指数＝Q4＋Q5。

通过对综合指数的分析,我们可以发现社会治安满意度综合指数略有下降,"平安思明"活动的知晓度和参与度降低是主要原因。从分街道来看,厦港街道各指数排名均名列第一(见表 3),且进步最快,社会治安满意度综合指数从第二轮排名第七,在第三轮跃居第一,并在第四轮中继续保持(见表 4)。

表 3　各街道排名情况(四轮电话访谈合计)

街道	社会治安满意度综合指数	排名	主观态度指数	排名	政府工作认可指数	排名	"平安思明"参与指数	排名
厦港	10.02	1	3.24	1	3.51	1	3.32	1
鼓浪屿	10.24	2	3.38	9	3.58	5	3.34	2
中华	10.25	3	3.30	3	3.54	2	3.45	5
开元	10.28	4	3.27	2	3.55	4	3.50	9
滨海	10.28	5	3.30	4	3.54	3	3.49	8

续表

街道	社会治安满意度综合指数	排名	主观态度指数	排名	政府工作认可指数	排名	"平安思明"参与指数	排名
筼筜	10.41	6	3.38	8	3.65	9	3.42	3
梧村	10.42	7	3.33	5	3.59	6	3.50	10
嘉莲	10.46	8	3.36	7	3.67	10	3.45	4
莲前	10.46	9	3.35	6	3.64	8	3.47	7
鹭江	10.48	10	3.39	10	3.60	7	3.47	6
合计	10.45	—	3.33	—	3.60	—	3.45	—

表4 社会治安满意度综合指数的后三轮排名

街道	第二轮		第三轮		第四轮	
	得分	排名	得分	排名	得分	排名
厦港	10.44	7	10.12	1	9.51	1
中华	10.24	5	10.15	2	10.36	6
鹭江	10.09	3	10.50	6	10.84	10
筼筜	10.37	6	10.60	9	10.27	4
嘉莲	10.46	8	10.51	7	10.41	8
梧村	10.56	10	10.33	4	10.38	7
滨海	10.07	2	10.54	8	10.24	2
开元	10.09	4	10.39	5	10.36	5
莲前	10.49	9	10.33	3	10.57	9
鼓浪屿	9.80	1	10.65	10	10.26	3
合计	10.31	—	10.41	—	10.33	—

四、电话访谈中存在的问题

（一）电话访谈的成功受访者（有效样本）的偏态特征明显，这些随机抽样中未加控制的抽样误差存在一定的隐蔽性

从思明区后三轮电话访谈（第一轮电话访谈没有记录受访者的性别和年龄）的有效样本构成来看，一是性别构成中，女性受访者占比高达六成以上（见表

5);二是年龄构成中,年轻人占比较低,60岁及以上老年人占比达到两成左右(见表6、图13)。有效样本的性别、年龄分布明显与思明区居民人口的性别、年龄分布不符。课题组分析,之所以有效样本表现出女性化、老龄化的倾向,原因有二:(1)电话访谈的抽样框是固定电话,在家接听电话者以女性、老人居多;(2)女性、老人更倾向于配合调查,拒访率较低。

表5 电话访谈样本的性别构成(%)

轮次	男性	女性
第一轮	—	—
第二轮	39.2	60.8
第三轮	39.7	60.3
第四轮	38.3	61.7
后三轮(合计)	39.0	61.0

表6 电话访谈样本的年龄构成(%)

年龄组	第二轮	第三轮	第四轮	后三轮
20岁以下	6.1	2.8	5.0	4.6
20~29岁	21.7	20.9	19.6	20.7
30~39岁	20.7	21.6	23.1	21.8
40~49岁	18.7	18.7	17.3	18.2
50~59岁	13.0	13.0	13.4	13.2
60岁及以上	19.8	23.0	21.7	21.5
合计	100.0	100.0	100.0	100.0

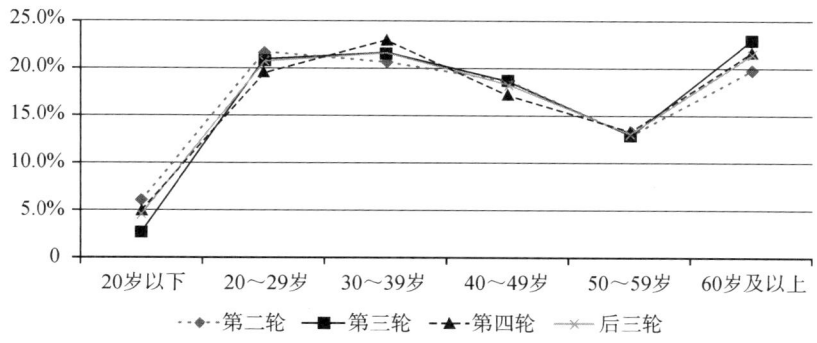

图13 电话访谈样本的年龄构成

（二）电话访谈问卷有的问题过于宽泛，不能如实反映问题，也发现不了存在的具体问题

例如电话访谈问卷中的问题"您认为今年思明区的社会治安状况与去年相比是好转、差不多还是更差"，有的受访者表示街头偷盗、抢劫等暴力犯罪明显减少，但造假、诈骗等违法犯罪行为趋于增多，因而难以判断是好转还是变差。对于问题"您家附近出现矛盾纠纷或治安问题时，有没有人解决"，有的受访者表示，没有遇到过矛盾纠纷或治安问题，所以难以知道"有没有人来解决"。对于问题"您对思明区公安、检察院、法院、司法行政等政法机关或政法队伍的执法工作是否满意"，有的受访者表示，从未与这些部门打过交道，有的表示只对其中一家不满意，难以选择出合适的答案。

（三）满意度调查是对态度的测量，态度具有内隐性，且常受到社会理性、自身情感和特定环境下的风险预期等多重因素作用，因而电话访谈问卷的题目存在测不出和测不准的问题

例如，直接询问受访者对社会治安状况的满意程度，有时受访者自己的态度也游移不定，有时受访者会给出一个从众的答案，从而不能准确测出受访者态度。有受访者提出，对社会治安状况没有具体不满意的地方，但不敢深夜外出，出门怕"被宰""被骗"，这要选满意、基本满意还是不满意？

（四）调查结果未能及时向社会回馈，使得调查的宣传效果打折扣，而且影响受访者对调查的配合和支持度

调查本身也是一个宣传社会治安工作的平台，有助于提升居民对于社会治安工作的关注，并积极参与"平安思明"的建设。但由于电话访谈结果没有向社会公开，居民反映的问题没有得到相关部门的回馈，居民对调查产生"形式主义"的印象。在后两轮的调查中，就有受访者质疑访员"这个调查有什么用""为什么调查结果不公布"，甚至有受访者因上一轮电话访谈结果没有公布而拒绝接受访谈。

五、进一步完善社会治安公众满意度测评体系

（一）增设手机样本，并在电话访谈样本配额中增设性别、年龄等约束条件，最大限度地保证电话访谈样本的代表性

鉴于固话访谈难以覆盖年轻人群体，尤其是非厦门户籍的年轻人群体，建议电话访谈对象中应增设手机样本，手机样本配额占比20%~30%。同时，电话

访谈督导应在电话现场访问进行期间,通过控制访谈时间的样本量(白天受访者以女性、老人居多),或在配额设置中增设性别、年龄等约束条件,最大限度地保证电话访谈有效样本的代表性。性别变量可在调查结束后,由访员根据受访者的性别进行记录,年龄则需要访员向受访者询问:"您的年龄是:(1)19 岁及以下;(2)20~29 岁;(3)30~39 岁;(4)40~49 岁;(5)50~59 岁;(6)60 岁及以上。"当有效样本中女性、老人样本已经饱和,就不再访谈该类样本。

(二)电话访谈问卷中增设情景式问题,收集有内容的信息

目前的电话访谈问卷只采集受访者的态度信息,且采取直接询问的方式,信息准确度和"含金量"都容易受到质疑。建议有些问题可以辅之以 2~3 个情景式问题,方便受访者回答,也能更准确地测出受访者的主观态度。例如,Q1 和 Q3 都可以采取这样的问题设置。

Q1 您对××区目前的社会治安状况的整体感受是_____?
(1)安全　　　　(2)整体安全　　　(3)不太安全
①您走在大街上是否会担心财物被偷或被抢?
　A. 总是担心　　B. 经常担心　　C. 不太担心　　D. 从不担心
②您与陌生人打交道时____
　A. 非常警惕　　B. 比较警惕　　C. 不太警惕　　D. 一点不警惕
③您深夜外出时,感到____
　A. 非常安全　　B. 比较安全　　C. 不太安全　　D. 很不安全

Q3 您家附近出现矛盾纠纷或治安问题时,有没有人解决?
(1)有　　　　　(2)没有
①您居住的社区能否见到治安民警/联防队员/专职保安巡逻?
　A. 总能见到　　B. 经常见到　　C. 偶尔见到　　D. 从未见到
②您居住的社区能否见到/收到治安警情提示?
　A. 总能见到　　B. 经常见到　　C. 偶尔见到　　D. 从未见到

事实上,单纯询问满意程度的民意调查很容易被受访者厌弃,前几年不少地方兴起的网上评议政府活动的失败就是例子。不少专家认为,这项活动失败的原因之一,就是只让评议人给出满意的程度,而没有收集群众的意见,听取群众的建议。在电话访谈中,虽然大多数受访者都倾向于"快问快答",但也有二到三成的受访者表达出与访谈人员深入交流的意向,例如主动反映问题或提出意见和建议。因而,电话访谈中应给予有表达意愿的受访者发表想法、意见或建议的机会,建议在电话访谈问卷的最后增加一道开放式问题,如"对于区社会治安问

题,您还有哪些意见和建议",既有效收集了民意,也向受访者表达了敬意和诚意。

(三)加强对调查结果的使用和反馈,使得调查在收集民意的同时,兼具政策宣传和群众动员的附加功能

现代民意调查经常表现出调查本身比调查结果更重要的特点,因而现代民意调查,往往在采集信息的同时,还附有信息输送和政策宣传的作用。开发民意调查的附加功能,加强对调查结果的使用和反馈是很重要的一环。对调查结果的使用,一方面体现在绩效考核中,另一方面应体现在对社会/群众的反馈中。民意调查的开展有助于激发群众的政治效能感(political efficacy),但如果只有调查没有反馈,会让群众感到自己的参与没有作用。只有群众认为自己的参与是有价值的,甚至能够影响相关部门的决策,才可以建立起持久的政治效能感,并转化为参与的行动。因而建议电话访谈的调查结果应及时向社会公布,尤其是分街道的调查结果也最好在街道/社区层面向居民公开,因为个体往往对自己最熟悉、关系最密切的公共事务更感兴趣。电话访谈结果的积极反馈不仅体现了对调查工作本身的重视,而且可以调动居民关注社会治安、参与"平安厦门"建设的积极性。

附录3 发达国家和地区的市域治理立法案例

各国与各地区市域治理领域立法涵盖卫生安全、交通安全、环境保护、志愿服务、社会参与、精神文明等多个方面,选取纽约、波士顿、新加坡、伦敦等地区的市域治理立法进行梳理与分析,为我国市域立法提供借鉴。

一、纽约市

纽约市隶属于美国纽约州,位于美国东北部沿海哈德逊河口,海上运输极其便利,这使其得以快速发展成为一个贸易重镇。纽约的大部分城区位于狭小的曼哈顿、斯塔滕岛和长岛,因此人口密度很高。截至2022年4月,该市总人口约839.8万人。纽约是美国最大的金融、商业、贸易、文化中心,也是世界三大金融中心之一。纽约市域治理关注社会创新,强调发挥公民、非政府组织等利益相关者的作用,面对日益加剧的社会需求和社会不平等问题,提倡通过"建设一个强大而公平的城市"计划来实现社会层面的正义与平等,近年来也依靠科技发展成为全球科技创新领袖城市。

高效的法治体系,有利于实现市域治理的制度化、程序化,切实解决市民的合理合法诉求,防止新的矛盾问题产生。纽约市立法分为纽约市宪章(New York City Charter)、纽约市行政法典(New York City Administrative Code)和纽约市规则(The Rules of the City of New York),表1对纽约市近年来围绕域社会治理领域颁布和修改的规则进行简要梳理。

表1 纽约市社会治理领域立法案例

法条名称	主要内容	相关说明
《送餐工人的最低工资》	规定送餐工人的最低工资	该拟定法案于2022年12月6日举行听证会收集意见
《关于采用〈环境整治办公室实施细则〉修正法的通知》	开展土地清理计划,促进纽约市空置和受污染土地的清理与再开发	新法案新增了要求定期向纽约市环境整治办公室提交《承诺和限制声明》中所要求的现场管理报告的规定; 其修正目的在于使这些当事人遵守规定,保障公众健康和环境的可持续发展

续表

法条名称	主要内容	相关说明
《关于采用〈纽约市卫生法〉第11条和第173条的通知》	保护纽约人免受含铅油漆危害	卫生和精神卫生部正在研究对《纽约市卫生法》第11条和第173条的修正案,以降低强制性报告的儿童血铅水平;其修正目的是为儿童提供更完善的卫生安全保障措施
《公平工作周法》	根据法律规定,员工有权获得每周常规工时表、工时表变动的额外报酬、按新班次工作的优先权,以及免遭非法解雇、裁员或缩短工时的工作保障;如果雇主未提前14天发出工时表变动通知,则员工有权获取额外的报酬;若无正当理由或合法经济困难证明,雇主不得解雇或裁掉已通过试用期的员工;员工有权获得稳定的工时,若无正当理由或合法经济困难证明,雇主不得将员工工时减少超过15%;员工必须在第一次轮班前72小时拿到每周工时表,且雇主不得在最后一刻进行更改	
《永久共享汽车停车计划》	规定了永久汽车共享计划的许可程序、数据共享要求,并向参与的汽车共享组织分配汽车共享停车位的标准	该法案的目标是扩大中低收入的人的汽车服务享有量,鼓励汽车停车共享成员推迟购买私家车、支持纽约市减少温室气体排放的努力并改善空气质量
《剧院区交通管理》	在已标记的剧院区行人流动区内,除了行人交通的安全和连续移动,任何人不得将这些区域用于任何目的(除特殊情况之外)	在不到0.1平方英里的区域内,剧院区包括40个剧院、39家酒店、3900万平方英尺的办公空间、17万个工作岗位、11条地铁线路,每天35万~45万行人。因此,制定交通规范旨在保证该地区一系列商业活动的同时保留行人通行的便利

续表

法条名称	主要内容	相关说明
《噪声法规处罚表》	规定了不同等级的汽车噪声惩罚	禁止人们造成或允许在任何公共通行权上行驶的机动车辆的总声音超过《纽约州车辆和交通法》第386条以及根据该条通过的规则中规定的噪声等级

(二)波士顿

波士顿(Boston)位于美国东北部大西洋沿岸,为美国马萨诸塞州首府。波士顿的人口密度较高,其总面积为232.1平方千米,其中陆地面积125.4平方千米。波士顿人口数量约为67.6万(2020年),在美国804座人口普查城市中排第24位。该市的种族构成为白人占53.90%,黑人占24.40%,印第安人占0.40%,亚裔美国人占8.90%,0.06%为太平洋群岛人,7.83%为其他,3.90%为2个或2个以上种族的混血。作为美国东北部的高等教育和医疗保健中心,波士顿有诸如哈佛大学、波士顿学院等知名高校。表2对波士顿市近年来围绕域社会治理领域颁布和修改的规则进行简要梳理。

表2 波士顿市社会治理领域立法案例

法条名称	主要内容	相关说明
《性别包容》	城市签发的提供性别或性别指定的表格、文件和证书都应包括一个非二元性别识别选项,标记为"X",可以选择作为性别指定	
《空气污染控制委员会:任务、权利与责任》	空气污染控制委员会不受卫生和医院委员会或卫生和医院专员的监督或控制。空气污染控制委员会应拥有规范和控制大气污染的完全管辖权。空气污染控制委员会有权进行调查,控制和减少任何来源的噪声,并有权在适当通知和公开听证后,确定噪声水平标准并颁布法规	
《建筑物污染的排放和揭露》	对大型建筑提出了减少能源使用的要求,目标是到2050年逐步将排放量减少至零	旨在减少建筑能源生产和消费中空气污染物(包括温室气体)的排放,从而鼓励有效利用能源和水,进一步投资建设绿色经济,包括鼓励绿色工作,保护公众健康,促进公平获得住房

续表

法条名称	主要内容	相关说明
《城市森林计划》	强调平等优先、社区领导。种植健康的城市森林需要时间,它必须长期种植和照顾。主动护理将提高波士顿树木成熟的机会。树木必须达到对社区最有益的生命阶段(如消除空气污染等)。城市森林必须成为整个公共和私人社区的优先事项和重点。波士顿所有决策都必须考虑到城市森林。改善城市森林不是非此即彼的权衡。相反,我们需要找到创造机会的方法,以相互支持的方式将森林整合到其他优先事项	
《短租法》	短期租赁指连续居住在一个房屋少于28日且需付费的情况; 只要出租家中多余的房间并与房客共用空间、出租整户的自宅空间或出租与自宅相毗邻的单位,都需在政府网站上注册并缴费(25~200美元); 所有的短期租赁收入都将缴纳5.7%的税收(与饭店与旅馆相同); 所有的短期租赁住宅都必须要有保险,以维护屋主和租客的安全	旨在让政府可以对租房活动进行更有效的监管,遏制租金涨幅
《与教育受到COVID-19紧急情况负面影响的学生的教育需求有关的法案》	如果学生或其监护人确定学生的教育受到COVID-19的负面影响,2021年或2022年从地区高中或特许学校毕业的学生可选择再接受额外一年的学校教育	波士顿的基础教育和高等教育均位于全国前列。但疫情导致许多学生学习损失和错失机会,许多将于2022年毕业的学生可能没有准备好毕业

(三)新加坡

新加坡土地面积733.2平方千米,人口总数约564万人(2022年)。2021年人均国内生产总值为97798新元。新加坡每年培养超过13000名工程师与技术人员,确保电子产业人才稳定增长。新加坡兼具强大的炼油、烯烃产品和化学品制造、商业和创新能力,是世界领先的能源和化工中心之一。新加坡连续十年被世界银行评选为亚洲最佳物流枢纽,区域跨境贸易和消费的空前繁荣巩固了新加坡作为安全、高效的物流与供应链管理中心的地位。同时,新加坡也是全球数字化程度最高的国家,是许多全球性科技公司的所在地。表3对新加坡近年来围绕社会治理领域颁布和修改的法律进行简要梳理。

附　录

表 3　新加坡社会治理领域立法案例

法条名称	主要内容	相关说明
《〈广播法〉〈报纸印刷法〉新内容的修订》	对在线新闻网站引入新的许可框架，即定期报道新加坡并具有重要影响力的新闻网站将单独获得许可。单独许可新闻提供商有助于确保他们对其发布的内容负责，无论是在电视、印刷品还是网络上。 　　新加坡的互联网内容提供商已经根据《广播法》自动获得类别许可。 　　在新框架下，在线新闻网站将不再按类别许可，而是按个人许可。这有助于确保他们对提供给公众的内容负责。但互联网行为准则和内容标准没有改变。 　　根据媒体发展局（MDA）的新许可框架，如果在线新闻网站满足以下条件，它们将从类别许可转变为个人许可：在两个月内平均每周至少报道一篇关于新加坡新闻和时事的文章，以及在两个月的同一时期内，每月至少有 5 万个来自新加坡的唯一 IP 地址访问。	世界各国政府都在考虑如何应对媒体格局变化带来的监管挑战。技术进步模糊了印刷、电影和广播等传统媒体形式之间的区别。但没有改变的是新闻提供者的角色，以及公众对他们负责任报道而不是违背公众利益的期望。这种担忧通常通过某种形式的监管或监督来解决。新闻提供商运作方式的变化需要讨论如何最好地更新这些监管框架。 　　在新加坡，政府正在更新监管框架，以适应媒体格局的变化。新框架将使其对不同形式媒体的新闻提供商的监管方式更加平等。
《电动汽车充电法案》（2022 年 11 月 10 日提出）	这项法案将管制电动车的充电事项，包括充电设施的款式、广告宣传、安装过程、注册程序，以及建筑发展项目须提供的充电桩数量等，以确保业者提供可靠和安全的充电服务。 　　根据法案，发展项目必须为每个停车位（包括电单车停车位）提供至少 1.3 千伏安（kVA）的电量，并使用当中至少 20% 的电量去提供电动车充电服务。如此一来，发展商可自行决定要安装哪款充电桩。 　　以 7.4 千瓦（kW）的充电桩为例，发展商若要达标，须为至少约 4% 的停车位安装充电设施。 　　法案的其他条例包括规定本地所有电动车充电设施须根据指定标准安装、认证和使用；所有充电设施须注册才能使用；提供电动车充电服务的业者须申请执照等。	该法案的目的是规范电动汽车的安全充电，确保提供可靠的电动汽车充电服务，并扩大新加坡无障碍充电基础设施网络。这符合新加坡交通部到 2030 年部署 6 万个充电点以及到 2040 年所有车辆都使用清洁能源的目标。

续表

法条名称	主要内容	相关说明
	违例者则会依照罪行的严重程度,面对不同的刑罚。例如,蓄意使用未经注册的充电器为电动车充电者,可面对最高5000元罚款或监禁最长6个月或两者兼施;在电动车充电器上动手脚,导致他人和产业受危害,违例者可面对最高10万元罚款或监禁最长五年,或两者兼施。	
《2022年网络安全(杂项修正案)法》	该法案旨在修订《1994年广播法》和《2010年电子交易法》,以规范在线通信服务提供商。 该法案将允许政府禁止新加坡用户访问"恶劣的"在线内容;禁止特定用户或账户发布内容;在其他情况下,阻止新加坡用户完全访问在线平台。 通信和信息部表示,这一规定将适用于宣传自杀或自残、身体暴力或性暴力、恐怖主义以及描述儿童性剥削的内容。 它还涉及构成"公共卫生风险"或可能导致种族和宗教不和谐的内容。	
《碳定价(修订)法案》	新加坡政府将从2024年起阶段上调碳税,以更有效减少该国的碳足迹,从而将加强碳定价机制。 法案通过后,碳税将从目前的每排放1吨温室气体征收5元,增加到2024年和2025年每吨25元,到了2026年则会提高到每吨45元。 据法案,符合条件的业者可获得政府批准,支付较少的碳税额,这些业者将来自面对激烈全球市场竞争的排放密集型贸易行业。 新加坡也将成立国际碳信用框架,符合条件的公司可选择使用国际碳信用支付碳税。此外,法案还将更新温室气体清单,以跟上全球的最新发展,及完善碳税行政机制。	此法案由总统在征求新加坡议会的意见和同意后修订《2018年碳定价法》的法案,是为了确保新加坡的碳定价制度仍适用于未来;增强企业和个人减少碳足迹的动力;支持绿色经济的发展,尤其是建立诚信度高和具有国际信誉的碳市场。

续表

法条名称	主要内容	相关说明
2022年《儿童收养法案》	一项废除和重新颁布1939年儿童收养法的法案。修正案规定了收养儿童的过程以及收养部门和相关事项的规范,并对某些其他书面文件进行了相关和相应的修订。 该法案生效后,有意领养者在办理领养手续时,如果提供虚假或误导信息将属违法行为。法案通过几大措施确保政府和指定领养机构获取所需的信息,以进行领养适宜评估,并保障领养孩童的福利及安全。根据法案,担任指定领养监护人的政府人员及指定领养机构,有权要求有意领养者接受财务或精神状况等评估,并提供重要资料。 领养儿童法案生效后,所有申请者必须通过领养适宜评估,以确保他们有能力照顾孩子。此外,新法案可批准有意领养者在办理领养手续期间,为领养孩童做非例常的护理决定;有意领养者在办理手续过程中,婚姻或其他生活状况出现转变,必须通知指定领养监护人和指定领养机构。	该法案旨在给孩童一个有利于成长的健全家庭环境,平衡孩子与原生家庭之间的利益关系。
《穆斯林管理法(修正案)法案》	修订《1966年穆斯林管理法》的法案,并对《2020年2019冠状病毒病(结婚仪式和登记临时措施)法》(2020年第23号法案)作出相关修正。	新加坡多元种族与宗教共存,是所谓"拥有宗教性社会的世俗国家",它在半个多世纪以来的国家治理中较为成功地实现了种族与宗教和谐,其独具特色的法治建设起到了至关重要的作用。
《妇女宪章(修订案)法案》	一项修改妇女宪章的法律案,对某些其他法律案进行相关修改,并废除2020年COVID-19(临时结婚登记办法)2020年法案。	

续表

法条名称	主要内容	相关说明
《知识产权法(修订)》	一项修正 2014 年地理标志法、专利法、植物品种保护法、注册外观设计法和商标法的法案,以促进知识产权注册程序的某些变更,标准化这些法案中的某些条款,以及对这些法案进行某些其他修订,并修订新加坡知识产权局法案,规定要向联合基金支付罚款与和解金。	
《退休和再就业法(修订)》	将退休年龄调整为 65 岁,再就业年龄调整为 70 岁,支持有意继续工作的年长新加坡人。在此规条(法定退休和再就业年龄)下,雇主不得在雇员未达法定退休年龄前,以年龄为由解雇其员工。雇员若有能力及愿意继续工作,法律保障他们在法定退休年龄前继续受雇。与此同时,企业亦有足够的弹性来调整再就业条款,在保持竞争力的情况下,继续为年长的员工提供就业机会。	这些变化符合老年工人三方工作组(Tripartite Workgroup on Older Workers)2019 年所提出的一步步提升退休和再就业年龄到 2030 年至 65 岁和 70 岁的建议。而后续的调整时间将由三方工作组、工会和雇主联合会三方面协商。
《保护古迹法(修订)》	该法案扩大了对古迹的定义,让曾经拥有或目前仍存有人文活动的场所,包括像新加坡政府大厦前大草场这样的开放空间,也可获得保存。	《保护古迹法》赋予国家文物局权力,将具有重要历史价值的建筑列为国家古迹。
《COVID-19(临时措施)法(修订)》	《COVID-19(临时措施)法(修订)》自 2020 年 4 月 20 日施行。该法规定了一系列援助措施,对因新冠疫情无法履行合同义务的企业或个人提供了临时性和针对性的保护,例如调高申请个人和企业破产门槛金额。	
《环境保护和管理法(修订)》	新增对温室气体的立法保障和控制,为控制氢氟碳化物(HFC)释放提供监管手段(氢氟碳化物是一种制冷并导致气候变化的气体)。	该法案旨在减少新加坡的温室气体排放,支持《巴黎协定》规定的全球目标。

续表

法条名称	主要内容	相关说明
2021年《儿童发展共同储蓄（修改正案）法》	允许满足特定资格标准的死产婴儿的父母有资格享受政府支付的假期和福利，例如产假和福利、陪产假和福利以及共享育儿假。该法案将被修正，以计算死产或死亡儿童，以确定母亲剩余的孩子数量。根据母亲是否有权休假或福利计划，将死产或已故儿童纳入子女顺序确定将使更多雇主和职业母亲获得更高数量的报销或付款。 引入政府支付的收养津贴和政府支付的陪产假津贴，以加强对有新加坡公民子女并满足特定资格标准的父母的支持。 如果他们的工作因裁员或因雇主的专业、业务、贸易或工作重组而中止，可通过某些政府支付的福利来加强对有子女的工作父母的经济支持。 通过简化确定此类付款和报销的某些限制的方式，简化《儿童发展共同储蓄法》下的付款和报销管理程序。	该修正案是政府持续努力支持新加坡人生育和养家糊口的一部分。最近的努力包括为2020年10月1日至2022年9月30日出生的新加坡儿童提供3000美元的一次性婴儿支持补助金，该补助金于2020年推出。这是在现有福利之上引入的，以鼓励夫妇在COVID-19的情况下继续他们的生育计划。2021年，政府还将父母储蓄中用于第二个孩子的儿童发展账户（CDA）的美元对美元共同匹配的最高金额从3000美元增加到6000美元。

（四）伦敦

伦敦（London）是大不列颠及北爱尔兰联合王国首都，于英格兰东南部的平原上，泰晤士河贯穿其中，大伦敦面积1577平方千米，伦敦市区面积约310平方千米。伦敦人口约为898万（2021年）。伦敦分为33个较小的单元，这些单元称为自治市镇，为其当地居民提供大部分日常服务，包括教育、住房、社会服务、环境服务、地方规划以及许多艺术和休闲服务。表4对近年来伦敦围绕社会治理领域颁布和修改的法律进行简要梳理。

表4　伦敦社会治理领域立法案例

法条名称	主要内容	相关说明
2013年《伦敦地方当局和伦敦交通法》	该法案是自治市镇和伦敦交通局之间的联合法案。它包含一系列规定： ● 有权在建筑物上安装路标和路灯柱； ● 如果因建筑工程造成高速公路损坏，则有权追回损失费用； ● 与存放建筑垃圾的垃圾桶有关的执法权力； ● 有权设置关于道路干扰障碍物的罪行； ● 关于安装电动汽车充电点的权力。	

续表

法条名称	主要内容	相关说明
2012年《伦敦地方当局法》	该法案于2012年5月27日获得批准,赋予伦敦地方当局一系列权力,包括: ● 对乱扔垃圾以及和养狗相关的违法行为收取罚款; ● 与公共卫生、环境保护和公路有关的其他规定; ● 规定地方当局可以向需要维修的多人居住房屋的业主发出管理令; ● 改变了"适当官员"(appropriate officers)进入房屋的权力。	
2007年《伦敦地方当局法》	该法案在伦敦引入了一个非刑事化的执法制度,主要针对从车辆上扔垃圾以及与废物容器有关的罪行。 ● 从车辆上扔垃圾:当车内人员犯下乱扔垃圾的罪行时,地方议会可以向车主发出罚款通知。公交车、旅游车、出租车和私人出租汽车免于处罚。 ● 与废物容器有关的违规行为:允许地方议会制定有关垃圾收集标准的规定,包括将垃圾桶放在哪里,以及按照什么标准放入不同的回收容器。议会能够向那些不遵守规定的人征收罚款。	
2014年《反社会行为和警务法》	该法案旨在简化各机构处理"反社会行为"(anti-social behaviour,ASB)的"工具包",并将受害者置于这一领域的中心位置。	"反社会行为"指可能对他人造成困扰、滋扰或骚扰的行为。它包括破坏行为、涂鸦和威胁行为、乱倒垃圾和飙车等。
2014年《儿童与家庭法》	该法案赋予有特殊教育需求或残疾(special educational needs and disabilities,SEND)的儿童和青少年接受主流教育的权利。其内容包括: ● 更新收养程序,使之更加快捷; ● 受照料的儿童获得更多的权利; ● 对家庭司法系统进行了改革,使其对儿童更加快捷和公平; ● 保障有特殊教育需求的儿童的权利; ● 改善儿童福利; ● 提高儿童保育部门的参与度; ● 推出共同育儿假,父母可以共享休假时间。	该法案是英国的一项里程碑式的法律。它改变并加强了许多已经存在的法律和规则。儿童和家庭如何与国家互动的许多因素被汇集到此项立法。

续表

法条名称	主要内容	相关说明
2014年《护理法》	该法案规定英格兰社会护理应如何提供，它要求地方当局确保居住在其辖区内的居民： ● 获得服务，以避免他们的护理需求变得更加难以满足甚至被推迟； ● 可以获得他们所需的信息和建议，以便对护理和支持作出正确的决定； ● 有一系列高质量、适当的服务可供选择； ● 对护理及其相关支持的组织方式有更多控制权。	
《2019—2021年环境法》	该法案旨在对改善自然环境的目标、计划、治理和政策作出规定，其中空气质量是一个重要部分。该法案的内容包括： ● 政府应采用世界卫生组织的PM2.5标准作为法律限制，最迟在2030年达到，并尽快引入； ● 政府应引入额外的监管权力，让地方当局控制电器的排放量，如燃气和固体燃料锅炉、热电联产厂、建筑机械和备用柴油发电机； ● 政府应着眼于审查和调整税收制度，如燃料税和其他相关税收，使其与空气质量和其他环境优先事项相一致； ● 环境保护办公室应该更加独立于政府； ● 环境保护办公室应该有能力对企业或政府征收罚款。	
《受害者法案》	该法案旨在改善受害者对刑事司法系统的体验，所涉及的关键领域包括： ● 将《受害者行为守则》载入法律，并在必要时扩大该守则的条款； ● 改善与犯罪受害人的沟通，确保在刑事司法程序中听到他们的声音； ● 改进监督、绩效和质量； ● 通过基于社区的服务为受害者提供支持； ● 增加受害人的额外支出； ● 加强对家庭虐待和性暴力以及其他暴力受害者的倡导支持。	

附录4 科技要素在社会治理中不可或缺[①]

记者： 大数据、人工智能等新兴技术给我国的社会治理模式带来了深刻影响。与传统的社会治理体系相比，新时代的智能化社会治理体系有什么不同之处？

李德国： 首先，前瞻性更强。社会治理智能化可以推动政府治理重心前移，预测并尽可能避免灾害带来的影响，提升城市综合风险防治韧性。智能感知、大数据、深度学习与智能算法的应用，让政府部门可以更加主动预判、监测、处理日益增长的不确定性与风险，牢牢把握治理的主动权。

其次，赋能性更强。互联网、大数据、在线社区、人工智能等智能化技术在社会治理中日益广泛，人类社会的物理空间与信息空间不断融合，催生了更多的新产品、新业态和新产业，同时推动完善城市智慧基础设施。

最后，获得性更强。社会治理智能化能够塑造充分知情的民众，推动社会之间的互动、社会学习，在个体、组织和社会之间形成一个更加紧密的社会治理共同体，使"共建共享共治"的社会治理更具有价值。日益成熟的社会治理智能化终端应用，改进了社会服务的使用体验，降低了社会服务获得成本，是提升人民群众获得感的重要途径。

记者： 如何看待科技要素在当前社会治理体系中的作用？

李德国： 科技要素已成为当前社会治理体系不可或缺的组成部分。未来要加快推动大数据、人工智能等现代科技与社会治理深度融合，打造智能化社会治理新模式。在发挥科技要素在社会治理体系中的作用方面，以下几个议题值得关注：

第一，基层风险感知。在现代城市，生活与生产经营、办公、城市创新等功能日益在空间上靠拢，基层安全风险治理的重要性不断提升。以多源数据为基础，动态感知基层平安状况并解析其影响因素，是大数据、人工智能时代下平安建设向精细化、科学化发展的体现。

第二，精准介入治理。借助大数据、机器学习和预测分析等手段，社会治理可以实现更加精准的介入，使得政府在问题爆发之前就可以开展有效的预防性治理，实现从末端治理转向源头治理。

---

① 本文原载于中央纪委国家监委网站（https://www.ccdi.gov.cn/yaowen/202111/t20211122_254823.html），发布日期：2021年11月22日。

第三,社会服务递送。现代社会更加强调在统一数字身份认证、个性化档案、一站式社区的体系中,形成整体智能的服务供给。要积极推动公共服务接触点通过智能化方式下沉至社区,同时利用数据反馈定向给群众、企业提供差异化、定制化的政务服务。

第四,构建治理共同体。要构建风险感知、决策分析、组织协同、合作治理、社区动员与科技赋能的全周期智治过程,不断提升政府回应公共问题与民众需求的能力,赋权公民创造更多的价值,塑造多元共治、民主协商的治理模式。

记者:大数据、互联网等信息化技术手段的发展,给我们的生活带来很大便利,但同时也给社会治理带来一些新的问题,比如个人信息安全等,对于如何应对这些问题,您有没有什么好的建议?

李德国:大数据、互联网等信息化技术手段在带来便利的同时,也制造了新的问题。正如世界银行在《2021年世界发展报告:让数据创造更好生活》中指出的,一方面,数据有助于改进政策与规划、推动经济发展和增强公民权能;另一方面,数据积累可能扩大数据被滥用的可能性。化解这些负面问题,可以从以下方面着手:

一是加强社会治理智能化的顶层制度建设。国家层面要出台社区、市域等不同领域的社会治理智能化建设指导意见,明确指导思想、基本原则和技术标准,推动社会治理跨部门和跨层次的信息共享、数据同步和业务协作。

二是引导企业确立科技向善的治理原则。政府部门一方面要通过"硬法"手段,对利用算法干扰社会舆论、侵害公众权益、扰乱市场秩序等行为进行严厉打击;另一方面要通过"软法"手段,引导企业将技术扩展至健康、教育等领域,实现积极的社会效益。

三是提高国民的信息素养。信息素养是数字化时代国民必须具备的素养。尤其是面对社会可能出现的负面消息、错误消息或谣言,公众要具有一定的批判性思维和社会责任意识。

记者:"智慧司法"是当前比较有热度的一个词。在社会治理过程中,如何看待科技支撑与法治创新之间的关系?

李德国:智慧司法创新是现代科学技术与法治深度融合的生动体现。依托信息化技术,司法可以更高效地到达"最后一公里"。运用科技手段推动法治创新,是数字化时代社会治理的要求和趋势。当前,"智慧司法"等手段还在探索过程中,在顶层制度设计、智能化基础设施、信息化平台以及伦理风险等方面需不断加以完善。一方面,要充分利用现代技术赋能司法,让国民享受"指尖上"的公平正义;另一方面,要通过适应性治理等法治创新,将社会伦理原则要求嵌入科技产品、数字平台。

附录5　利用大数据技术驱动基层治理现代化[①]

作为一种现代社会日益成熟的治理技术,大数据是抓好基层治理现代化这项基础性工作的重要手段。这是因为大数据能够对社会的细微之处和复杂性进行更深程度的观察,推动基层治理更加灵活、更有创造力、更加高效,为基层治理创造具有更高动态响应水平的"神经系统"。

厦门在利用大数据技术打造城市社会治理信息平台、探索智慧城市制度体系和技术体系等方面一直具有超前意识和实干精神。2021年以来,厦门市委政法委、市平安办在福建省首创"平安星级小区"建设工作制度,运用大数据手段绘制基于数据知情的平安热点区域,形成落实以人民为中心发展思想的生动实践,为大数据驱动基层治理现代化提供了新的厦门样本。

一、建立多源信息评价体系

城市小区是居民活动的重要场所,人、物体、信息和资源在这个狭窄的区域内高频流动与交换,构成一个复杂的社会系统。在这种空间中,居民对安全的感知势必也是多视角、多维度的。为此,厦门市将平安星级小区评价的基础数据拓展至多源时空,汇聚了小区刑事警情发生率、事件发生率、群众安全感率、执法满意度等多项平安元素,形成一个综合性的评价体系。

二、构建可视化数据仪表盘

在收集多源时空数据基础之上,构建多视角、全覆盖的评价框架,利用大数据手段动态感知小区平安效能。在平安星级小区认定过程中,不限名额、不用申报、不填表格、不查台账、不搞验收,通过智能分析,发现并整治突出问题,提升居住安全。通过整合并提升多方面的社会数据资源,形成综合平安指数并呈现在"全市平安星级小区电子地图"上,"电子地图"上某个小区的平安指数低,意味着发生在小区的案件事件集中、治安防控方面出现短板。

[①] 本文原载于《厦门日报》2021年9月6日第A07版。

三、构造互动沟通新平台

数据驱动的"平安星级小区"有助于实现公众参与,促进小区居民、物业管理者、社区、政府部门之间的互动沟通。平安星级小区评选重在让居民主动感知所住区域的安全状况,调动他们参与基层平安建设的积极性、主动性和创造性。现场颁发的"五星级平安小区"牌子,下角有一个可供居民扫描的三维码。通过"平安星级小区"牌匾,居民能够更全面地了解小区的平安信息。小区居民可以通过这个渠道发现影响小区平安的问题,及时向网格员或社区平安工作人员反映,并配合相关部门解决好问题,共同提升小区平安水平。

四、营造争先进位动态氛围

得益于大数据平台实时和高密度的数据收集与传输,"星级小区认定"采用了常态监督、动态调整的管理体制,"五星级平安小区"原则上每半年认定一次,小区星级进行相应调整。五星级平安小区不是"终身制",一旦小区发生命案、入室盗窃等案件,将实施一票否决、取消参评资格、降低星级、摘牌等措施。影响小区平安星级的因素包括纠纷、高空抛物以及火灾、盗窃、打架等事件,同时小区所在镇街的群众安全感、扫黑除恶好评率、执行工作满意度也会影响小区平安星级。

以多源数据为基础,动态感知基层平安状况并解析其影响因素,是大数据、人工智能时代下基层治理向精细化、科学化发展的体现。厦门市率先建立平安星级小区评价体系,创新性地形成了大数据驱动基层平安建设新途径,对于厦门市乃至全国推进市域社会治理现代化建设具有示范性意义。未来要借助更多的智慧感知手段,如数据挖掘、复杂网络、机器学习等,更好地揭示基层治理过程中的群体活动、群体情绪、社会态势等,强化基层社群合作、互动与社会学习,共建共享数据驱动的美好城市。

附录6 争当践行新发展理念"领头雁"[1]

习近平总书记在深圳经济特区建立40周年庆祝大会上发表重要讲话,总结了经济特区40年改革开放、创新发展积累的宝贵经验,对新时代深圳经济特区建设提出六项明确要求,为下一个40年的经济特区发展战略指明了前进方向,提供了奋斗新动力。[2] 30多年前,习近平同志在厦门经济特区亲自领导制定的《1985年—2000年厦门经济社会发展战略》,为经济特区一张蓝图绘到底奠定了坚实的战略基础。面向下一个40年,经济特区需要把握全球城市发展战略趋势,瞄准建设中国特色社会主义先行示范区的方向,成为践行新发展理念的"领头雁"。

一、立足全球大变局,探索未来发展战略

目前,从全球城市发展来看,越来越强调"事业战略"驱动,将全民都融入战略发展框架中。例如在新加坡,无论问街上的行人还是出租车司机,大家都能清晰地说出当前新加坡的发展战略。伦敦、纽约、东京等全球发达城市都通过中长期发展战略规划,描绘城市未来发展愿景,同时,也越来越强调城市内部的提升和城市之间的协同,使城市能够在多个层面应对风险挑战。厦门应继续探索发展新模式,打造千万人口的品质城市,创造更多高附加值产业,提升更富有魅力的营商环境和生活环境。

二、立足新发展理念,推进"创新之城"建设

在未来的新发展格局中,需要大力推进科技创新及其他各方面创新。在这里,我们更需要着重发挥政府引导、推动创新的作用。回顾历史,晶体管发明之后,庞大的美国政府始终支持半导体产业的研究,使之保持世界领先。厦门经济特区要成为新发展理念的"领头雁",就必须朝"创新之都"的城市目标进军,将科技创新塑造为新一轮发展的新引擎和新动力。借鉴纽约市等发达城市的经验,

---

[1] 本文原载于《厦门日报》2020年10月26日第B11版。
[2] 习近平:《在深圳经济特区建立40周年庆祝大会上的讲话》,https://www.12371.cn/2020/10/14/ARTI1602668335756345.shtml,访问日期:2021年11月10日。

政府要将应用科学、众创空间、城市更新等策略关联起来,在城市创新创业环境培养上发挥引导作用。建议推动城校融合、名城名校深度融合发展战略,汇聚名校资源,共同推进"创新之城"建设。

三、立足新型都市圈,提升特区治理效能

习近平总书记在深圳经济特区建立40周年庆祝大会上的讲话中指出,要以创新思路推动城市治理体系和治理能力现代化。经济特区不仅要成为经济发展、制度创新的典范,也要从战略创新的高度对城市治理进行新的探索。城市治理体系和治理能力现代化,一是要从城市的特色和发展规律出发,跳出区域看区域,从新型都市圈的视角研究城市发展空间不足的问题。厦门与深圳一样,面临城市治理承压明显、发展空间不足等诸多挑战,需要抱团发展,迈出城市扩容的步伐。二是要结合新冠肺炎疫情防控需求与社会治理需求,将全周期管理、法治思维和法治方式融入城市治理的方方面面,提高城市的抗风险能力和治理效能。建议结合厦市思明区推动的近邻治理模式,打造一批具有现代化治理能力社区典范。三是要将城市的信息产业和智慧城市联动起来,形成一种新的"产城"融合发展格局,推动城市率先迈入智慧社会。

探索下一个阶段的经济特区发展战略,争当践行新发展理念"领头雁",还需要汇聚智力资源,发挥智库作用。建议整合厦门市相关研究力量,打造发展战略研究平台,把厦门建设为发展战略研究的重要阵地。

附录7　数字智能推动治理现代化[①]

党的十九届五中全会通过的《中共中央关于制定国民经济和社会发展第十四个五年规划和2035年远景目标的建议》就统筹发展和安全、建设更高水平的平安中国作出战略部署,明确提出,要加强和创新市域社会治理,推进市域社会治理现代化,加强数字社会、数字政府建设,提升公共服务、社会治理等数字化智能化水平。大数据、云计算、人工智能等手段推进城市治理现代化,城市也可以变得更"聪明"。把智慧城市和安全城市结合起来,以智能化为支撑加快推进市域社会治理现代化,对于统筹市域安全与发展、强化城市发展韧性、提升人民群众的获得感具有重要意义。

一、智能化是社会治理现代化的必然选择

一方面,市域社会治理智能化,尤其是智能感知、大数据、深度学习与智能算法的应用,是驾驭日益增长的市域不确定性与风险,牢牢把握治理主动权的重要抓手;另一方面,市域社会治理智能化与城市智慧基础设施、智慧产业相互依存,数字化治理下沉为新经济、新产业的增长提供了前所未有的发展机遇和前景。对于人民群众而言,市域社会智能化可以更加精准地识别社会治理需求,定位社会治理难点,整合社会治理资源。市域社会治理智能化能够塑造充分知情的民众,推动社会之间的互动、社会学习,在个体、组织和社会之间形成一个更加紧密的社会治理共同体,使"共建共享共治"的社会治理更具有价值。

大力推动大数据、人工智能、区块链等现代科技与市域社会治理深度融合,打造数据驱动、人机协同、跨界融合、共创分享的智能化治理新模式,是市域社会治理现代化的必然选择。厦门市已经将市域社会治理现代化战略纳入厦门建设高素质高颜值现代化国际化城市战略构想,在市域社会治理智能化方面具有扎实基础和丰富经验。例如,2014年就上线的"i厦门"统一政务服务平台,已经在全市范围内实现一站式惠民服务全覆盖。作为"i厦门"重要组成部分的"家住厦门"共治平台打通了小区服务管理的最后一百米,提升了基层治理智能化、精细化水平。

[①] 本文原载于《厦门日报》2020年12月7日第B03版。

二、智能化是治理模式转型升级的重要推力

现代社会已经步入第四次工业革命的时代，需要政府更加敏捷地回应新技术应用、社会变迁和民众需求，市域社会治理智能化浪潮在世界范围内兴起。结合各国的前沿经验和实际情形，我们可以在以下方面改革创新，探索前行：

第一，应用预防性技术推动社会治理重心从末端治理转向源头治理。数据分析、人工智能、情景模拟等技术的应用，尤其是自然语言处理、机器学习、语音和图像识别等技术进步，使得在问题爆发之前就可以开展有效的预防性治理，实现从末端治理转向源头治理。在这方面，可以探索利用预测性模型来判断犯罪事件的发生，通过传感器和历史数据为潜在的自然灾害做好准备等。

第二，应用AI工具推动社会治理过程从经验治理转向精准治理。大数据技术可以有效集成面向应急事件响应、公共服务、政府事务等各个治理维度的数据，强化治理决策的科学性。不断扩展的AI工具箱提升了社会治理的灵敏度和前瞻性，让城市变得更加聪明。例如，利用大数据技术构建风险数据库与风险分布地图，实现高效率的风险预警；使用智慧交通系统减少交通堵塞，提升公共交通的准时程度；基于人工智能技术响应城市服务投诉，缩短响应时间……

第三，数字化内外部协同推动社会治理体系从垂直治理转向扁平治理。目前，我国各地正在打造纵向贯通、横向联通的社会治理"一张网"，推动社会治理跨部门和跨层次的信息共享、数据同步和业务协作。构建在云端的扁平化社会治理平台有助于减少信息阻隔，提升社会治理组织的敏捷反应能力，为社会治理创新提供新的机会。例如，建设政务数据综合平台，打造基于大数据和云计算的城市大脑，为公众提供足不出户的便民服务；创设社会治理的交流与实验平台，促进社会治理部门与社会不同组织、居民之间的互动，打造社会治理共同体。

第四，融合心理、行为与大数据，推动社会治理方式从刚性管理转向柔性治理。建设社会治理共同体不仅需要发挥以行政命令为基础的刚性管理方式，更需要在多元主体参与的过程中理顺民心、尊重民意、增进认同，不断增加人们的获得感、幸福感和安全感，实现"力度"与"温度"的有机融合。大数据心理学的发展有助于预测社会心理发展态势，及时发现社会不稳定因素和风险。在这方面，可以探索基于物联网、大数据和算法的"助推"机制——一种柔性地帮助使用者作出更合理决策的手段——来帮助市民达成健康生活、遵纪守法、参与公共事务的目的。

厦门目前面临着城市治理压力增大、发展空间不足等诸多挑战，以智能化为支撑加快推进市域社会治理现代化，统筹推进智慧产业、智慧民生、智慧基础设施等各项智慧生态系统建设，率先构建党的十九大报告中提出的"智慧社会"，是建设高素质高颜值现代化国际化城市的应有之义，也是深入贯彻落实党的十九届五中全会精神，为现代化探路的重要体现。

附录8 构建应对突发公共卫生事件的社会治理共同体[①]

突如其来的新冠肺炎疫情,给公众的健康和生命安全带来了严重威胁,对我国的公共卫生应急管理体系亦提出了前所未有的挑战。以习近平同志为核心的党中央迅速将疫情防控定位为"人民战争",全国上下闻令而动,众志成城,与疫情进行殊死较量,以令世界瞩目的速度初步稳定了局势、扭转了局面。这场战争的初步胜利,离不开党中央的审时度势、统一领导,离不开白衣战士的迎难而上、亮剑出击,更离不开全国人民的凝心聚力、同舟共济、联防联控、群防群治。我国的经验表明,有效应对突发重大公共卫生事件,需要一个稳固的"社会基础设施"来支撑,社会治理共同体不可或缺。

一、新冠肺炎疫情防控彰显了我国的社会治理优势

党的十八大以来,以习近平同志为核心的党中央坚持社会治理为了人民,将社会治理作为国家治理的重要组成部分加以推动,坚持和完善共建共治共享的社会治理制度。得益于这项精心谋划、系统布局的"制度储备",尽管新冠肺炎疫情来势汹汹,但是我国的社会治理体系仍然能够迅速启动,以高度的组织性、灵活性和创新性来应对这场突如其来的冲击,最大限度降低了这场冲击对社会经济形成的扰动,彰显了社会治理的显著优势。

第一,多元化防控的优势。多元主体,共同治理,是我国社会治理实践的重要经验。"疫情就是命令,防控就是责任。"在疫情防控过程中,在各级党委和政府统筹规划、广泛发动之下,医疗健康服务提供机构、高校、各类科学实验室、企业、志愿团体以及红十字会等社会组织迅速行动起来,形成了有效的分工和广泛的合力。基层医疗机构迅速担任了"健康守门人"的角色,筑起了抗击疫情的第一道防线。高校和各类科学实验室迅速启动应急科研攻关,为一线防控提供了科学技术保障。企业家、志愿者乃至全球华人,为抗疫前线捐款捐物,身体力行。多元化主体,织成了抗击疫情的"天罗地网"。

第二,网格化防控的优势。社区网格化治理是基层社会治理的重要途径,是打通群众服务"最后一公里"的保障。疫情决胜的基础在基层,基层的重点就在

[①] 本文原载于《福建日报》2020年3月30日理论版。

社区和网格。在疫情防控期间,无数的党员干部、网格员、志愿者将防控战线延伸至城市、乡村的每一个角落。身上挂满药袋的武汉社区网格员丰枫,就是这一群人的缩影。针对新冠肺炎疫情开展社区网格化管理,既保障了社区居民的生活,解决了居民的实际问题,又可以提前预警、及时化解潜在的矛盾和纠纷,保障了社会在非常规状态下的持续稳定。网格化治理,筑牢了抗击疫情的根据地。

第三,智能化防控的优势。党的十九大报告明确提出建设"智慧社会"。近年来,我国各地以"雪亮工程"为重要抓手,融合大数据、云计算、人工智能等新一代信息技术,积极推进社会治理智能化建设。新冠肺炎疫情防控期间,以硬核科技为支撑的社会治理体系发挥了极其重要的作用。例如,厦门市在短短时间内开发出疫情监测溯源大数据平台,通过交通、通信、公安等多部门大数据联动,与疾病监测、医疗机构系统同步互联,实现了疫情全流程监管。此外,有关部门联合互联网企业开发的"健康码",有效提升了疫情防控的精准性,推动了复工复产的顺利进行。智能化防控,打造了抗击疫情的最佳火力支援系统。

二、筑牢应对突发公共卫生事件的社会治理共同体

突发公共卫生事件既有偶然性,也有必然性。全球化、城市化、森林砍伐与造林、畜牧业革命等社会经济变化,增加了传染病疫情等突发公共卫生事件出现的概率。全球化扩大了动物或食物的"旅行范围",城市化的"热岛效应"为虫害暴发创造了温床,森林砍伐增加了发生跨界疾病和新型人畜共患病的风险,集约化的工业养殖为疾病的进化提供给了有利环境。可以说,突发公共卫生事件往往不是简单的"自然事件",而是复杂的"自然—社会耦合事件"。在这个意义上,建立应对突发公共卫生事件的应急管理系统,既要以卫生部门或相关机构为核心力量,建立快速响应网络和核心指挥系统,针对突发公共卫生事件开展监测、防控、救治和恢复工作,又要充分调动个体、社区、社会组织、企业的社会力量,构建人人有责的社会治理共同体。

第一,加强个体行为指引。公共卫生应急管理体系的根基是每一个具体的公民。在未知和不确定的情形之下,突发公共卫生事件容易引发谣言、恐慌乃至混乱等负面行为。一方面,在平时要加强个体应对公共卫生事件的"准备能力",帮助获取公共卫生知识,了解传染病等疾病的风险,甚至掌握一些急救技能;指导有条件的公众购买合适的保险;帮助制订针对突发事件的应对计划,如家庭紧急联系卡、宠物安排、重要文件或特殊物品存放等。另一方面,在应对突发公共卫生事件期间,要针对个体的撤离、流动、社交疏远、物资采购以及特殊事件处理等情形出台详细的行为指引,增强个体的责任意识;要及时针对个体,尤其是受到事件影响的个体开展心理评估和心理干预,把心理救援纳入应急救援的体系。

第二,推动社区战略参与。以社区为基础的干预,是促进公众健康,应对灾害风险的重要手段,也是各类灾害应急管理体系的重要组成部分。总体来说,社区层面的公共卫生应急管理体系应该包括以下要素:结合实际情况,制订社区层面的风险管理计划;及时评估自身的能力和资源,分析是否足以应对潜在的危害和脆弱性;社区应急资金和物资准备;社区早期预警系统;常规性的社区应急演练……要鼓励充分利用社区居民的专业知识和技能,通过开展各种形式的讨论、学习以及健康干预活动,帮助居民获取膳食营养、体育锻炼、降低二手烟暴露、合理用药等方面的健康知识。加强社区层面的卫生、教育、体育设施与便利性商业服务体系建设,完善"15分钟生活圈",把社区建设成为应对突发公共卫生事件的基本空间单元。

第三,构建整合的技术框架。突发公共卫生事件应急管理是多部门、多主体同时甚至相互重叠地开展的。这就需要形成一个整合的技术框架,将不同主体放在一个相互信任、高效协作的环境中实现共同治理。例如,电子医疗记录、医疗信息交换对于应急情况下开展异地救援、协同救援就非常重要。要通过大数据、区块链等信息技术建立区域之间、各部门之间的协作关系和风险沟通机制,为一线工作者、医院以及受影响的个体提供充分的信息支持。定期系统地收集和分析疾病、食品、药品等方面的数据,开展健康风险分析。整合交通运输、人口迁徙、城市规划、农业、气象等公共卫生部门之外的数据,通过科学的建模和预测,为应对突发公共卫生事件以及更加长远的公共卫生规划提供依据。

总之,我们要积极总结、提炼此次新冠肺炎疫情防控过程中的社会治理经验,从个体、社区和技术的不同层面发力,构建责任共同体,从社会治理体系现代化的战略高度完善公共卫生应急管理体系,持续提升公共卫生应急管理体系的适应性能力,为可能的危机做好充分的准备。

附录 9　推动社区建设，筑牢城市生命体根基[①]

"再学习、再调研、再落实"活动是福建省"十四五"开局之际的重要部署，为厦门深入学习贯彻习近平新时代中国特色社会主义思想，探索全方位推动高质量发展超越新起点、新动能、新模式提供了重要契机。推进城市更新，推动城市高质量发展，是更高水平建设高素质高颜值现代化国际化城市的重要内容。

一、城市生命体基础在基层、根本在社区

"城市是生命体、有机体，要敬畏城市、善待城市。"[②]城市生命体的基础在基层、根本在社区。改革开放以来，城市化的快速发展、人口的大规模流动、现代交通与通信技术的加速演进，使城市的社区单元在空间、人口、治理等尺度上产生了实质性的变化。以厦门为例，1979年人口仅为48万人左右，户数为10万余户。至2019年，全市常住人口达到429万，增长了将近8倍。在社区层面，平均人口规模从原来的2000人左右，增长至接近甚至超过万人。

随着社区居住流动性的增加，居民相遇、相识、相知并重组社会邻里结构和社会关系网络的可能性也随之减少。院落、屋檐、天台、胡同、巷弄等传统的交往空间逐步失去了吸引力。社区居民"不着火不见面、不漏水不相识"，职业化的物业服务、家政服务代替了邻里的功能，邻里关系变得更加生疏。不仅如此，楼宇与楼宇之间、小区与小区之间也出现了"物理隔离"的趋势，拉大了不同群体间的生活距离，降低了公共资源的可接近性，导致了城市空间分化和治理碎片化。在这种背景下，让社区通透起来，通过高质量的邻里生活提高社区的凝聚力和认同感，形成邻里共生的基层治理局面，无疑是推动社会治理现代化的重要维度。

在现代城市，社区已经不再是一个单独的、纯粹的生活空间，而是趋向用途多样、功能混合、紧凑高效，成为一个微缩而完善的微型城市新陈代谢系统。城市要有活力，就必须保证用途上的多样性，不能追求表面光鲜整洁实际上却缺乏活力的规划方法。社区是有机的社会共同体，是城市生命体的底层根基。如同生命体一样，社区的健康运作需要社会各要素之间有效连接，相生相成。这种连接，既包括基层设施层面的物理连接，也包括社会各组织以及个人之间的社会连

[①] 本文原载于《厦门日报》2022年2月8日第B07版。
[②] 习近平：《在湖北省考察新冠肺炎疫情防控工作时的讲话》，《求是》2020年第7期。

接。社区只有在不断连接的过程中,有机嵌入生态、商业、创新、文化、公共服务等功能,才能持续迸发出生命力。

二、社区建设是城市治理现代化的基础

"再学习、再调研、再落实"活动体现在社区工作中,就是要积极倡导和开展"四下基层",进万家门、知万家情、解万家忧、办万家事,把群众的事情在基层解决好。要探索并积极推广党建引领基层治理新模式,为新时代基层治理现代化贡献新方案,让基层治理更有温度,更有能量,更有生命力。

党的十九届五中全会提出了"十四五"期间要努力实现社会治理特别是基层治理水平明显提高这一目标,重申了建设人人有责、人人尽责、人人享有的社会治理共同体要求。推动社区建设,是筑牢城市生命体底层根基、建立社会治理共同体的重要途径。

社区建设要以人民为中心,以党建为引领,逐步打造、完善社区生态系统,破除时空紧密相邻的个体、组织和社区之间的交往壁垒,使社区的资源、信息和价值等不同元素在能动活跃过程中融成整体力量,驱动社区焕发出新的生命力。要打造高密度的社区组织族群,推动不同类型、不同层次的公共机构、企事业单位、社会团体将力量沉淀到社区,通过大量的协调互动参与社区公共服务的生产。要加快完善社区生活设施,创造适宜步行的邻里步行网络,增强邻里生活的便利性、邻里空间的多样性、邻里安全的持续性和邻里交往的密切性。探索新旧建筑共生、老幼共生、传统文化与现代文明共生、人与自然和谐共生等社区共生形态,拓展社区混合功能,创造富有生机的生活方式。要充分利用社区协商议事平台发掘社区的真实需求,自下而上形成议题,激发居民深度参与的意愿,催生社区共同意识和共生关系,通过不同治理主体之间有效的互动连接机制及时回应诉求,满足居民对美好生活的向往。

党的十八大以来,习近平总书记多次深入基层一线探民意、访民情,对基层治理现代化这项基础性工作始终高度重视。通过"再学习、再调研、再落实"活动,我们要充分认识社区在国家治理中的重要性和特殊地位,推动党组织向最基层延伸,扎实推动社区党建和社区服务建设,为我国提升社区治理效能、推动基层治理现代化贡献"厦门方案"。

附录 10 发展战略和制度优势：
厦门经济特区 40 年的独特治理经验[①]

习近平同志在厦门工作期间主持编制《1985年—2000年厦门经济社会发展战略》，为厦门经济特区的长远发展打下了坚实基础。2021年，习近平总书记在致厦门经济特区建设40周年的贺信中，要求厦门"努力率先实现社会主义现代化，为全面建设社会主义现代化国家、实现第二个百年奋斗目标作出新的更大的贡献"，再次对厦门发展作出科学指引，擘画宏伟蓝图。发展战略、规划是中央和地方多层次、多主体之间通过各种互动模式，是不断协商、起草、试验、评估、调整政策的循环过程。这种制度机制超越了西方的主流解释框架。以发展战略激活制度优势，是厦门经济特区建设40年的独特治理经验。

一、《1985年—2000年厦门经济社会发展战略》是改革开放的制度样本

1985—1988年，习近平同志担任厦门市委常委、常务副市长，其间主持编制了《1985年—2000年厦门经济社会发展战略》，并围绕改革开放、经济建设、环境保护、文化遗产保护等开启了一系列生动实践，取得了丰硕成果，为厦门经济特区的长远发展打下了坚实基础。

1986年7月30日，习近平同志主持召开厦门市经济社会发展战略、经济体制改革总体方案、行政体制改革三个课题专职人员动员和工作部署会议，正式启动了厦门市中长期发展规划制定工作。在会议上，习近平同志指出："我们从事现代化经济建设，要有长远考虑，统筹全局，不能只顾眼前，临时应付，那样会事倍功半，甚至会迷失方向，把握不住全局的主动性。一个城市的经济体制改革，也是牵一发而动全身，有个总体规划、分步骤配套进行的问题。行政管理、上层建筑要适应经济基础的发展变化，进行改革也是不言而喻的。"

《1985年—2000年厦门经济社会发展战略》明确了厦门以外向型经济为重点，统筹推进经济社会发展的长远发展之路，开创性提出了系列前瞻性理念，包括对城市进行战略定位、提出大部委制行政管理体制改革思路、建设"自由港"的战略构想、社会文化资源开发战略、将生态环境保护纳入城市总体规划等，对各

[①] 本文部分内容载于《厦门日报》2021年12月20日第A02版。

方面事业发展作出新的理论概括和战略指引,是一份高水平推进改革开放的制度样本。

二、以战略为导引推动改革开放,是厦门经济特区40年的独特治理经验

善于战略性布局是我们党在长期的革命、建设和改革事业中形成的一大政治优势和法宝。厦门经济特区以战略为导引推动改革开放,带领人民解放思想,锐意进取,为成功走出中国式现代化道路贡献了重要的治理经验。习近平同志为厦门经济特区绘制的经济社会发展战略,包括特区体制改革战略、对外开放战略、跨岛发展战略、生态治理战略、社会治理战略、文化建设战略、精准脱贫战略、廉洁治理战略等,成为厦门经济特区持续推动改革开放的宏观战略指引。

"把厦门建设成具有自由港特征的多功能的经济特区"是习近平同志在探索改革开放过程中,关于厦门未来发展形成的一个重要战略目标,是厦门探索建设成为自由港特征经济特区的历史起点和实践原点。当前,厦门正在加快建设自贸试验区升级版,在投资贸易方面实行更高水平的贸易自由化、便利化政策。

"促进两岸融合发展"是习近平同志对厦门在促进祖国统一中发挥桥梁纽带作用和独特优势的深切嘱托。当前,厦门牢记习近平同志关于在推动两岸融合发展上作出示范的嘱托,加快打造台胞台企登陆的第一家园,大力推动厦台经贸合作畅通、基础设施联通、能源资源互通、行业标准共通,争当推动两岸融合发展的排头兵。

"把厦门建设得更加美丽、更加富饶、更加繁荣"是习近平同志对厦门未来发展的深深期盼。1986年1月10日,习近平同志在厦门市八届人大常委会第十八次会议上指出,他来自北方,厦门的一草一石都让他感到很珍贵。在2010年9月考察厦门的座谈会上,习近平同志提出:"我们还有更高远的目标,要共同努力,把厦门建设得更加美丽、更加富饶、更加繁荣。"目前,厦门正坚定不移沿着习近平同志指引的方向前进,全方位推进高质量发展,更高水平建设高素质高颜值现代化国际化城市。

三、以伟大的战略推动伟大的改革开放事业不断向前进

习近平总书记在深圳经济特区建立40周年庆祝大会上的讲话中指出,兴办经济特区,是党和国家为推进改革开放和社会主义现代化建设进行的伟大创举。沧海横流,更需审时度势,以伟大战略推动伟大的改革开放事业不断向前进。

厦门经济特区,要传承和落实这份宝贵的战略思想财富和实践成果,以更宽

广的视野、更长远的眼光来思考和把握国家未来发展面临的一系列重大战略问题，不断推动战略思维创新，运用战略创造优势，在实现社会主义现代化的伟大征程中走前头作表率，为推动"中国之治"迈向更高水平源源不断地提供可借鉴、可复制、可推广的发展经验。

参考文献

《马克思恩格斯选集》第1卷,人民出版社2012年版。
《马克思恩格斯选集》第2卷,人民出版社2012年版。
《马克思恩格斯选集》第3卷,人民出版社2012年版。
《马克思恩格斯选集》第4卷,人民出版社2012年版。
习近平:《习近平谈治国理政》第3卷,外文出版社2020年版。
《厦门经济社会发展战略》编委会编:《1985年—2000年厦门经济社会发展战略》,鹭江出版社1989年版。
习近平主编:《福州市20年经济社会发展战略设想》,福建美术出版社1993年版。
中共中央文献研究室编:《习近平关于社会主义社会建设论述摘编》,中央文献出版社2017年版。
[古希腊]亚里士多德:《政治学》,吴寿彭译,商务印书馆1997年版。
[美]约翰·S.戈登:《伟大的博弈:华尔街金融帝国的崛起(1653—2019年)》,祁斌编译,中信出版社2019年版。
[荷]皮尔·弗里斯:《国家、经济与大分流:17世纪80年代到19世纪50年代的英国和中国》,郭金兴译,中信出版社2018年版。
[美]阿莱克斯·彭特兰:《智慧社会:大数据与社会物理学》,汪小帆、汪容译,浙江人民出版社2015年版。
[美]史蒂芬·约翰逊:《死亡地图:伦敦瘟疫如何重塑今天的城市和世界》,熊亭玉译,电子工业出版社2017年版。
[加]简·雅各布斯:《美国大城市的死与生》,金衡山译,译林出版社2006年版。
[美]罗伯特·C.埃里克森:《无需法律的秩序——相邻者如何解决纠纷》,苏力译,中国政法大学出版社2016年版。
[美]彼得·埃文斯、[美]迪特里希·鲁施迈耶、[美]西达·斯考克波:《找回国家》,方力维、莫宜端、黄琪轩等译,生活·读书·新知三联书店2009年版。
[美]西德尼·塔罗:《运动中的力量:社会运动与斗争政治》,吴庆宏译,译林出版社

2005年版。

[美]司马贺:《人工科学:复杂性面面观》,武夷山译,上海科技教育出版社2004年版。

[美]查尔斯·J.福克斯、[美]休·T.米勒:《后现代公共行政——话语指向》,楚艳红等译,中国人民大学出版社2002年版。

[美]詹姆斯·M.布坎南:《自由、市场与国家:80年代的政治经济学》,平新乔、莫扶民译,上海三联书店1989年版。

陈振明:《社会管理——理论、实践与案例》,中国人民大学出版社2015年版。

陈振明:《公共生活的世界:哲学与公共事务研究》,中国社会科学出版社2020年版。

陈振明:《国家治理转型的逻辑——公共管理前沿探索》,厦门大学出版社2016年版。

陆江兵:《技术、理性、制度与社会发展》,南京大学出版社2006年版。

易中天:《读城记》,上海文艺出版社2018年版。

L. M. Salamon, M. S. Lund. *Beyond Privatization: The Tools of Government Action*. Washington D.C.: The Urban Institute Press, 1989.

G. Simmel. The Metropolis and Mental Life, J. Lin & C. Mele. *The Urban Sociology Reader*, New York: Routledge, 2012.

单勇:《城市高密度区域的犯罪吸引机制》,《法学研究》2018年第3期。

单勇:《犯罪热点成因:基于空间相关性的解释》,《中国法学》2016年第2期。

牟凤云、陈林:《基于模糊综合评价的全球恐怖袭击事件风险评估及空间特征分析》,《西北师范大学学报(自然科学版)》2021年第3期。

杨大志:《政治安全是国家安全的根本》,《解放军报》2018年4月20日第7版。

李彦熙、柴彦威、塔娜:《从防灾生活圈到安全生活圈——日本经验与中国思考》,《国际城市规划》2022年第5期。

费欢:《特大城市公共安全风险管理比较与借鉴》,《中国公共安全(学术版)》2018年第1期。

赵宏:《城市治理中的"良法善治"如何展开》,《探索与争鸣》2021年第7期。

龚志文、孙慧哲:《城区社会治理的碎片化分割及其矫治——以北京市房山区治理创新实践为例》,《天津行政学院学报》2020年第1期。

谢瑜、谢熠:《大数据时代技术治理的情感缺位与回归》,《自然辩证法研究》2022年第1期。

宋保振:《司法的社会功能及其实现》,《济南大学学报(社会科学版)》2020年第6期。

林施兆:《检察机关推进市域社会治理法治化路径》,《中国检察官》2021年第

23期。

杨嵘均:《网络空间政治安全的国家责任与国家治理》,《政治学研究》2020年第2期。

余敏江:《从反应性政治到能动性政治——地方政府维稳模式的逻辑演进》,《苏州大学学报(哲学社会科学版)》2014年第4期。

张竞芳、朱梦瑶:《论家庭家教家风建设在基层社会治理中的作用》,《湖北警官学院学报》2021年第4期。

邵彦敏、赵龙:《工会参与社会治理的困境与对策探究》,《理论导刊》2020年第9期。

张远:《社会治理视角下的社会信用体系建设问题探讨》,《征信》2021年第11期。

王名、蔡志鸿、王春婷:《社会共治:多元主体共同治理的实践探索与制度创新》,《中国行政管理》2014年第12期。

贾楠、郭旦怀、陈永强、刘奕:《面向社区风险防范的大数据平台理论架构设计》,《清华大学学报(自然科学版)》2019年第2期。

吴元元:《认真对待社会规范——法律社会学的功能分析视角》,《法学》2020年第8期。

王英津:《国家与社会:马克思主义经典作家之阐释》,《江苏行政学院学报》2004年第2期。

蔡晶晶:《诊断社会—生态系统:埃莉诺·奥斯特罗姆的新探索》,《经济学动态》2012年第8期。

曹堂哲、孙智慧:《公共管理研究的技术设计范式:方法论、议题和逻辑》,《天津行政学院学报》2015年第1期。

孟天广、赵娟:《大数据驱动的智能化社会治理:理论建构与治理体系》,《电子政务》2018年第8期。

陈昭:《对"过程"的发现与探究——设计人类学的内在转向与理论范式》,《北京师范大学学报(社会科学版)》2019年第6期。

周子书:《创新与社会——对社会设计的八点思考》,《美术研究》2020年第5期。

关婷、薛澜、赵静:《技术赋能的治理创新:基于中国环境领域的实践案例》,《中国行政管理》2019年第4期。

李文钊:《理解中国城市治理:一个界面治理理论的视角》,《中国行政管理》2019年第9期。

罗梁波:《国家治理的技术场景:理论反思和话语重构》,《学海》2020年第1期。

刘蕾、史钰莹、马亮:《"公益"与"共意":依托移动短视频平台的公益动员策略研究——以"快手行动"为例》,《电子政务》2021年第3期。

吴同、胡洁人:《柔性治理:基层权力的非正式关系运作及其实现机制——以 S 市信访社工实践为例》,《华东师范大学学报(哲学社会科学版)》2021 年第 2 期。

郑跃平,L. Hindy,Schachter:《电子政务到数字治理的转型:政治、行政与全球化——评 Digital Governance: New Technologies for Improving Public Service and Participation》,《公共行政评论》2014 年第 1 期。

B. D. Robert. Toward a critical theory of public organization, *Public Administration Review*, 1981, Vol.41, No.6.

罗豪才:《社会治理离不开软法之治》,《人民日报》2011 年 7 月 27 日第 19 版。

陈一新:《加强和创新社会治理》,《人民日报(理论版)》2021 年 1 月 22 日第 9 版。

张军:《把"五个坚持"落到实处 打造"枫桥经验"检察版》,http://news.jcrb.com/jxsw/201811/t20181114_1926408.html,访问日期:2022 年 3 月 14 日。

然潘:《工业城市的野心与衰落:美国铁锈带加里市废墟之行》,https://www.thepaper.cn/newsDetail_forward_2880690,访问日期:2023 年 4 月 6 日。

P. Barrett, S.Chen, N.Li. COVID's Long Shadow: Social Repercussions of Pandemics. https://www.imf.org/en/Blogs/Articles/2021/02/03/blog-covid-long-shadow-social-repercussions-of-pandemics. 访问日期:2023 年 4 月 6 日。

U.S. Department of Justice. Criminal Victimization, 2021, https://bjs.ojp.gov/library/publications/criminal-victimization-2021,访问日期:2023 年 4 月 6 日。

后 记

市域社会治理是国家治理的重要基石。2019年11月,中共厦门市委政法委与厦门大学公共事务学院联合共建市域社会治理现代化研究基地,启动"市域社会治理现代化试点研究咨询及立法建议"课题研究,期望站在国家治理体系和治理能力现代化的高度,对厦门推进市域社会治理现代化试点建设进行系统研究。课题由厦门大学公共政策研究院、公共事务学院李德国教授担任组长。本书为课题研究的成果之一。

厦门在市域社会治理现代化方面具有历史优势、先发优势和制度创新累积优势。厦门本身具有良好的社会治理底蕴,市域社会治理的亮色已然呈现,完全有能力、有底气、有信心走在全国前列,率先完成现代化任务,提供具有鲜明地方特色的"最佳实践"。这包括:重视战略引导和宏观推动,将战略目标、重要行动和评价方法整合起来;突出前沿性、包容性和国际交融性,有机纳入包容性治理、社会质量、智慧社会等方面的先进理念;突出党的全面领导和社会的协同参与,强调既要发挥市一级党委、政府在总揽社会治理全局、协调各方的核心作用,又要准确理解"人人参与、人人尽力、人人共享"的精神,将社会治理融入城市所有的微单元,调动社会的积极性。

从海防前线到开放前沿,厦门一直见证着台海变迁以及国际交融的历史进程。在未来,厦门要在市域社会治理方面展现包容、统合的力量,为国家的统一与长治久安提供市域层面的美好图景。同时,"提升本岛、跨岛发展"等一系列重大战略的部署实施,也需要市域社会治理发挥强大的保障力,前瞻性地化解潜在的矛盾与困难。下一步,相关研究要加强对国内外先进城市的比较分析,对一些历史形成的卓有成效的经验做法进行总结、提炼,对一些目前暂未充分研究但需要引起重视并进行前瞻性研判的领域加以深入研究,如社会心理服务、社会协同参与、社会思潮与文化安全、两岸社会融合等。

在两年多的时间里,课题组开展了多轮座谈会,并赴思明区、湖里区、集美区等基层了解一线实践。中共厦门市委组织部、中共厦门市委文明办、厦门市中级人民法院、厦门市检察院、厦门市公安局、厦门市司法局、厦门市民政局、厦门市应急管理局、厦门市信访局、厦门市总工会、厦门市妇联等有关单位为课题提供了大量的资料与数据。在课题研究过程中，中共厦门市委政法委有关领导予以大力支持，参与统筹推动和具体落实相关调研工作。厦门大学公共事务学院研究生林波岑、王銮城、甘巧婷、林诗恩、郑炜、陈伊晴、赖丽琴、曾欧燕、韩佳宁、曹焰灵等参与撰写课题报告、调研和分析数据等工作，陈伊晴、韩佳宁、曹焰灵参与了全书的校对工作。

　　本书可以作为公共管理、社会治理、政治学等相关学科专业的本科生和研究生（包括 MPA 专业学位硕士研究生）的教学参考书，也可以作为其他读者尤其是城市管理者了解新时代市域社会治理前沿实践的读物。希望本书的出版能够推动学术界和实务界广泛深入地研究市域社会治理现代化新情况新问题新经验，为推进国家治理现代化贡献智慧和力量。当然，由于作者的学识和能力所限，本书的疏漏之处在所难免，敬请广大读者不吝赐教。

李德国

2023 年 3 月 8 日